hänssler

Hansjörg Bräumer

Das Tor zur Freiheit

Die Zehn Gebote – für heute ausgelegt

Hansjörg Bräumer, Jg. 1941, ist verheiratet und hat drei Kinder,
zwei Schwiegerkinder und vier Enkelkinder.
Studium der Theologie in Neuendettelsau, Hamburg,
Heidelberg und Göttingen; Doktorarbeit an der Göttinger Fakultät;
seit 1977 Vorsteher der Lobetalarbeit e. V. in Celle.

Hänssler-Paperback
Bestell-Nr. 393.510
ISBN 3-7751-3510-3

Umschlaggestaltung: Ingo C. Riecker
Titelbild: »Tor des Stephanos (Sinai)«, Friedrich Kremers
Satz: Vaihinger Satz + Druck
Druck und Bindung: Ebner ULM
Printed in Germany

Die Bibelstellen sind in der Regel nach Luther '84 zitiert.

Inhalt

Zum Geleit

In auffallender Häufigkeit kann man gegenwärtig Stimmen hören, die davon reden, dass die evangelische Kirche sich in einem Prozess der Selbstauflösung befinde, weil sie ihr eigentliches Ziel aus dem Auge verloren und die ihr von daher zukommenden Aufgaben vernachlässigt habe.

Ein namhafter Theologe spricht unter dem Stichwort »Selbstsäkularisierung« von der Tatsache, dass die Kirche ihr ureigenes Thema vergessen hat und sich anderem zuwandte. »Wir haben vielfältige Aufgaben entwickelt«, so schreibt er, »ohne deutlich zu machen, wie das mit unserem christlichen Glauben zusammenhängt« (Wolfgang Huber). Aus dieser Einschätzung der Lage sieht er es als notwendig an, das zentrale Thema des Glaubens wieder in die Mitte zu rücken.

Aus einer solchen Kurskorrektur können sich dann biblisch begründete, auf den Menschen zielende Stellungnahmen zu den einzelnen Handlungsfeldern christlichen und kirchlichen Lebens ergeben.

Der vorliegende Band von Hansjörg Bräumer kommt in hohem Maß dieser Aufgabe nach.

Im sorgsamen Hören auf das Wort der Heiligen Schrift, im Beachten seines religiösen Umfeldes und im verantwortlichen Wahrnehmen der Situation des Menschen in der heutigen Welt werden hier anhand des Dekalogs Maßstäbe gesetzt und Orientierungsdaten gegeben, die zu einem gelingenden Leben im Glauben helfen können.

Es ist Hansjörg Bräumer gelungen, alle wesentlichen ethischen Fragen, die mit den einzelnen Geboten des Dekalogs zusammenhängen, biblisch verantwortet und zugleich höchst aktuell darzustellen.

So werden die Gebote, die so leicht im Verdacht des Gesetzlichen stehen, zu einem *Tor zur Freiheit* der Kinder Gottes, zu der uns Christus befreit hat.

Hansjörg Bräumer hat mit dieser Auslegung der Zehn Gebote so etwas wie ein Handbuch christlicher Ethik geschaffen, für das man ihm nur dankbar sein kann.

Wer Rat und Hilfe sucht, findet sie hier; wer nach Orientierung fragt, bleibt nicht ohne Antwort.

Dr. Theo Sorg

Vorwort

Wer ein Buch über die Zehn Gebote verfasst, schreibt eine Selbstanklage. Er kann dies nur wagen unter einem der Leitworte des dänischen Theologen und Philosophen Sören Kierkegaard (1813–1855): *»Wenn du etwas mitteilst, das existenziell höher steht als deine eigene Existenz, so darfst du es nur so mitteilen, dass es zu deiner eigenen Demütigung dient.«*

Unter diesem Gesichtspunkt veröffentlichte ich seit mehr als 20 Jahren biblische Betrachtungen zu den Zehn Geboten. Es begann mit den *Breklumer Briefen* (1976/77). In überarbeiteter Form erschienen diese Ausführungen unter dem Titel »In Freiheit leben« (Wuppertal 1981, 2. Aufl. 1984).

Die Auslegungen des 2. Buches Mose in der Wuppertaler Studienbibel (2. Teilband 1999) stellte mich vor die Aufgabe, die Gebote in den Zusammenhang des Alten Testamentes und des Judentums zu stellen mit einem jeweils neutestamentlichen Ausblick. Das vorliegende Buch *»Das Tor zur Freiheit«* berücksichtigt zusätzlich all die Passagen, die einen alttestamentlichen Kommentar sprengen: die Geltung der Gebote zur Zeit von Jesus und ihre praktische Anwendung in der Gegenwart. Die Vorarbeiten dazu wurden bei der Evangelischen Nachrichtenagentur *idea* veröffentlicht sowie in *idea spektrum* unter dem Titel »Die Zehn Freiheiten« in einer idea-Dokumentation (2/1998).

Ich danke meiner Frau Rosemarie, die die Arbeit an den Zehn Geboten mit viel Verständnis und Verzicht auf freie gemeinsame Zeit begleitet hat.

Zusammen mit meiner Frau widme ich das Buch – wie bereits die erste Fassung von 1981 – unseren Patenkindern:

Cornelia Bräumer	geb. am 2. März 1963
Johannes Wolf	geb. am 28. Juli 1963
Amira Ertelt	geb. am 8. Oktober 1968
Olaf Weber	geb. am 1. November 1970
Christina Költzsch	geb. am 3. März 1978
Marcel Magens	geb. am 17. März 1980
Andreas Both	geb. am 2. Juli 1980
Linus Bräumer	geb. am 1. Dezember 1998

Gebe Gott, dass die folgenden Betrachtungen unseren Patenkindern und allen, die nach dem Sinn der heiligen Gebote fragen, eine Hilfe bedeuten und zum Segen werden.

Hansjörg Bräumer

Wietzendorf, im Juni 2000

Einführung

Das Portal zu den Zehn Geboten

»Ich bin der Herr, dein Gott, der ich dich aus Ägyptenland, aus der Knechtschaft, geführt habe.« *(2. Mose 20,2)*

»Ich bin das A und das O, spricht Gott der Herr, der da ist, der da war und der da kommt, der Allmächtige.« ***(Offenbarung 1,8)***

Zu meinen beiden Aufstiegen auf den Moseberg, den Dschebel Musa, brach ich, um den Sonnenaufgang auf dem Gipfel zu erleben, jeweils noch im Dunkel der Nacht auf. Eine der beiden Aufstiegsmöglichkeiten ist der so genannte Büßerweg. Er beginnt hinter dem Katharinenkloster. Die dreitausend Stufen dieses Weges wurden von Mönchen des Klosters aus unbehauenen Steinen angelegt. Zu dem Besonderen dieses Weges gehört ein Torbogen, eine offene Pforte. Es ist das Tor des Mönchs Stephanos. Stephanos lebte im 6. Jahrhundert. Zu seinen Lebzeiten war er Wächter an diesem Torbogen zum Moseberg. Hier nahm er jedem, der den 2285 m hohen Moseberg bestieg, die Beichte ab. Keiner durfte damals ohne das Bekenntnis seiner Schuld und den Zuspruch der Vergebung den Moseberg besteigen. Ich bedauerte es, dass bei meinen Aufstiegen der Platz des Stephanos leer war. So blieb mir nur ein stilles Bekenntnis, um dann als ein von Schuld Befreiter den Berg zu besteigen, an dem nach alter Überlieferung Mose die heiligen Gebote, die zehn Freiheiten, aus Gottes Mund und Hand entgegennahm.

Bei den Mönchen des Katharinenklosters hat Stephanos noch heute einen festen Platz. Da der kleine Klosterfriedhof nur wenige Gräber umfasst, wurde beim Tod eines Mönchs der am längsten Begrabene exhumiert und ins Beinhaus gebracht. Auf Grund des trockenen Klimas waren die Körper nicht verwest, sondern ausgetrocknet. Im Beinhaus wurden »Mumien« sorgfältig zerlegt und die Knochen auf die dafür vorgesehenen Stapel geschichtet. So verschwand der Einzelne endgültig in der Anonymität. Anders war dies bei jenem Beichtvater vom Sinai, dem Mönch Stephanos. Seine »Mumie« wurde erhalten und bekleidet und auf einen Stuhl am Eingang des Beinhauses gesetzt. Dort hält der Mönch Stephanos die Wache.[1]

Für mich ist diese Entscheidung der Mönche ein sprechendes Zeichen. Bis heute bewacht Stephanos das Portal zur Freiheit. In vollkommener Freiheit bei Gott, dem Vater, Jesus, dem Erlöser, und dem Heiligen Geist, dem »anderen Tröster« (Joh 14,16), werden nur die leben, die entlang den Zehn Geboten ihre Schuld bekannt und den Freispruch erlangt haben.

Der Weg in die Freiheit in diesem und in dem Leben nach dem Tod beginnt damit, dass Gott den Menschen anredet. Die Initiative geht von Gott aus. Es ist nicht so, dass sich zuerst der Mensch auf den Weg zu Gott macht, Gott sucht den Menschen.[2] Gott gibt dem Menschen seinen Namen bekannt und wartet auf die Reaktionen des Menschen.

Wenn Menschen sich untereinander bekannt machen, sagen sie sich zuerst gegenseitig ihren Namen. Sie nennen ihre Namen, um miteinander in Gemeinschaft zu treten.[3] Mit der Namenskundgabe öffnet sich der eine für den anderen. »Er ist rufbar, er ist nennbar, er bietet sich zur Gemeinschaft an.«[4]

Wenn Gott in Gemeinschaft mit den Menschen tritt, spricht er sein großes geheimnisvolles ***»Ich bin«***. Mit seinem ***»Ich bin«*** stellt sich Gott dem Menschen vor. Die Anrede des Menschen mit ***»du«***, »Ich bin ***dein*** Gott«, ist die Wiederaufnahme der Ich-Du-Beziehung.[5] Die Entscheidung des Menschen, »sein zu wollen wie Gott« (vgl. 1. Mose 3,5), war die Ursache dafür, dass der Mensch die unmittelbare Lebensgemeinschaft mit Gott verloren hat. Gott hat den Menschen aus dem Paradies vertrieben (vgl. 1. Mose 3,23f.). Die Zusage: ***»Ich bin der Herr, dein Gott«*** ist die Wiedereröffnung »des göttlichen Lebensraumes für die Menschen«[6]. Das ***»Ich«*** und ***»Du«*** im Munde Gottes erneuert die Gemeinschaft zwischen Gott und dem mit »du« angeredeten Menschen. Damit sind die Gebote weder Glaubensartikel noch Sittenregeln, sondern »die Konstituierung einer Gemeinschaft durch eine Gemeinschaftssatzung«.

Ehe Gott etwas vom Menschen verlangt, macht Gott dem Menschen ein »Liebesangebot«[8]. Er macht sich dem Menschen bekannt. Er sagt, wer er ist. Er stellt den Menschen hinein in seinen Machtbereich, dann erst gibt er die Gebote seiner Herrschaft bekannt. »Erst schenkt Gott, dann fordert Gott.«[9] Gott schließt eine Tür auf, die einmal verschlossen war. Die Zusage: »Ich bin der Herr, dein Gott« ist das »Aufschließen von Freiheit und Leben für den Menschen«.[10] Nur wer durch dieses offene Portal hindurchgeht, kann die Zehn Gebote verstehen.

Dasselbe gilt für die Verkündigung von Jesus, speziell für die Bergpredigt. Das Portal zur Bergpredigt sind die Seligpreisungen. Ihrem Inhalt nach sind die Seligpreisungen »vom ersten bis zum letzten Wort reiner Trost«[11]. Erst wer durch dieses Portal gegangen ist, wird mit den Forderungen und Geboten von Jesus konfrontiert.

Die Zehn Gebote und die Worte von Jesus in der Bergpredigt als totale Forderung sind nur deshalb erträglich, weil sie in der totalen Liebeserklärung Gottes gründen.

Bevor Gott die Zehn Gebote bekannt gibt, spricht er die Worte:

»Ich bin der Herr, dein Gott, der ich dich aus Ägyptenland, aus der Knechtschaft, geführt habe.«

Diese Liebeszusage ist im Kern das ganze Evangelium.[12] Sie ist das Portal, die offene Tür zu den Zehn Geboten.
Dietrich Bonhoeffer kennzeichnet dieses Portal mit den Worten:

Ich bin: »So spricht, der Anfang und Ende in Händen hat, der vor der Zeit war und nachher sein wird; aus dessen Händen alles hervorgeht; der Anfang und Ende setzt. ›Ich bin‹, so spricht Gott, der Schöpfer.«[13]

1. Gott spricht: *Ich bin*

Mit dem großen **Ich** stellt sich Gott als der persönliche Gott vor. Er ist nicht eine unpersönliche Macht, nicht ein Es. Er ist nicht Natur oder Weltvernunft. Gott ist Person.

Im Hebräischen gibt es zwei Worte für *ich*. Das eine kennzeichnet die redende Person im Gegensatz zu der angeredeten (hebräisch: *ʾani*). Das andere, an dieser Stelle gebrauchte (hebräisch: *ʾanochi*), kündet den Redenden an »als diejenige Persönlichkeit, die der angeredeten innig nahe ist, die sie umfasst und trägt und hält, durch deren Persönlichkeit erst auch die angeredete in Wahrheit ihr persönliches Dasein, ihren Halt und Boden gewinnt«.[14] Das **Ich** im Munde Gottes ist eine Hoheitsaussage. Gott ist der allmächtige und zugleich der persönliche Gott. Durch Gottes persönliche Zusage erhält jeder, der diese Worte hört, sein persönliches Dasein!

»Wir verlieren unser Menschsein erst dann, wenn wir das verlieren, was uns ja erst zum Menschen macht: unsere Gemeinschaft und unseren Zusammenhang mit Gott.«[15]

Das große »Ich bin« in seiner umfassenden Bedeutung sprach Gott zum ersten Mal zu Mose. Mose hütete die Schafe seines Schwiegervaters Jitro. Nach der Ermordung eines Ägypters und der Flucht auf die Sinaihalbinsel lebte Mose lange Jahre in der Wüste auf dem Abstellgleis. Während die Not der Israeliten zum Himmel schrie und unten am Nil viel zu tun gewesen wäre, hütete Mose, ein Mann mit Kenntnissen und Fähigkeiten, Schafe in der Steppe. Mose, ein Riese unter den Großen der Weltgeschichte, diente in untergeordneter Stellung. Er war ein zur Seite gestellter Mann, von Israel her gesehen ein Mann, der abgewirtschaftet hatte. Er versorgte auf verlorenem Posten das verlorene Werk des Schafehütens. Eines Tages sah er, wie eines der dornigen Wüstengewächse, ein so genannter Sennabusch, in Flammen stand.

Solche ca. einen Meter hohen Büsche mit gelben Blüten wachsen bis heute in den Wadis auf der Halbinsel Sinai. Dass die kleinen Dornbüsche in heißem Wüstenklima zu brennen beginnen, ist keine Seltenheit. Dass der Busch, den Mose sah, dabei nicht verbrannte, widersprach jedoch den Naturgesetzen. Das erweckte die Neugier Moses. Er wollte dem Geheimnis auf die Spur kommen und näherte sich dem brennenden Dornbusch (2. Mose 3,2-3).

Neugier trieb Mose dazu, das Schauspiel anzusehen. Der, der aus Neugier vom Weg in Richtung brennender Dornbusch abgebogen war, geht als ein Bezwungener weg. Was war geschehen?

Mose hat das große Wort Gottes gehört: »Ich bin.« Dieses Wort im Munde Gottes ist nicht im philosophischen Sinn zu deuten, das heißt, es geht nicht um das Sein, nicht um die Existenz Gottes. Dass Gott ist, dass es Gott gibt, das wissen auch die Teufel (Jak 2,19). Gott sagt Mose mit dem »Ich bin« sein »Dasein, sein Dabei-Sein« zu.[16] Das »Ich bin«-Wort Gottes kann man folgendermaßen übersetzen:

Ich werde sein, der ich sein werde.
Ich werde da sein, als der ich da sein werde (M. Buber).

Ich werde für euch da sein (G. v. Rad).
Ich bin da bei euch (J. Bours).

In der klassischen jüdischen Vers-für-Vers-Auslegung des 2. Buches Mose, dem so genannten *Midrasch Exodus rabba*, steht an dieser Stelle folgende Auslegung:

Ich bin, der ich war.
Ich bin jetzt und
Ich bin in Zukunft.[17]

In der Offenbarung des Johannes steht allen Worten der Segensgruß voran: »Gnade sei mit euch und Friede von dem, ***der da ist und der da war und der da kommt***« (Offb 1,4.8). Der, der so spricht, ist Gott, der Herr. Er ist das A und das O, der Anfang und das Ende, »der da ist und der da war und der da kommt«.

Diese gewaltige Zusage: »Ich bin der Gott der Vergangenheit, der Gegenwart und der Zukunft« ist der Inhalt aller Worte von Jesus, die mit dem »Ich bin« im Mund von Jesus beginnen! Das gleiche gilt für alle Worte von Jesus im Zusammenhang mit der Auslegung der Gebote Gottes in seiner Bergpredigt. Ihnen stellt Jesus die Worte voran: »Ihr habt gehört, dass zu den Alten gesagt ist ... ***Ich aber*** sage euch ...« (Mt 5,21-22).

Die Gebote, die Jesus aktualisiert und radikalisiert, sind keine Sentenzen, die auch ohne Beziehung auf IHN Bedeutung haben. Sie hängen unlösbar mit der Person von Jesus zusammen. Keiner kann die Bergpredigt ohne den Bergprediger haben.

Genau dasselbe gilt für die Zehn Gebote. Sie sind nicht einfach eine Sammlung ethischer Sätze. Sie sind keine Morallehre, keine Anweisungen für den Lebensweg. Sie sind das Aufzeigen des Weges Gottes.

Wer sich der Bergpredigt und den Zehn Geboten stellt, steht vor der Frage: Welcher ist der Weg Gottes, auf den er mich mitnehmen will? Wie stehe ich zu Gott? Wie zu Jesus? Ist ER der Allmächtige? Ist Jesus der Sohn Gottes, das A und das O, der Anfang, die Mitte und das Ende in meinem Denken und in meinem Leben? – Genau dies und nicht weniger will Gott sein.

2. Gott spricht: Ich bin *Jahwe*

Bevor Gott die Gebote erlässt, stellt er sich vor mit seinem Namen, *Jahwe*, den die Juden übersetzen mit »Quelle ewig fortdauernden Lebens«[18]. Damit sagt Gott: Ich bin der, der keinen im Stich lässt, selbst Kain nicht, den Brudermörder. Gott zeichnete Kain mit einem Zeichen des Eigentums und sicherte ihn gegen Mord (1. Mose 4,15; Hes 9,3ff.).

Ich bin der, der eure Väter führte. *Ich bin* euer Weggott. Wie aber Jahwe seinem Volk begegnete und dieses führte, zeigt, dass er mit keinem der damals bekannten Weggötter vergleichbar ist. Er ist von allen Sonnen-, Mond- und Sterngottheiten wesensverschieden, und zwar dadurch, »dass er nicht regelmäßig am Himmel zu sehen ist, sondern sich nur jeweils, wann und wo er will, seinen Erwählten zu sehen gibt«[19]. Als Weggott ist Jahwe nicht auf eine bestimmte Erscheinungsweise festlegbar. Er gibt sich, wann und wo er will, den von ihm Geführten zu erkennen, und zwar mit dem einen Ziel, sie zu führen und zu retten. »Ich bin Jahwe« heißt: Ich bin euer Weggott, der euch leitet, führt, schützt und am Leben erhält. Gott ist der Weggott, auch wenn wir ihn oft nicht sehen oder spüren.
Oskar Loy fasst dies in die Worte:

»Ich sehe nur den nächsten Schritt,
ich kann nicht weiter schauen.
Du kennst den Weg und nimmst mich mit,
Dir darf ich ganz vertrauen.
Ich ahne nur ein Stück voraus,
kann selber mich nicht leiten.
Du siehst die Strecke bis nach Haus
in Zeit und Ewigkeiten.«[20]

Der großen Gotteszusage »Ich bin, der ich bin« fügt Gott im Dornbuschgespräch mit Mose die Selbstbezeichnung hinzu: »Ich bin Jahwe, der Gott eurer Väter ... Das ist mein Name auf ewig, mit dem man mich anrufen soll von Geschlecht zu Geschlecht« (2. Mose 3,15).

Der Name Jahwe beinhaltet die Zusage: »Ich werde für euch da sein.« Damit ist aber auch für die Juden der Name Jahwe nicht seines letzten Geheimnisses entkleidet. Gott bleibt der Unfassbare, »den niemand von außen fassen und begreifen kann«[21]. Deshalb kommt es im Judentum zu dem

Gebot: Keiner darf den Namen Jahwe im Munde führen. In der Mischna, dem ältesten Teil des Talmuds, steht das Gebot: »Diese Gottesbezeichnung darf selbst im Synagogen-Gottesdienst nicht verwendet werden.«[22] Der jüdische Schriftsteller Flavius Josephus (*37/38, † um 100 n. Chr.) bezeugt: »Diesen Namen darf ich nicht aussprechen.«[23] So trat an die Stelle des Jahwenamens der Ersatzname »Herr« (hebräisch: *adonaj*; griechisch: *Kyrios*). Im Lauf der Zeit wurde im Judentum selbst *adonaj* ersetzt. Wann immer es um den heiligen Gottesnamen geht, sagt der Jude einfach: »der Name« (hebräisch: *haschem*). Wer sich in Jerusalem an der Westmauer unter die betenden Juden mischt, dem fällt auf, wie oft sich der jüdische Beter bewusst und tief verneigt. Tritt man näher an die Betenden heran, so hört man, dass der Sich-Verneigende dabei immer die Worte spricht: »*haschem*«, »der Name«.

Im Unterschied zu den Juden haben die Christen den Gottesnamen »*Herr*, *adonaj*, *Kyrios*« beibehalten. Im Neuen Testament wird Jesus »der Herr, der *Kyrios*« genannt. Deshalb singen und beten die Christen in jedem Gottesdienst:

Kyrie eleison – Herr, erbarme dich.
Christe eleison – Christe, erbarme dich.
Kyrie eleison – Herr, erbarme dich.

Der Name Gottes ist zum Namen von Jesus geworden. In einem der ältesten Glaubensbekenntnisse der Christenheit heißt es:

»Darum hat Gott ihn (Jesus) zur höchsten Höhe erhoben
und ihm **den** *Namen verliehen,*
der über alle Namen Macht hat,

und wo der Name Jesus angerufen wird,
da sollen sich die Knie beugen
aller himmlischen, irdischen und unterirdischen Mächte

und jeder Mund in das Bekenntnis einstimmen:
Jesus Christus ist der Herr,
Gott dem Vater zum Preis« (Phil 2,9-11, nach Wilkens).

Christen rufen Gott an mit dem Namen »Herr« und mit dem Namen »Jesus«. Der Name »Herr« und der Name »Jesus« ist der alles umfassende Gottesname. Wer immer betet: »Jesus, mein Herr«, antwortet auf die große Gotteszusage: »Ich bin Jahwe«.

3. Gott spricht: Ich bin Jahwe, *dein Gott*

»Ich bin Jahwe, *dein Gott*« ist das Liebesangebot Gottes. Gott ist das Du, das mich meint und mich sucht. Mit dieser Zusage wendet sich Gott an den einzelnen Menschen. Wenn ein Mensch zu einem anderen Menschen sagt: »Ich bin dein«, ist dies die höchste Aussage der Liebe. Gott achtet jeden einzelnen Menschen so wert, dass er zu ihm sagt: **»Ich bin *dein Gott.*«** Gott wendet sich jedem einzelnen Menschen zu. Er ist das Du, das zu jedem Menschen spricht: **»Ich bin *dein Gott.*«** Diese Zusage ist ein Akt der Suche Gottes nach dem Menschen. »Gott ist nicht vom Menschen abgesondert, damit man nach Ihm suche. Er ist vielmehr eine Macht, die den Menschen sucht, ihn verfolgt, ihn anruft. Der Weg zu Gott ist der Weg Gottes.«[24] Ein Mensch, der die Worte des Allmächtigen hört: **»Ich bin *dein* Gott«**, weiß, hier handelt es sich nicht um eine allgemeine Gotteserkenntnis, sondern um die Anerkennung Gottes als ***meinen*** Gott. Es geht nicht darum, dass es einen Gott gibt, sondern dass der wahrhaftige Gott ***mein*** Gott ist, »dass Er mich geschaffen und gebildet, dahingestellt und verpflichtet, und mich schaffe und bilde, erhalte, überwache, lenke und leite, dass ich mit ihm nicht nur in zehntausendster Vermittlung als zufälliges Produkt des Universums zusammenhänge ..., sondern: dass jeder gegenwärtige Atemzug und jeder kommende Augenblick meines Daseins ein unmittelbares Geschenk seiner Allmacht und Liebe sei.«[25]

Ich bin Jahwe, *dein Gott*, heißt: Gott fragt nach mir. Der Gott, der von Anfang an war und bleiben wird, will für mich da sein. Er ist »mit mir, bei mir, in mir, für mich!«[26]

Der lebendige Gott lässt keinen Menschen ins Leere fallen. Gott hält – wie ein guter Vater – die Arme und die Hände ausgebreitet, um uns aufzufangen, damit wir nicht ins Bodenlose des Nichts versinken.

Rainer Maria Rilke fasst dies in die Zeilen:

»Wir alle fallen. Diese Hand da fällt.
Und sieh dir andre an: es ist in allen.

Und doch ist Einer, welcher dieses Fallen
Unendlich sanft in seinen Händen hält.«[27]

Wenn Gott sagt: »Ich bin ***dein Gott***«, dann heißt dies, Gott ist nicht nur der Gott in Ewigkeit und stärker als die Herrlichkeit der Welt, sondern Gott ist ein persönlicher Gott. Er fragt nach mir! Der große Gott, der von Anfang an war und bleiben wird, will mir gehören. Wenn Gott sagt: »Ich bin ***dein***«, ist das ein Liebesangebot, das besagt: Ich bin mit dir im Bunde, ich bin dir nicht fern, ich bin dir nahe.

Die Antwort auf dieses Liebesangebot Gottes ist das Gebet. Schon als Gott sein erstes großes »Ich bin« sprach, verband er dies mit dem Hinweis: »Ich bin Jahwe, der Herr, und so wird man mich anrufen in allen Generationen« (vgl. 2. Mose 3,15). Das Anrufen Gottes, das Gebet, wird häufig als »Reden mit Gott«, als »Zwiegespräch«, als »Dialog« gedeutet. Gebet als Zwiegespräch des Menschen mit Gott ist zweifellos eine hilfreiche Erklärung. Zugleich aber führt diese Vorstellung leicht zu Missverständnissen und Schwierigkeiten. Das Zwiegespräch mit Gott sieht eben anders aus als das Zwiegespräch mit einem Freund. Ich höre Gott nicht so, wie ich einen Freund höre, und Gott gibt mir keine so klaren Antworten, wie ich sie von einem Freund erwarte. Deshalb fragen sich nicht wenige Beter, ob das Gebet nicht eher ein Monolog als ein Dialog ist und ob sie nicht wie gegen eine leere Wand reden. Deshalb ist es hilfreich, vom »Gebet als Begegnung«[28] zu reden. Der Kirchenvater Augustinus (354-430), dessen Stellung vor Gott immer durch große Ehrfurcht gekennzeichnet war, schreibt vom Beten als Begegnung: »In der Begegnung wird der ferne Gott mir nahe. Er bleibt der andere, der ›ganz‹ andere mir und allem gegenüber, er bleibt Gott, und ich bleibe der Mensch. Aber er wird mein Du, mein Gott und mein alles.«[29]

Wenn Gott uns Menschen zusagt: »Ich bin der Herr, ***dein Gott***«, dann will er, dass wir ihn anrufen mit den Worten, die Thomas einmal zu Jesus sagte: »Mein Herr und mein Gott« (Joh 20,28). Mit der Liebeserklärung Gottes: »Ich bin der Herr, ***dein Gott***« schafft Gott die Voraussetzung dafür, dass der Mensch Gott begegnen kann. Das kleine Wort ***dein*** ist die Begründung der Gemeinschaft zwischen Gott und Mensch. Es ist die »Konstituierung einer Gemeinschaft«[30]. Nun kommt alles darauf an, dass ich diesem meinem Gott begegne.

4. Gott spricht: Ich bin Jahwe, dein Gott, *der ich dich aus Ägypten herausgeführt habe, aus dem Haus der Knechte*

Die letzte Selbstbestimmung Gottes in seiner mit **»Ich bin«** beginnenden Selbstvorstellung lautet: Ich bin dein Herausholer, dein Befreier. Gott ist »der Gott der Freiheit«[31]. In diesen Worten stellt sich Gott nicht vor als der Herr der Welt, der er doch ist (vgl. 2. Mose 19,5b), sondern als der Schrittmacher auf dem Weg aus Ägypten. Gott will »in der Konkretheit dieser geschichtlichen Stunde anerkannt werden«[32]. Die Herausführung aus Ägypten ist mehr als die Befreiung von einem menschlichen Joch. Die Israeliten sollen frei werden für Gott. »Aus dem Haus der Knechte will sagen, dass ihr ***meine*** Knechte seid.«[33]

Die chassidische Überlieferung hat diese Erkenntnis in eine kleine Geschichte zusammengefasst: »Man fragte Rabbi Bunan: Es steht geschrieben: ›Ich bin der Herr, dein Gott, der ich Himmel und Erde schuf‹? Rabbi Bunan erklärte: Himmel und Erde, dann hätte der Mensch gesagt: Das ist mir zu groß, da traue ich mich nicht hin. Gott aber sprach zu ihm: Ich bin's, der ich dich aus dem Dreck geholt habe, nun komm heran und hör!«

Komm heran und hör!, könnte man übertragen: Lass dich in jeder Situation, in der du bist, aus dem Dreck ziehen, und hilf mir, andere aus dem Dreck zu ziehen.[34]

Gott ist der Befreier und Erlöser des Menschen. Die Geschichte Gottes mit dem Menschen ist eine Geschichte der Erlösung.

Ehe Gott den Menschen mit seinem »Du sollst« konfrontiert, kommt er mit seinem **»Ich bin«** auf den Menschen zu. »Erst schenkt Gott, dann fordert Gott. Erst stellt uns Gott aus lauter Gnade in seinen Machtbereich hinein, dann gibt er uns die Gesetze seines Reiches bekannt.«[35]

Die Selbstvorstellung Gottes beginnt mit den Worten: **»Ich bin Jahwe, dein Gott«**, es ist das Portal zu den Zehn Geboten.

Gott ist da! – Er ist unser Weggott!

Gott ist der persönliche Gott! – Er ist unser Befreier!

Bevor Gott seine Gebote erlässt, stellt er sich vor, und zwar nicht als der Schöpfergott, der er auch ist, sondern als der Befreier, als der Gott der Geschichte. Den Weltschöpfungsprozess hat kein Mensch miterlebt. Das jedoch, was alle Israeliten bis heute bezeugen, ist: »Er hat uns aus der Knechtschaft befreit.«

Als Überschrift zu allen Geboten nennt Gott das, was den Israeliten im Moment wichtig war. Die Israeliten wussten um die Befreiung und sind deren Zeugen. Mit dem Auszug war die Ära der Versklavung Israels in Ägypten endgültig vorbei. Die Stunde der Freiheit für die Israeliten, die Stunde Null für die Zählung der künftigen Jahre war gekommen. Wann immer Israeliten das jährliche Passafest feiern, denken sie an dieses Geschehen. Für das hebräische und jüdische Denken bedeutet »gedenken« weit mehr als ein Sich-Erinnern. Sie feiern keine Feste der frommen Erinnerung, sondern die immer wiederkehrende Gegenwärtigkeit des einmal Geschehenen. Beim Passafest identifizieren sich alle nachfolgenden Geschlechter mit dem Geschehen in der Vergangenheit. In der mündlichen Überlieferung, in der Mischna, dem ältesten Teil des Talmuds, heißt es:

»In jeder Generation sehe es der Mensch so an, als sei er selbst aus Ägypten gezogen. Nicht nur unsere Vorfahren hat der Herr, gelobt sei Er, erlöst – auch uns erlöste er mit ihnen.«[36] Noch ehe Gott ein einziges der Zehn Gebote bekannt gibt, spricht er die Worte: Ich bin dein »Herausholer und Befreier«[37]. Gott ist nicht der Gott der Philosophen, sondern der in der Geschichte handelnde Gott.

Die Geschichte wird von Menschen geschrieben und muss einmal von Menschen verantwortet werden. Gott nimmt den Menschen so ernst, dass er ihm die Entscheidung überlässt über den Lauf dieser Welt und über das Los seines eigenen Geschickes. So wird die Geschichte zu allen Zeiten zu einer Geschichte von Krieg und Verfolgung, von Blut und Tränen. Die Schuld an Not, Leid, Krieg und Zerstörung trägt nicht Gott, sondern der Mensch. Gott aber überlässt die Welt und den Menschen nicht einfach dem Untergang. Er greift immer wieder in die Geschichte ein und gibt dem Menschen eine neue Chance.

Gott hat seine Geschichte der Befreiung nie abgebrochen. Um den Menschen aus der Versklavung unter fremden Herren und aus der eigenen Verlorenheit herauszureißen, wird Gott selbst Mensch. Er sendet Jesus, seinen Sohn, als Befreier in diese Welt! Das Diensthaus, aus dem Jesus die Menschen herausführt, heißt nicht mehr Ägypten, sondern – wie es Martin Luther formuliert – Sünde, Tod und Teufel. Diese Befreiungstat Gottes erklärt Luther mit den Worten: »Ich bin der Herr, dein Gott, der dich verlorenen und verdammten Menschen erlöst hat von allen Sünden, vom Tode und von der Gewalt des Teufels.«[38] Seit dem Kommen von Jesus ist Gott nicht nur ein Gott, der in die Geschichte eingreift, sondern ein Gott, der mit jedem einzelnen Menschen eine persönliche Geschichte haben will, eine Geschichte der Freiheit.

Es gibt genug Menschen, die von sich sagen, sie seien Herren. Aber noch ehe Tag und Jahr vergehen, sind sie nicht mehr, und keiner kennt sie. Die Herren der Welt fallen immer wieder anderen Herren zum Opfer. Auch wir selbst wollen Herren, Herren unseres Lebens sein; und doch können wir unser Leben nicht führen. Wir haben keine Macht darüber. »Krankheit, Sünde und Tod sind stärkere Herren. Sie zerbrechen uns.«[39] Eines aber gilt und bleibt: Gott ist der Herr aller Herren!

Die Liebeszusage Gottes: »Ich bin der Herr, dein Gott, dein Befreier« ist im Kern nichts anderes als das ganze Evangelium. Wann immer sich über unserem Leben die Abgründe Sünde, Krankheit und Tod auftun, ruft uns Jesus, der Auferstandene und der Lebendige, zu: »Ich bin der Herr!«

Die Zusage Gottes: »Ich bin der Herr, dein Gott, dein Befreier« ist zugleich die Zusage von Jesus. Diese Zusage allein hält uns über dem Abgrund.

Die allen Geboten voranstehende Liebeserklärung Gottes: »Ich, der Herr, dein Gott, bin dein Befreier« ist kein Gebot, »sondern Verheißung, und zwar im absoluten, bedingungslosen Sinn.«[40]

Die große Zusage Gottes

»Ich bin der Herr, dein Gott, der ich dich aus Ägypten herausgeführt habe, aus dem Haus der Knechte«

ist das Portal zu den Zehn Geboten. Es ist die »Eröffnung des göttlichen Lebensraums für die Menschen« und zugleich das »Aufschließen von Freiheit und Leben für den Menschen«[41].

Die Zehn Gebote sollen stets an die Befreiung Gottes erinnern. Die Zehn Gebote stecken »den Horizont der Freiheit ab«[42]. Die Zehn Gebote sind keine »Zwangsjacke«, sondern eine »Urkunde der Freiheit«[43].

Das Portal zu den Zehn Geboten ist ein Wort der Selbstoffenbarung Gottes. Die Selbstoffenbarung Gottes mit den Worten: ***»Ich bin der Herr, dein Gott«*** macht deutlich, wer die Gebote gibt, und wehrt allem Irrtum, als hätten wir es mit Ordnungen des Naturrechtes oder mit Lebensgesetzen zu tun. In den Geboten spricht nicht »die Vernunft, hier spricht Gott«[44]. Die Gebote gibt Gott, nicht Mose schreibt sie, sondern Gott schreibt sie mit seinem Finger auf steinerne Tafeln (5. Mose 4,13). Von Mose heißt es: »Er tat nichts hinzu« (5. Mose 5,22). Daher nennt das Neue Testament die Gebote »lebendige Worte« (vgl. Apg 7,38). Die Gebote sind von Gott, und zwar sind sie »Gebot Gottes und Geschenk Gottes zugleich«[45]. Gottes erstes Wort in den Zehn Geboten heißt ***»Ich«***. Mit diesem Ich hat es der Mensch zu tun, nicht mit irgendeinem allgemeinen Gesetz; nicht mit einem »man soll dies und jenes tun«, sondern mit dem lebendigen Gott. »Wenn Gott ›Ich‹ sagt, so ist dies Gnade ... In den Zehn Geboten spricht Gott ebenso von seiner Gnade wie von seinem Gebot.«[46]

Bevor Gott den Wortlaut seiner Gebote Mose mitteilte, stellt er Mose und damit jeden, der die Zehn Gebote hört, vor eine offene Tür, vor das Portal zur Freiheit. Nun kommt es darauf an, ob der, für den die Gebote bestimmt sind, bereit ist, durch dieses Portal hindurchzugehen, oder ob er, an der offenen Tür angekommen, kopfschüttelnd umkehrt.

Es gibt eine Erzählung von einem unbekannten Verfasser, die lautet:

Ein »moderner« Mensch verirrte sich in der Wüste. Die unbarmherzige Sonnenglut hatte ihn ausgedörrt. Da sah er in einer Entfernung eine Oase. Aha, eine Fata Morgana, dachte er, eine Luftspiegelung, die mich narrt. Denn in Wirklichkeit ist gar nichts da.

Er näherte sich der Oase, aber sie verschwand nicht, er sah immer deutlicher die Dattelpalmen, das Gras und vor allem die Quelle, natürlich eine Hungerfantasie, die mir mein halb wahnsinniges Gehirn vorgaukelt, dachte er.

Jetzt höre ich sogar das Wasser sprudeln. Eine Gehörhalluzination. Wie grausam ist die Natur.

Kurze Zeit später fanden ihn zwei Beduinen, tot. »Kannst du so etwas verstehen?«, sagte der eine zum andern. »Die Datteln wachsen ihm beinahe in den Mund, und dicht neben der Quelle liegt er, verhungert und verdurstet. Wie ist das möglich?«

Da antwortete der andere: »Er war ein moderner Mensch.«[47]

Der hier als »modern« gekennzeichnete Mensch glaubte nur, was er unmittelbar befühlen, betasten und mit seinen Lippen schmecken konnte. Er misstraute selbst seinen Augen. Er war in seinem Leben dem lebendigen Gott nie begegnet oder ist ihm bewusst ausgewichen. Er ließ sich von Gott nicht anreden und hat damit jede Gemeinschaft mit Gott abgelehnt.

Den Weg durch das offene Portal zu den zehn Freiheiten Gottes findet nur der, der jedes Wort aus dem Munde Gottes als ein persönlich zu ihm gesprochenes verbindliches Wort aufnimmt. Einer der Väter des schwäbischen Pietismus, Johann Albrecht Bengel (1687–1752), gibt für den Umgang mit dem Wort Gottes den folgenden Rat:

»Das ist ein Brief, den mein Gott mir hat schreiben lassen. Nach ihm soll ich mich richten, weil Gott mich nach ihm richten wird. Ein jeder Bibelleser muss damit umgehen, als ob dieser Brief ihn allein anginge.«[48]

Das erste Gebot

1

Die erste Tafel der Gebote

I. Gott allein

»Du sollst keine anderen Götter haben neben mir. «

(2. Mose 20,3)

Jesus spricht:
»Niemand kann zwei Herren dienen; entweder er wird den einen hassen und den andern lieben oder er wird an dem einen hängen und den andern verachten. Ihr könnt nicht Gott dienen und dem Mammon.«

(Matthäus 6,24)

In keinem anderen Erdteil, den meine Frau und ich auf unseren privaten Reisen zu Freunden in der Mission besuchten, waren wir derart mit der Zurschaustellung für uns fremder Götter konfrontiert wie im Fernen Osten.

In Thailand fielen uns gleich bei unserer ersten Erkundung von Bangkok die so genannten Geisterhäuser auf. Sie sind mit verschiedenen Zeichen behängt. Innerhalb der Geisterhäuser finden sich Figuren, und in jedem der Geisterhäuser werden Nahrungsmittel abgelegt. Die Geister müssen ernährt, sie müssen versöhnt werden. Nicht nur vor Privathäusern, sondern vor jedem öffentlichen Gebäude – selbst in der prächtigen Anlage einer großen Bank im Hauptgeschäftsviertel von Bangkok – stand ein Geisterhaus. Wie uns berichtet wurde, müssen auch ausländische Firmen solche Geisterhäuser auf den Grundstücken errichten. Falls sie sich weigern, bekommen sie kaum Thaipersonal. Die Geisterhäuser werden unter

Beisein buddhistischer Mönche nach festgelegten Ritualien geweiht. Bekommen die Geister genügend Nahrung, sind sie versöhnt und schützen – so ihr Glaube – die Bewohner oder die Mitarbeiter des Areals.

Auf Taiwan war es eine Fülle von Tempeln, Pilgerstätten und Praxen von »Heilern«, die uns mit der Welt von fremden Göttern konfrontierte. Von dem Haus der mit uns befreundeten Missionarin aus, in dem wir wohnten, sahen wir einen Tempel, der mit den ineinander verwobenen Zeichen von Yin und Yang Besucher anlockte. Als wir diesen Tempel aufsuchten, wurden wir überaus freundlich empfangen. Die Damc, die uns führte, tat alles, um uns das Geheimnis dieses Tempels zu erklären. In dem Tempel – der Muttergöttin Erde geweiht – gab es mehr als 60 Statuen, die alle die Zeichen Yin und Yang in Händen hielten. Mit großem Eifer berichtete die Verantwortliche dieses Tempels uns anhand von Fotoaufnahmen, dass eines Tages während eines Tempelfestes der göttliche Drache vom Himmel herabkam, alle Opfergaben verzehrte und dann wieder auf geheimnisvolle Weise verschwand. Lichteffekte auf den uns gezeigten Bildern ließen die Umrisse eines Drachen erkennen.

An einer der bekannten Pilgerstätten östlich von Taichung, der so genannten Drachenschlucht, stießen wir auf eine Gruppe gleich gekleideter Pilger. Sie waren auf einer »Anbetungswanderung«. Wir beobachteten, wie einer der Teilnehmer eine Teilnehmerin massierte. Es war keine Massage üblicher Art, sondern verbunden mit Gebetsriten. Den Abschluss dieses so genannten Stationsgottesdienstes bildete ein Anbetungsteil. Ein älterer Teilnehmer, der zuvor – völlig in sich versunken – mit verschlossenen Augen in der Gruppe saß, leitete die Zeremonie.

In Hongkong hatten wir u. a. ein Gespräch mit der Direktorin eines Forschungszentrums für Weltreligionen. Sie war eine überzeugte Christin. Themen des Gesprächs waren die weltweite Bewegung New Age, der Einfluss fernöstlicher Praktiken in die gesamte europäische Welt, die Wiederbelebung der alten taoistischen und buddhistischen Traditionen sowie die Neubelebung des Konfuzianismus, die Hintergründe des Shadow-Boxing und im Gegensatz dazu das Einmalige der christlichen Botschaft.

Unvergessen bleiben uns das Zeugnis des christlichen Glaubens und der Einblick in die *praxis pietatis* dieser gelehrten Frau.

Wegweisend für uns war eine ihrer Aussagen mit folgendem Wortlaut:

»Kein Christ muss Angst haben vor der Berührung mit buddhistischen oder anderen fernöstlichen Praktiken. Immer jedoch« – so sagte sie –, »wenn ich einen der Tempel besuche, kommt es mir vor, als ob mein Körper mit sehr viel Staub und Schmutz in Berührung kam, und es verlangt mich nach einem erfrischenden und reinigenden Bad.«

Ihre nachdrückliche Warnung galt dem Synkretismus. Ich war erinnert an meinen Lehrer Georg Vicedom, mit dem ich nach meinem Studium drei Jahre in dem Kollegium der Hochschule, an der ich mein Studium begann, zusammenarbeitete. Zum Synkretismus schreibt Georg Vicedom in seinem Werk *»Mission im ökumenischen Zeitalter«*: »Der Synkretismus tritt zur Zeit mit der größten Selbstverständlichkeit auf, ohne dass seine Anhänger nach der Berechtigung ihres Verhaltens fragen. Der Satz: Alle Religionen sind gleich, ist auf dem Wege, zu einem Allgemeingut der Menschheit zu werden. Während aber dieser Satz in Asien ein Bekenntnis zur eigenen Religion ist, weil durch die Gleichheit der Religionen für diese auch die eigene Lebensberechtigung besteht, ist er bei uns zur Rechtfertigung der religiösen Unentschiedenheit geworden. Darum ist der Synkretismus die Todesgefahr der Missionsarbeit geworden. Die nichtchristliche Religion wird durch den Synkretismus angereichert, das Christentum stirbt daran.«[1]

Georg Vicedom war lange Jahre Missionar auf Taiwan, dem früheren Formosa, und in Neuguinea. Von welcher Aktualität die Erfahrungen Georg Vicedoms sind, wurde uns deutlich in einem Gespräch mit einer vornehmen Inderin. Wir wohnten mit ihr zusammen in einem christlichen Gästehaus. Sie sprach viel von Jesus und was er ihr bedeutete. Eines Abends fragte ich sie, wann und wie sie Christin wurde. Ihre spontane Antwort lautete: »Ich bin keine Christin. Ich bin Hinduistin. Jeden Tag aber bete ich zu Jesus. Wann immer ich die Tempel besuche, bete ich **auch** zu Jesus!«

Im Fernen Osten war dies für uns das anschaulichste Beispiel dafür, was Synkretismus bedeutet.

Dem Begriff Synkretismus liegt das griechische Wort *synkratos*, »gemischt«, zu Grunde. Ein Synkretist ist ein Vereinigungsstifter, der versucht, aus allen Religionen ein großes Gemisch zu schaffen. Im Synkretismus ist der Glaube an den ***einen*** Gott aufgegeben. Deshalb ist der Synkretismus nichts anderes als eine Art Vielgötterei. »Polytheismus und Synkretismus entsprechen sich.«[2] »Gott steht nicht neben den Kräften, Mächten, Göttern und Dämonen, die in dieser Welt wirken, sondern über ihnen! Er ist der Herr!«[3]

Das erste der Zehn Gebote wendet sich mit aller Deutlichkeit gegen den Synkretismus, die Religionsmischerei.

1. Gott der Herr redet ohne Wenn und Aber

Martin Buber kennzeichnet das erste Gebot als das Gebot der ausschließlichen Verehrungsbeziehung durch das Verbot, andere Götter zu haben.[4]

Im hebräischen Text beginnt das Gebot mit einer Verneinung. Das Hebräische kennt zwei Möglichkeiten der Verneinung:

- Der eine Verneinungspartikel (hebräisch: *ʾal*) leitet Verbote, Abmahnungen und negative Wünsche ein und ist zu übersetzen mit: Du sollst nicht.
- Der zweite Verneinungspartikel (hebräisch: *lô*) stellt eine nachdrückliche Form der Verneinung dar, die dem deutschen »Das wirst du nicht tun« entspricht.[5]

Wo immer es sich in den Zehn Geboten um eine Verneinung handelt, steht das hebräische *lô*. Die genaue Übersetzung fügt dem **»du sollst«** zumindest in Klammern ein **»Du wirst«** bei. Damit ist die unumstößliche Erwartung ausgesprochen, dass etwas nicht getan werde. Gleichzeitig kommt damit zum Ausdruck, dass die Gebote keine Last auferlegen wollen, »sondern die selbstverständlichen Verhaltensweisen umschreiben«[7].

Die wörtliche Übersetzung des Gebotes »Du wirst keine anderen Götter haben mir zum Trotz« ist keine Abschwächung oder Verwässerung des Gebotes, sondern eine Folgerung aus der uneingeschränkten Feststellung: »Ich bin der Herr, dein Gott.« Wenn der eine und allmächtige Gott ein Menschenleben bestimmt, haben »andere Götter« keinen Raum.

Wenn ein Mensch entschlossen ist, vor Gottes Angesicht zu leben, dann ergeben sich daraus selbstverständliche Verhaltensweisen. Von entscheidender Bedeutung ist das im hebräischen Text an zweiter Stelle stehende Wort »Du!«. Dieses Du ist kein kollektives Du, das heißt, es spricht nicht eine Mehrzahl von Menschen auf einmal an, sondern es meint den einzelnen Menschen persönlich! Die persönliche Anrede des Menschen mit »du« ist ein durchgehendes Kennzeichen der Gebote. Martin Buber nennt dieses Du im Dekalog, im Zehnwort Gottes, »die Seele des Dekalogs«[8]. Das Du im Dekalog, im Zehnwort Gottes, ist einmal die Erhaltung der göttlichen Stimme, zum andern setzt dieses »Du« Gemeinschaft zwischen Gott und dem mit »du« angeredeten Menschen. Die Zehn Gebote verstanden bzw. aufgenommen hat zu allen Zeiten nur der Mensch, der diese »als zu ihm selber gesprochen vernahm, das heißt: der das darin niedergelegte Angesprochen-worden-sein jenes Ersten oder jener Ersten als sein eigenes Angesprochen-werden erfuhr«[9].

2. Die »anderen Götter«

»Andere Götter« ist im Alten Testament ein feststehender Ausdruck für die Gottheiten, die sich die Völkerwelt geschaffen hat, die aber keine Götter, sondern Götzen sind.[10] Der Begriff »andere Götter« umfasst drei Bedeutungsfelder:

- ***»Andere Götter«*** sind Mächte und Gewalten, die ihre Macht nicht aus sich selbst, sondern von anderen haben. Sie haben das, was sie ausmacht, von einem Größeren empfangen, und dieser Größere ist der eine allmächtige Gott. Gott, der Eine, gibt ihnen alles, was immer sie an Macht haben, um irgendeinen Einfluss in dieser Welt auszuüben.[11] Alles andere außer dem einen Gott ist »nur sein Geschöpf und Diener, hängt mit jeder Faser seines Daseins, mit jedem Funken seiner Kraft, mit seiner leisesten und größten Wirkung nur von seinem alleinigen, einzig freien allmächtigen Willen ab«[12]. Derartige Gottheiten sind nichts anderes als im wahrsten Sinn des Wortes »Aftergötter«[13], das heißt Götzen, Götter aus zweiter Hand, nachträgliche Trugbildungen.
- Der Begriff ***»andere Götter«*** kann auch übersetzt werden mit »fremde Götter«[14], das heißt, sie verhalten sich denen gegenüber, die sie anbeten, wie Fremde. Für die, die sich ihnen verschrieben haben und in ihrer Not vor ihnen niederfallen und zu ihnen beten, sind sie Fremde, das heißt Götzen. Als Götzen nehmen sie die, die ihnen dienen, überhaupt nicht wahr.[15] Im Letzten sind sie »ohne Einfluss auf irdische Geschicke«[16].
- Die Wendung ***»andere Götter«*** kann schließlich übertragen werden mit sich in ihren Merkmalen und äußeren Erscheinungsformen wandelnde Götter.[17] Der eine und allmächtige Gott allein ist der Unwandelbare und Beständige, »dessen Macht und Wille alles Geschehen in Vergangenheit, Gegenwart und Zukunft bis zum Ende der Tage zuzuschreiben ist«[18]. Götzen, wie sie sich Menschen schaffen, können ihre Erscheinungsformen je nach der Bedürfnislage des Menschen wandeln, von Gold in Silber, in Bronze, in Eisen, in Zinn und in Holz.[19] Der Mensch schafft sich seinen Götzen, so wie er ihn gerade braucht und wie dieser seiner augenblicklichen Befindlichkeit und Erkenntnislage entspricht.

Wie schnell es durch zunächst kleine und gut gemeinte Kompromisse zur Übertretung des ersten Gebotes »Gott allein« kommen kann, zeigt das Verhalten Aarons. Mose hatte vierzig Tage und vierzig Nächte auf dem Sinai verbracht (2. Mose 24,18). In dieser Zeit war von ihm keinerlei Nachricht zu erfahren. Da er keine Wegzehrung mitgenommen hatte, hielt das Volk Mose für verschollen. Die Zurückgebliebenen fühlten sich verlassen und verloren. So reifte in ihnen der Entschluss, einen möglichst gleichwertigen Ersatz für Mose zu schaffen. Sie wandten sich an Aaron mit den Worten: »Auf, mach uns einen Gott, der vor uns hergehe! Denn wir wissen nicht, was diesem Mann Mose widerfahren ist, der uns aus Ägyptenland geführt hat« (2. Mose 32,1).

Ihre Forderungen trugen sie, wie die Wendung »sich gegen Aaron sammeln« (hebräisch: *qāhāl ʿal*) zeigt, »gebieterisch« und »aggressiv«[20] vor oder zumindest »bedrängend«[21]. In dem Aaron mit Vehemenz vorgetragenen Begehren kommt der Ausdruck ein »anderer« oder ein »fremder« Gott nicht vor. Aaron hätte jedoch erkennen können, dass es sich letztlich darum handelte. Er hatte aber nicht die Standfestigkeit eines Mose. Er trat den Rebellen nicht kompromisslos entgegen. Ihr Ansinnen lehnte er nicht rigoros ab, sondern gab ihnen – um vielleicht Zeit zu gewinnen – die halbherzige Antwort: Reißt die goldenen Ringe ab, die eure Frauen, eure Söhne und Töchter an den Ohren tragen, und bringt sie her zu mir (vgl. 2. Mose 32,2).

Sollte Aaron gehofft haben, dass die israelitischen Frauen und deren Kinder zögerten oder sich gar weigerten, ihren Goldschmuck abzulegen, so hatte er sich geirrt.[22] Er musste erleben, dass die Israeliten um eines Idols willen noch opferfreudiger waren als verlangt. Das *ganze* Volk, sowohl Frauen, Kinder als auch Männer, lieferten ihre Ringe ab.[23] Zumindest in der Wüstenzeit trugen auch die israelitischen Männer goldene Ohrringe. Von den Ismaelitern ist dies bezeugt, bei den Assyrern war es Brauch.[24]

Jetzt war Aaron in der Situation, dass er nicht mehr zurückkonnte. Er musste den Weg, den er eingeschlagen hatte, weitergehen.[25] Er entwarf mit einem Griffel die Zeichnung für ein gegossenes Stierbild.[26]

Für Aaron stand die Anfertigung eines solchen vorangetragenen Symbols, wenn es nicht mehr sein wollte als das, mit dem Glauben an Gott zunächst nicht im Widerspruch. Zweifellos war es nie die Absicht Aarons, ein Götzenbild zu schaffen, das man anbeten darf. Hätte er dies getan, »dann hätte er als das erste Opfer fallen müssen.«[27] Was jedoch Aaron nach der Fertigstellung des Stierbildes erlebte, musste ihn bis ins Innerste getroffen haben. Als die Israeliten das goldene Standartenbild sahen, verehrten sie dieses wie eine Gottheit. Sie riefen in die Richtung des erhöhten Stierbildes: »Das ist dein Gott, Israel, der dich aus Ägyptenland geführt hat« (2. Mose 32,4).

Bereits mit diesen Worten, aber auch dann endgültig mit dem Sich-vor-diesem-Bild-Niederwerfen und Ihm-Opfern (2. Mose 32,8) machten die Israeliten aus dem beabsichtigten »Moseersatz« einen »Gottesersatz«[28]. Die Israeliten behandelten das auf der Standarte vorauszutragende Symbol wie eine Gottheit. Aaron war durch seine gut gemeinten Kompromisse zum Übertreter des Gebotes: »Gott allein« geworden.

In dem Gespräch mit Aaron setzt Mose die Schuld Aarons voraus. Aaron hatte das Kalb gegossen und damit dem Bundesbruch den Weg gebahnt. Auch wenn er das Kalb nicht angebetet, sondern nur angefertigt hat, so ist er doch der Verursacher der großen Schuld, die das Volk auf sich geladen hat (2. Mose 32,31-35).

3. Das Ja zu dem lebendigen Gott ist immer zugleich das kompromisslose Nein zu den Götzen

Die das erste Gebot abschließende Formulierung ***»mir zum Trotz«*** unterstreicht noch einmal das »Gott allein«. Die im Urtext stehende Wendung ***»mir zum Trotz«*** (hebräisch: *ʿal panāj*) hat in jeder ihrer Übersetzungsmöglichkeiten sich ergänzende Aspekte. Sie kann so viel heißen wie »über mich hinaus«[29], »zu mir hinzu«[30], »neben mir« (Luther) oder gegen mich, mir zuwider, im Sinne von »mir zum Trotz«[31].

Das erste Gebot »Du sollst keine anderen Götter haben mir zum Trotz« besagt: »Es gibt kein Ja zu Gott ohne ein Nein zu den Götzen, und je gewisser das Ja, desto klarer das Nein.«[32]

Welche Konsequenzen es hat, wenn das kompromisslose Nein zu den Götzen ausbleibt, zeigt einmal die Reaktion Gottes auf das Treiben der Israeliten am Sinai, zum andern das Vorgehen Moses nach seiner Rückkehr zu seinem Volk.

(a) Die Reaktion Gottes

Noch war Mose auf dem Berg Sinai. Das, was unten am Berg geschehen war, hatte er noch nicht mit eigenen Augen gesehen. Gott aber entlässt

Mose nicht, ohne ihm zuvor *seine* Beurteilung des Geschehens und die Konsequenzen, die er daraus ziehen wird, mitzuteilen.

- *Sie haben Unheil angerichtet (2. Mose 32,7)*
  Wörtlich übersetzt heißt die Wendung: dein Volk »hat es verdorben«[33]. Sie wollten selbst »Gottes Schöpfer sein«[34]. Die Israeliten wollten sich nicht von Jahwe, ihrem Gott, »schaffen und formen lassen«, sondern sie wollten selbst ihren Gott »schaffen und formen«[35].

- *Sie sind schnell vom Weg abgewichen (2. Mose 32,8)*
  Seit der Gottesoffenbarung, deren Zeugen die Israeliten am Fuß des Berges waren (vgl. 2. Mose 19,9-25), sind gerade einmal sechs Wochen vergangen. Und schon hat das Volk sich von dem lebendigen Gott abgewandt! Das hier stehende Verb (hebräisch: *sûr*) heißt »abbiegen«, »weggehen«, »weichen«[36]. Als ungeduldig Wartende redeten sie sich in ihrem Unmut ein, dass man sie zum Narren halten wollte. Das Nichtdurchstehen dieser relativ kurzen Zeit des Allein-Gelassenseins ist ein Zeichen ihrer Unmündigkeit.[37]

- *Sie sind ein halsstarriges Volk (2. Mose 32,9)*
  Ein Volk des harten Nackens werden die Israeliten nur im Zusammenhang mit dem goldenen Stierbild genannt. Die mit halsstarrig oder hartem Nacken übersetzte Wendung kann verschieden gedeutet werden, wobei die vier Möglichkeiten einander ergänzen:
  - Einen harten Nacken hat der, der sich nicht unter Gottes Gebot beugen will.[38]
  - Jemandem den Nacken und nicht das Angesicht zuwenden heißt, sich jeder Mahnung entziehen.[39]
  - Einen harten Nacken haben bedeutet, »nicht von sich aus fähig zu sein, den Blick zu Gott zu heben«[40].
  - Legt man das Wort zu Grunde: »Deine Ohren werden hinter dir das Wort hören: Dies ist der Weg; den geht!« (Jes 30,21), dann bedarf es der »Biegung des Halses, um das Gesicht dorthin zu wenden, wohin der Zuruf von hinterher weist«[41]. Der Widerwillige dagegen hält seinen Nacken steif und geht störrisch seinen eigenen Weg weiter.

- *Ich werde sie vernichten (2. Mose 32,10a)*
  Gott ist zur vollständigen Vernichtung des ganzen Volkes entschlossen.

Dem Volk »droht die furchtbarste Macht, die es gibt, und das mit der grausigsten Wirkung, dem Zorn Gottes«[42]. Die möglichen Äußerungen des göttlichen Zornes werden an vielen Stellen des Alten Testamentes ausführlich geschildert, zum Beispiel hereinbrechendes Unheil, Auszehrung durch Hunger, Hinraffen vom Fieber, giftige Pest, Zahn des Raubtieres, Gift der Schlangen, Schwert der Feinde, das auch die Kinder nicht verschont, und Angst in den Gemächern (vgl. 5. Mose 32,23-25). Der Gipfel des Zornes Gottes ist das Auslöschen der Namen der Israeliten unter dem Himmel (vgl. 5. Mose 9,14).
Der Zorn Gottes ist ein Bild, das zur Umschreibung der göttlichen Gerechtigkeit dient. Wenn Gott sagt: Mein Zorn entbrennt, dann bedeutet dies: Ich will im Gegensatz zum Maß des Erbarmens nach dem Maß der Gerechtigkeit handeln.[43]

- *Ich werde mir ein völlig neues Volk schaffen (2. Mose 32,10b)*
  Das Wort, mit dem sich Gott an Mose wendet, ist derselbe Satz, den Gott am Anfang der ganzen Volksgeschichte zu Abraham gesprochen hat: »Ich will dich zu einem großen Volk machen« (vgl. 1. Mose 12,2). Gott macht Mose das Angebot, zum Erzvater zu werden[44], zum Kern eines neuen Israels.[45] Mose soll nach Abraham, Isaak und Jakob zu einem vierten Erzvater werden, mit dem Jahwe die Geschichte seines Volkes noch einmal beginnen lassen will.[46]
  Bevor jedoch Mose sich zum Abstieg vom Gottesberg aufmachte, bittet er Gott inständig um Verschonung des Volkes. Dabei geht er auf das Angebot, der Erzvater eines neuen Israels zu werden, nicht ein (vgl. 2. Mose 32,11-14). Da nimmt er die beiden Tafeln mit den Zehn Geboten und macht sich auf den Weg (2. Mose 32,15-18). Von den Tafeln des Zeugnisses heißt es an dieser Stelle, dass sie auf beiden Seiten beschrieben waren (2. Mose 32,15). Dieser Hinweis kann dreifach gedeutet werden:
  - Die beiden Tafeln waren so klein, dass nur die Hälfte des Textes auf die Vorderseite passte. Die andere Hälfte war auf die Rückseite eingeritzt.[47]
  - Auf der Rückseite der Tafeln der Gebote standen Teile des Bundesbuches.[48]
  - Der Wortlaut der Gebote wurde auf der Rückseite der Tafeln wiederholt. Es handelte sich um ein doppeltes Zeugnis, ähnlich wie die Stiftshütte sowohl in Kap. 25-31 als auch in Kap. 35-40 beschrieben wird.[49]

Der Hinweis, dass die Schrift Gottes eigene Handschrift war, bedeutet, dass Wortlaut und Inhalt der Gebote ihren Ursprung in Gott haben.

Unten am Berg angekommen, wird Mose, der eben noch Gott angefleht hatte, seinen Zorn nicht entbrennen zu lassen, vom Zorn gepackt. Es ist zweierlei, ob man von einer Untat hört oder sie zu Gesicht bekommt.[50] Im Unterschied zu Gott ist Mose ein Mensch, bei dem die sinnliche Wahrnehmung sofort den Affekt auflodern lässt.[51]

(b) Die Reaktionen des zurückgekehrten Mose

Vom Zorn überwältigt, schritt Mose, ohne ein Wort zu sagen, zur Tat; und ohne dass ein Widerspruch laut wurde, ließ das Volk stumm das Folgende geschehen:

- *Mose zerschmetterte die Tafeln*
  Mit dem Zerschmettern der Tafeln gibt Mose Gott Recht: »Nein, sie sind nicht mehr wert, dein Volk zu heißen.«[52] Ich wollte ihnen deine Worte bringen, sie aber haben sich ein »Götterchen« geschaffen, von dem sie die Führung ihrer Geschichte erwarten.[53] Durch das Zerschmettern der Tafeln erklärt Mose den Bund Gottes für gebrochen und damit für aufgehoben.[54] Die Bundesurkunde wird von Mose annulliert.[55] Das Zerschmettern der Tafeln des Zeugnisses macht den Israeliten schlagartig deutlich, dass sie die Bundesverpflichtung verworfen und gebrochen haben. Mit dem Zerschmettern der Tafeln aber werden die Zehn Gebote des lebendigen Gottes nicht zerbrochen und ungeschehen gemacht.[56]
- *Mose verbrannte das Stierbild*
  Das Wort für verbrennen (hebräisch: *śārap̱*) wird im Alten Testament häufig im Rahmen kriegerischer Auseinandersetzungen, in denen die Städte des Feindes verbrannt werden[57], gebraucht. In diesem Zusammenhang heißt verbrennen: Die Häuser werden durch Feuer zerstört. In der bildlichen Rede[58] bedeutet verbrennen so viel wie vollständige Vernichtung, das heißt die Ausrottung mit Stumpf und Stiel.[59] Das Verbrennen des goldenen Stierbildes ist nichts anderes als das Umschmelzen des Tieres im Feuer, sodass es seine Form verliert. Durch das Feuer wird das Stierbild entstellt und so zerstört.[60]
- *Mose zerstampfte das Gold zu Staub*
  Das Zerstampfen oder Zermalmen des übrig gebliebenen Goldklumpens ist das Zerreiben des Goldes, wie man Getreidekörner zwischen zwei Steinen zerreibt.[61] Das Zermalmen ist ein Bild für die radikale Vernichtung.[62]

- *Mose zerstreute den Goldstaub in Wasser und gab dieses dem Volk zu trinken*
  Das Trinken des Goldstaubes ist nicht zu vergleichen mit dem Ritual, das zur Rechtsfindung bei einer des Ehebruchs verdächtigten Frau angewandt wurde (4. Mose 5,11-28). Die Täter waren durch das Stierbild und dessen Anbetung bereits eindeutig überführt.[63] Das Trinken des Wassers mit dem Goldstaub kann folgendermaßen gedeutet werden:
  - Es soll den Israeliten die Hilf- und Machtlosigkeit des angeblichen Gottessymbols verdeutlichen.[64]
  - Indem sie diesen letzten Schritt in drastischer Weise tun, sollen die Israeliten zur Vernichtung des Stierbildes Ja und Amen sagen.[65]
  - Das Trinken ist ein Zeichen dafür, dass sie für ihr Vergehen büßen müssen.[66]

Was nun im Folgenden geschieht, ist eine Konsequenz von unerbittlicher Härte. Dreitausend Mann wurden erschlagen (2. Mose 32,26-29).

Bei den dreitausend ist am ehesten an solche zu denken, die ihre »Zügellosigkeit« (2. Mose 32,25) trotz des Eingreifens Moses nicht aufgeben wollten.[67] Aus dem Volk ausgerottet werden mussten alle Hartnäckigen, die sich der Umkehr versperrten und entschlossen waren, weiter für den Stierkult einzutreten.[68]

Zwischen der Anbetung Gottes und dem eines goldenen Stierbildes kann es keinerlei, auch keine menschlich oder familiär bedingten Kompromisse geben. Anteil an der Segenskraft Gottes hat nur der, der allein auf Gottes Seite steht.[69] Der Glaube an Gott, den Nahen und doch Unsichtbaren, und Kompromisse mit fremden religiösen Elementen schließen sich kategorisch aus.[70]

Der alttestamentliche Grundsatz »Gott allein« gilt auch für den Glauben an Jesus. ***Aus Jesu Botschaft ist allerdings in keinster Weise die Legitimation für ein Vorgehen mit Feuer und Schwert gegen Andersglaubende abzuleiten.*** Seine Liebe und seine Erlösung gelten allen Menschen in der ganzen Welt. Das von Jesus hinterlassene Testament: »Gehet hin in alle Welt ...« (Mt 28,19) ist die Begründung der Mission. Der Zielpunkt der Christusbotschaft ist der der Missionare in der ersten Gemeinde: »Es ist in keinem andern Heil, es ist auch kein anderer Name unter dem Himmel den Menschen gegeben, darin wir sollen selig werden als der Name Jesus« (Apg 4,12). Die Reduktion des Glaubens an Jesus auf ein allen Religionen gemeinsames Weltethos[71] ist nicht nur Verrat an Jesus, sondern das Ende des christlichen Glaubens.

Es war das Parlament der Weltreligionen, das in Chicago am 4. September 1993 eine »Erklärung zum Weltethos« verabschiedete. Unter Weltethos versteht man einen Minimalkonsens hinsichtlich der Normen und Werte, Ideale und Ziele, denen alle Religionen zustimmen können und die als verpflichtend für alle Menschen angesehen werden.[72] Zu dem Parlament der Weltreligionen waren über 7 000 Personen aus 56 Ländern zusammengekommen. Es waren fast alle Religionen dieser Welt vertreten: Juden und Christen, Muslime, Hinduisten und Buddhisten, Repräsentanten der fernöstlichen weisheitlichen Religionen, des Konfuzianismus, Taoismus und der japanischen Religion, sowie Vertreter der Natur- und Stammesreligionen. Die Teilnehmer waren übereinstimmend der Meinung, dass es ohne verbindliches Ethos für die gesamte Menschheit (= Weltethos) kein Überleben der Menschheit auf dieser Erde geben wird.[73] Zum Abschluss der Begegnung in Chicago hat eine Sonderversammlung der religiösen und geistlichen Führer eine gemeinsame »Erklärung zum Weltethos« unterzeichnet, in der es u. a. heißt:

> *Wir sind alle voneinander abhängig.*
> *Jeder von uns hängt vom Wohlergehen des Ganzen ab. Deshalb haben wir Achtung vor der Gemeinschaft der Lebewesen, Menschen, Tiere, Pflanzen und haben Sorge für die Erhaltung der Erde, der Luft, des Wassers und des Bodens.*
> *Wir müssen andere behandeln, wie wir von anderen behandelt werden wollen. Wir verpflichten uns, Leben und Würde, Individualität und Verschiedenheit zu achten, so dass jede Person menschlich behandelt wird, und zwar ohne Ausnahme.*[74]

Zweifellos enthalten solche und ähnliche Sätze nichts dem Alten und Neuen Testament Widersprechendes. Sie vermeiden es jedoch sorgfältig und gezielt, von dem einen alleinigen Gott zu sprechen, neben dem es keine anderen Götter gibt. In dem Ringen nach einem Weltethos wird Gott um eines Minimums an Übereinstimmung willen bewusst ausgeklammert. Anders ausgedrückt: Das wie auch immer zu findende Weltethos kann und wird sich, wenn es hochkommt, nur auf die Gebote der so genannten zweiten Tafel beziehen, auf den Schutz des Lebens, der Ehe, des Eigentums, der sozialen Ehre und der Haltung des Begehrens, das heißt des Neides. Ausgeklammert bleiben die Gebote der ersten Tafel, die »Grundsätze des Gemeinschaftslebens unter der Gottesherrschaft«[75].

Für das Alte und Neue Testament jedoch lassen sich Verständnis und Liebe zum Mitmenschen nicht von der Liebe zu dem ***einen*** Gott trennen (vgl. Mt 22,34-40). Wie die Gottesliebe die Mitmenschlichkeit bedingt, so gehören die Gebote der ersten und zweiten Tafel untrennbar zusammen.

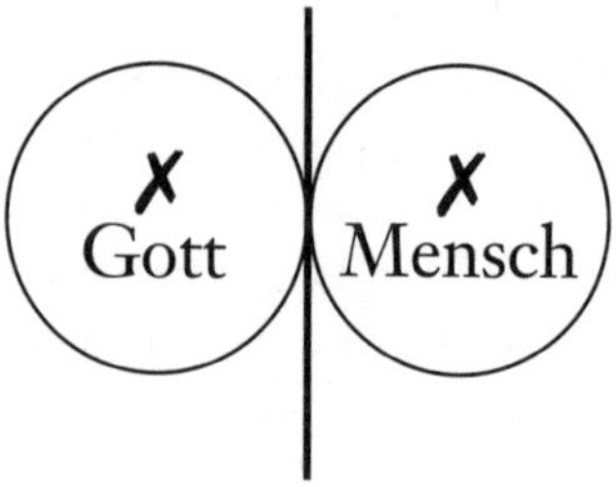

Die Gebote der ersten und zweiten Tafel handeln nicht von zwei Lebenskreisen mit verschiedenen Mittelpunkten, die sich gleichsam nur mit einer Tangente berühren. Es handelt sich vielmehr um zwei Kreise, die ein und denselben Mittelpunkt haben. Der innere Kreis regelt die Beziehung des Menschen zu Gott. Der äußere Kreis zeigt die Konsequenzen auf, die sich für das Zusammenleben mit all den Menschen ergeben, die unsere Nächsten sind. Der Mittelpunkt beider Kreise ist Gott.[76] Gott ist nicht nur der Schöpfer des einen Menschen, sondern eines jeden Einzelnen. Ich kann Gott nicht haben, ohne zugleich Verantwortung für den Menschen mit und neben mir zu übernehmen. In den Geboten geht es um den Weg Gottes und nicht um einen allgemeinen Weg des Lebens.[77]

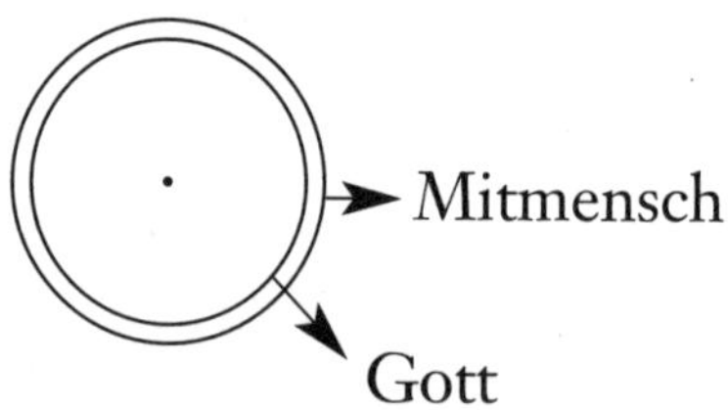

Im ersten Gebot sagt Gott nicht: Ich bin *ein* Herr, sondern ***der*** Herr. Gott nimmt die Herrschaft für sich allein in Anspruch. In jedem Wort der Zehn Gebote spricht Gott von sich selbst. Darum sind die Zehn Gebote die Herausforderung, Gott zu gehorchen. »Nicht einem Gesetz gehorchen wir in den zehn Geboten, und nicht an einem Gesetz, sondern an Gott scheitern wir, wenn wir sie übertreten.«[78] In dem Gebot ***»Du sollst keine anderen Götter haben mir zum Trotz«*** wird »die Gemeinschaft mit Gott absolut gesetzt«[79].

Die Glaubenden des Alten Bundes fassen das erste Gebot zusammen in den Worten: »Jahwe allein.«[80] Dies entspricht dem Glaubensbekenntnis des Alten Testamentes[81]: »Höre, Israel, Jahwe ist unser Gott, Jahwe ist einzig« (vgl. 5. Mose 6,4).

Hosea nimmt das erste Gebot auf mit den Worten:

»Aber ich bin Jahwe, dein Gott, vom Lande Ägypten her. Einen Gott außer mir kennst du nicht, und einen Helfer außer mir gibt es nicht« (vgl. Hos 13,4).

Der Prophet **Jesaja** stellt den Israeliten in der Gefangenschaft in Babylon Gott als Retter vor Augen, indem er sagt: »Ich allein bin Jahwe, und außer mir gibt es keinen Retter« (vgl. Jes 43,11).

Die Kompromisslosigkeit im Glauben an den ***einen*** lebendigen Gott ist dieselbe wie im Glauben an Jesus. Das den Jesus-Glauben vom Jahwe-Glauben Unterscheidende ***ist das Verbot jeder Anwendung von Gewalt in Sachen des Glaubens.*** Dabei bleibt es den Christen unbenommen, in Freundschaft und Partnerschaft gemeinsam mit Angehörigen anderer Religionen und in gegenseitiger Hochachtung an großen humanitären Projekten zu arbeiten. Für den Glauben aber gilt: Jesus ist der einzige Weg!

4. Das erste Gebot seit der Geburt von Jesus

Die Weisen aus dem Morgenland »traten in das Haus ein und sahen das Kind bei seiner Mutter Maria, warfen sich vor ihm nieder und beteten es an«. ***(vgl. Matthäus 2,11)***

Nach den Hirten betraten fremdländische Gestalten den Stall von Bethlehem. Der Evangelist Matthäus nennt sie Magier. Magier sind Angehörige einer heidnischen Religion. Bei den Magiern aus dem babylonischen Raum handelt es sich um Inhaber übernatürlichen Wissens und Könnens. Sie sind Gelehrte, Philosophen, Lehrer, Erzieher und Priester.[82] Zu diesen Gelehrten hatte Gott in einer Sprache gesprochen, die sie verstehen konnten.

Zu ihrer wissenschaftlichen Tätigkeit gehörte das Studium der Astronomie, die Beobachtung der Gestirne des Himmels. Der Stern, den die Weisen entdeckten und beobachteten, war ein bedeutsamer astronomischer Vorgang, den auch antike Sterntafeln und Sterntabellen registrieren. Es war die Konstellation von Jupiter und Saturn im Sternbild der Fische. Dabei gilt der Saturn als Schutzgestirn Israels und Jupiter als der Königsstern.[83]

Der Stern wurde von Unzähligen gesehen und beobachtet; von dem Stern führen ließen sich nur einige wenige. Aus der Zahl der Geschenke, die sie bei sich trugen, zu schließen, waren es nur drei. Sie waren ganz persönlich angesprochen und machten sich auf den Weg. Auf ihrem Zug ließen sie sich von nichts und niemandem beirren.

Zweifellos haben sie auf ihrem Weg viele getroffen, die in Richtung Petra zogen. Dort – im Ostjordanland – wurde jährlich am 25. Dezember das Fest der Gottheit Duschara gefeiert. Duschara heißt »Herr der Schara-Berge«, in deren Mitte die Felsenstadt Petra liegt. Dieser Gottheit wurden jährlich reiche Geschenke gebracht, darunter Gold, Weihrauch und Myrrhe, die im Orient üblichen Kostbarkeiten. Im Gegenzug erwarteten die Pilger Schutz und Vermehrung ihrer Reichtümer.[84]

Der Pilgerstrom zur Duschara konnte die drei nicht ablenken oder gar faszinieren. Sie suchten den König der Juden. Deshalb zogen sie nach Jerusalem.

Aber auch der Palast des Herodes und die Intrigen des Königs konnten sie weder täuschen noch aufhalten. Kaum hatten sie aus der Prophetie den Ort Bethlehem gehört, brachen sie dorthin auf. Drei Gelehrte waren persönlich angesprochen; drei Gelehrte gingen unbeirrt und wie selbstverständlich ihren Weg.

»Sieh nicht, was andre tun,
Der andern sind so viel,
Du kommst nur in ein Spiel,
Das nimmermehr wird ruhn.

Geh einfach Gottes Pfad,
Lass nichts sonst Führer sein.
So gehst du recht und grad,
Und gingst du ganz allein.«[85]

Gott hatte zu den Weisen gesprochen. Sie wussten: Sie sind persönlich gemeint, und alles, was sie dann taten, war für sie ganz selbstverständlich.

Was muss die Weisen bewegt haben, als sie im Stall zu Bethlehem an die Krippe traten? Nichts konnte sie mehr zurückhalten. Sie fielen nieder. Das Sich-auf-die-Erde-Niederwerfen ist im Orient Ausdruck panischen Schreckens vor dem übermächtigen Erleben des Heiligen. Ägypter berührten beim Niederfallen mit der Nase die Erde. Die Sumerer berührten den Staub der Erde mit ihrem Mund und ihren Händen. Die Bildsprache besagt: Angesichts dessen, vor dem ich niederfalle, bin ich Staub, nichts als vergängliche Kreatur.

Das Niederfallen hatten sie schon einmal in einer großen Stunde ihres Lebens praktiziert. Es war beim Zeremoniell ihrer Ernennung zu Priestern, Erziehern und Lehrern. Damals verneigten sie sich vor ihren Gestirngottheiten, aus deren Verlauf sie die Geschicke und Schicksale abzulesen pflegten. – Dies alles war nun vorbei! – Jetzt lagen sie im Staub vor dem Kind in der Krippe. Mit ihrem Niederfallen besiegelten sie die Absage an alle fremden Götter. Ihre Götter waren gestürzt und entmachtet von dem einen Herrn und Heiland der Welt. Gleichzeitig – so heißt es beim Evangelisten Matthäus – beteten sie das Kind an, anders übersetzt: sie »huldigten« dem Kind in der Krippe, das heißt nichts anderes als: sie stellten ihr Leben ganz Jesus zur Verfügung. Aus den Sternanbetern waren Christusanbeter geworden. Kaum war der Heiland der Welt geboren, übergaben ihm die ersten Heiden ihr Leben.

Der Wandel in der Praxis ihres Glaubens war wie das Niederfallen für die Gelehrten aus dem babylonischen Raum nichts Neues.

Sie hatten schon einmal in ihrem Leben eine Wandlung in Sachen Religion mitgemacht. Bis zur Zeitenwende gab es im babylonischen Raum eine Vielzahl von Götterkulten. Die Gelehrten gehörten zu denen, die die Götterkulte überhöhten durch eine so genannte Gelehrtenreligion. Der Grundgedanke der von ihnen vertretenen neuen Religion war die Abhängigkeit des Menschen vom Schicksal. Das Schicksal aber wird von den Sternen verwaltet und ist an dessen Verlauf abzulesen. Die Religion der Gelehrten war eine Mischung von Astronomie, der wissenschaftlichen Beobachtung des Laufs der Gestirne, und der Astrologie, die das Schicksal des Menschen aus den Bildern der Sterne voraussagt. Die Juden nannten die Vertreter dieser Religion »Diener der Planeten und des Sternkreises«[86]. Die Religion war an die Zeitströmung angepasst. Es war eine Vermischung von Wissenschaft (Astronomie) und Wahrsagerei und Horoskopwesen (Astrologie). Daneben aber ließen die Vertreter der neuen Religion zumindest für das breite Volk die alten Götterkulte bestehen. Es war eine Entwicklung, wie sie sich in den fernöstlichen Religionen wiederholte: Wissenschaft und Götterkult zugleich und nebeneinander! Für die Gelehrten wäre es nun ein Leichtes gewesen, aus ihrer Erfahrung in Jerusalem und Bethlehem eine Art Weltreligion zu schaffen, ein Gemisch von Wissenschaft, Wahrsagerei, Götterkult, Judentum und Christentum. Genau diesen Weg aber gingen die Gelehrten aus Babylon nicht! Sie machten nicht noch einmal Station in Jerusalem oder, um allen gerecht zu werden, bei der Gottheit Duschara in Petra. Sie zogen »auf einem andern Weg wieder in ihr Land« (Mt 2,12). Zuvor hatten sie vor dem Kind in der Krippe, dem sie mit ihrem Niederwerfen ihr Leben übergeben hatten, ihre Gaben ausgebreitet:

• Gold, das Geschenk für Könige,
• Weihrauch, das Zeichen göttlicher Verehrung, und
• Myrrhe, Bestandteil für lebensrettende Medikamente.

Damit legten sie ein dreifaches Bekenntnis ab:

Du, Kind, bist unser König.
Du, Kind, bist unser Gott.
Du, Kind, bist unser Leben.

Die gelehrten Heiden, die im Stall von Bethlehem vor Jesus knieten, erfüllten buchstäblich das Gebot: Angesichts des allmächtigen Gottes und seiner Menschwerdung in Jesus gibt es keine anderen Götter.

5. Jesu Wort zum ersten Gebot

»Niemand kann zwei Herren dienen: entweder er wird den einen hassen und den andern lieben, oder er wird an dem einen hängen und den andern verachten. Ihr könnt nicht Gott dienen und dem Mammon.« ***(Matthäus 6,24)***

Jesus erklärt das erste Gebot mit Hilfe eines Bildes, dem Bild eines Sklaven, der zwei Herren verpflichtet war. Nach damaligem Recht konnte ein Sklave zum Beispiel durch Erbschaft der gemeinsame Besitz zweier Herren werden.[87] An die Stelle seines verstorbenen Herrn traten zwei oder sogar mehrere von dessen Söhnen. Bei jedem Konflikt der Söhne wurde der Sklave zerrissen. Dies führte zu »Unerträglichkeiten«[88]. Einem Sklaven ist es schlechterdings unmöglich, sich den auseinander gehenden Interessen zweier Herren zu widmen. Er kann nur einem ganz gehören, entweder dem einen oder dem anderen! Er muss sich entscheiden, welcher Herr an erster Stelle für ihn steht. Den einen lieben, den anderen hassen heißt, sich an den einen halten, den anderen verachten. In der Sprache von Jesus entspricht hassen und lieben dem Gegensatz: »vorziehen« und »hintenansetzen«[89]. Der Geliebte wird an die erste Stelle gesetzt, der weniger Geliebte an die zweite. Es handelt sich um ein wertendes Urteil. »Vertrauensvolles Festhalten« steht dem »Gering achten« gegenüber.[90]

Es gibt immer nur einen ersten Platz, und solange es einen ersten Platz gibt, steht jeder Mensch vor dem Entweder-oder. »Dieses Entweder-oder gilt auch gegenüber dem einzigen Herrn, dem alles unterworfen ist und zu Eigen gehört, Gott.«[91] Es ist Gottes Ausschließlichkeitsanspruch auf das Leben des Menschen. Der, der den ersten Platz beansprucht, ist Jesus.

Der Mammon, der auf den zweiten Platz verdrängt werden soll, ist hier nicht ein Götze, Teufel oder Dämon, auch keine Philosophie, kein Ideal und kein Prinzip, sondern das Kapital. Mammon kommt im Neuen Testament nur in den Worten von Jesus (Lk 16,9.11) vor.[92] Mammon heißt ganz allgemein das Vermögen, der Besitz, das Geld.[93] Im Sprachgebrauch der Rabbinen ist Mammon eine völlig harmlose Bezeichnung für die Habe des Menschen überhaupt.[94] Er bezeichnet nicht den angehäuften Reichtum, das heißt, in diesem Zusammenhang wendet sich Jesus nicht gegen Raffgier und Geiz oder ungerecht erworbenes Gut. Das tut er an anderen Stellen. Hier geht es darum, dass der verdiente Lohn, der rechtschaffen erworbene Besitz auf den ersten Platz im Leben eines Menschen drängt. Wenn Jesus den Begriff »Mammon«, der damals nichts anderes bedeutete als »Absicherung des Lebens«[95], gebraucht, dann sagt er damit: Alles im Leben kann Gott den ersten Rang streitig machen. Alles kann Gott von seinem ersten Platz verdrängen.

Auf die Frage: Was sind die anderen Götter?, gibt Luther die Antwort: »Nicht allein die Götzen der Heiden, sondern alles, was wir außer dem wahren Gott neben ihm in unserem Herzen als einen Gott halten, lieben und ehren.«[96]

Das erste Gebot stellt jedem Menschen die Frage: Woran hängst du dein Herz? Woraufhin führst du dein Leben? Wohin zielen offen oder im geheimen deine Wünsche, Bedürfnisse und Sehnsüchte?

Das Gebot »Gott allein« hat einen festen Ort im Leben von Jesus und in seiner Bergpredigt. Es ist das erste der zehn Freiheiten, zu denen Gott seine Menschen berufen hat.

- Das erste Gebot verneint die Verirrung, »die, ohne Gott zu verleugnen, glaubt, Ihm noch ein anderes in Gott-Wesenheit zur Seite stellen zu dürfen, und vergisst, dass Gott noch einen andern Gott zur Seite zu stellen den Begriff Gott überhaupt aufheben heißt«[97].
- Das erste Gebot bewahrt den Menschen vor der »gefährlichsten Versklavung, dem Herausfallen aus dem Freiraum Jahwes durch die Verehrung fremder, falscher Götter«[98].
- Im ersten Gebot stellt sich Gott dem Menschen vor als Befreier und Erlöser. Die Geschichte Gottes mit dem Menschen ist eine Geschichte der Erlösung. Die herausgehobene Erinnerung im ersten Gebot an die Be-

freiung durch Gott zeigt: Die Zehn Gebote sind keine »Zwangsjacke«, sondern eine »Urkunde der Freiheit«[99]. Die Zehn Gebote stecken »den Horizont konkreter Freiheit ab«[100].

- Das erste der Zehn Gebote muss erstes Gebot bleiben, »und wer dem ersten Gebot widerstrebt, wird alle anderen Gebote auflösen müssen«[101].

Das zweite Gebot

2

II. Der unsichtbare und der eifersüchtige Gott

»Du sollst (wirst) dir kein Schnitzbild noch ein Abbild machen von etwas, das im Himmel droben oder auf der Erde unten oder im Wasser unter der Erde ist. Wirf dich nicht nieder vor ihnen und diene ihnen nicht. Ich, der Herr, dein Gott, bin ein eifersüchtiger Gott, der gedenkt der Schuld der Väter bei den Kindern bis in die dritte und vierte Generation bei denen, die mich hassen. Ich erweise Gnade bis ins tausendste (Geschlecht) bei denen, die mich lieben und meine Gebote bewahren.«

2. Mose 20,4-6 (nach Gradwohl)

»Das Wort wurde Mensch und nahm seine Wohnung unter uns, und wir haben seine Herrlichkeit geschaut, eine Herrlichkeit, wie sie dem eingeborenen Sohn vom Vater verliehen wird.«

Johannes 1,14 (nach Menge)

»Ein Gesetzeslehrer fragte Jesus: ›Welches ist das größte Gebot im Gesetz?‹ Er antwortete ihm: ›Du sollst den Herrn, deinen Gott, lieben mit deinem ganzen Herzen, mit deiner ganzen Seele und mit deinem ganzen Denken (vgl. 5. Mose 6,5).‹ Dies ist das größte und erste Gebot.«

Matthäus 22,35-37 (nach Schniewind)

Eines der Ziele einer Reise durch Frankreich, zu der meine Frau und ich unsere Kinder eingeladen hatten, war Ars, ein kleines Dorf im Südzipfel von Burgund. Bekannt wurde dieses Dorf mit nur wenigen Einwohnern durch den Priester Jean Marie Baptiste Vianney. Das abgelegene Dorf wurde dem in den Augen seiner Kirche unbegabten und unbeholfenen Priester anvertraut, da er dort nicht viel Schaden anrichten konnte. Dieser Priester ist unter dem Namen »der Pfarrer von Ars« in die Kirchengeschichte eingegangen. Er war ein Prediger der Liebe Gottes, ein Beter und ein Lehrer des Gebetes. Seine Predigten glichen eher einem Gestammel, es sei denn, er hat über die Liebe Gottes gesprochen. In einer seiner Predigten heißt es: »Gott ist nicht grausam, aber er ist gerecht ... Der Herr ist wie eine Mutter, die ihr Kind auf den Armen trägt ... Er hat Mitleid mit uns, obwohl wir es nicht wert sind.«

Vianney, der Pfarrer von Ars, war ein Beter. Vor Anbruch des Tages suchte er seine Kirche auf und betete dort bis zur Morgendämmerung und dem ersten Gottesdienst.

Wir besuchten die kleine Pfarrei und die nur zehn Schritte entfernte Kirche, die heute den Vorraum eines nicht gerade geschmackvollen neueren Kirchengebäudes bildet. In diesem Vorraum ereignete sich folgende Begebenheit: Immer wieder traf der Pfarrer von Ars hier einen einfachen Dorfbewohner. Er kniete stundenlang vor dem Kreuz, ohne die Lippen zu bewegen. Eines Tages fragte er ihn: »Was tust du hier die ganze Zeit?« Und dieser antwortete: »Ganz einfach. Er schaut mich an, und ich schaue ihn an.«[1]

Das Kreuz, vor dem jener Dorfbewohner von Ars betete, bedeutete für ihn nicht die Anbetung eines Bildes, sondern für ihn war das Kreuz, an dem Jesus starb, ein Zeichen des Trostes und der Hoffnung!

Einer der Streitpunkte, der bis heute Konfessionen und Freikirchen trennt, sind die Zeichen und Symbole in den Gotteshäusern. So forderte zum Beispiel der reformierte Theologe Karl Barth (1886–1968) in einer Predigt vor der Freien Reformierten Synode die Synodalen auf: Fragt immer wieder unsere lutherischen Brüder, »mit welcher Erlaubnis oder auf Grund welches Gebotes eigentlich sie nun doch ein von Händen gemachtes Bild unseres Herrn und Heilands durchaus auf ihren Altären sehen wollen.«[2] Und an die Reformierten selbst gewandt, sagt er: »Und wenn es gar immer noch auch reformierte Gemeinden gibt, die von der Anbringung bunter Fensterscheiben mit allerhand biblischen und symbolischen Darstellungen in ihren Kirchen eine Erhöhung der Schönheit und Erbaulichkeit ihres Gottesdienstes erwarten, so wird solchen reformierten Gemeinden in aller Deutlichkeit zu sagen sein, dass sie sich damit mindestens einer großen Gedankenlosigkeit schuldig machen und dass sie mindestens Anlass hätten, sich gründlich darüber zu besinnen, was diese Pracht in ihrer Mitte nun eigentlich solle.«[3] In derselben Predigt aber spricht Karl Barth von Jesus, dem »Ebenbild des unsichtbaren Gottes«, vom »Glanz seiner Herrlichkeit«, den Gott den Menschen zu sehen gibt. Jesus, das Ebenbild Gottes, ist ein Geschenk Gottes. Gott hat es gegeben. Es sind nicht Menschen, die ihn mit ihren Fingern gemacht haben. »Gottes herrliche und freie Gnade schenkt uns ja, was wir uns nicht nehmen können.«[4]

Die für die Auslegung des zweiten Gebotes wichtige Unterscheidung ist die zwischen Bildern, die Gottes Majestät antasten, und Zeichen, die Gott selbst gesetzt hat.

1. Bilder, die Gottes Majestät antasten

»Du sollst (wirst) dir kein Schnitzbild noch ein Abbild machen von etwas, das im Himmel droben oder auf der Erde unten oder im Wasser unter der Erde ist. Wirf dich nicht nieder vor ihnen und diene ihnen nicht.« ***(2. Mose 20,4.5a)***

Das zweite Gebot, das so genannte Bilderverbot, untersagt sowohl die Anfertigung eines Schnitz- als auch eines Abbildes.

➤ **Schnitzbild** (hebräisch: *pæsæl)* ist abgeleitet von einem Verb, das so viel bedeutet wie behauen, zurechthauen, schnitzen. Das Substantiv Schnitzbild ist im Alten Testament der häufigste Ausdruck für Götterbild. Dabei handelt es sich um eine plastisch gearbeitete Darstellung.[5] Der Begriff Schnitzbild kann sowohl ein Gott versinnbildlichendes Bild (Ri 17,3ff.) als auch Bilder heidnischer Gottheiten (2. Kön 21,7) bezeichnen.

➤ **Abbild** (hebräisch: *t^emûnah*) ist im Alten Testament nur zehnmal belegt und ist in seiner Mehrzahl im Zusammenhang mit dem Bilderverbot zu finden. Die Grundbedeutung ist in allen Fällen »sichtbare Gestalt«[6]. Es ist das Verbot der Herstellung jeglicher sichtbaren Gestalt des lebendigen Gottes durch eine »vergegenwärtigende Darstellung«[7].
Allen Stellen im Alten Testament gemeinsam ist, dass Abbild (hebräisch: *t^emûnah*) ausschließlich in Bezug auf Jahwe, den lebendigen Gott, gebraucht wird, sei es in Bezug auf seine Gestalt oder in Abwehr, sich irgendeine Vorstellung seiner Gestalt zu machen.[8]

Das Bilderverbot – das zeigt die Hinzufügung von Abbild (*t^emûnah*) zu Schnitzbild (*pæsæl*) – untersagt nicht nur die Herstellung von heidnischen Götterbildern. Dem steht bereits das erste Gebot entgegen. Es verbietet vor allem, den lebendigen Gott in einer sichtbaren Gestalt darzustellen. Das Verbot der Herstellung jeglicher sichtbaren Gestalt von Gott wird noch unterstrichen durch den Verweis auf das damalige dreidimensionale Weltbild: »von etwas, das im Himmel droben oder auf der Erde unten oder im Wasser unter der Erde ist«. Während die Religionen des alten Orients Himmels–, Erd- und Unterweltgötter mit je eigenen Darstellungen kennen, verweist das zweite Gebot darauf, dass auch der Himmel für Gott nichts Vergleichbares bietet, »weil ihm im Vorhandenen nichts entspricht«[9]. Bei den biblischen Darstellungen dessen, was »im Himmel droben« ist, ist am ehesten an die Gestirne zu denken. Gott ist nicht vergleichbar mit solaren, lunaren oder stellaren Gottheiten, das heißt, er kann und darf weder in Gestalt der Sonnen noch des Mondes oder der Sterne gedacht oder abgebildet werden. Die Formulierung »oder auf der Erde unten« besagt, dass nichts Weltliches ausreicht, Gott zu vergegenwärtigen. Schon gar nicht kann der lebendige Gott mit den Gebilden »im Wasser unter der Erde«, das heißt mit den Ungeheuern in der Tiefe, in Verbindung gebracht werden.

Untersagt das erste Gebot die Verehrung fremder Götter, so verbietet das zweite Gebot die Anfertigung von Bildern des lebendigen Gottes und deren Verehrung. Letzteres wird ausdrücklich in dem zweiten Gebot untersagt: *»Wirf dich nicht nieder vor ihnen« (V. 5a).*

Das Zeitwort sich niederwerfen erscheint im Alten Testament in folgenden Bedeutungen: »sich (huldigend, höflich) verneigen«, »sich (anbetend) niederwerfen«, »niederfallen«, »sich (ehrfurchtsvoll, anbetend) tief beugen«[10]. Den Israeliten war das Sich-Niederwerfen vor Götterstatuen aus Ägypten bekannt. Dort war es beim täglichen Ritual üblich.[11] Da beim Sich-Niederwerfen mit den Händen, der Stirn und der Nase die Erde berührt wird, spricht man in der ägyptischen Literatur vom Küssen der Erde.[12] Das Sich-Niederwerfen war der »Gestus absoluter Unterwerfung«[13], der völligen »Hingebung«[14].

Das Sich-Niederwerfen vor Gott im Gebet und die Anrufung seines Namens kann und darf nicht verbunden werden mit dem Sich-Niederwerfen vor einer Statue, die den lebendigen Gott darstellen soll. Auch soll es keinerlei Verehrung durch Opfer oder religiöse Handlungen vor einem Schnitzbild oder Abbild geben.[15] Deshalb heißt es im zweiten Gebot: *»Diene ihnen nicht.«*

Dienen ist das »Aufgehen im Dienst eines anderen«[16].

Die Israeliten sollen dem lebendigen Gott dienen.[17] Sie sollen sich ihm auf Lebenszeit als Sklave verschreiben, ihm allein sollen sie ihre Lebens- und Tatkraft zueignen. Diese Entscheidung und Haltung darf in keinem Fall mit Opfern und religiösen Handlungen vor einem Schnitz- oder Abbild verbunden werden.

Das zweite Gebot wendet sich gegen eine »Antastung des Herrenrechtes Jahwes«[18]. Der lebendige Gott offenbart sich, wann, wie und wo er will! »Das Bilderverbot lehnt eine abbildhafte Fixierung und festschreibende Typisierung Gottes ab; eine randscharfe, konkrete, statische Festschreibung Gottes soll es nicht geben.«[19] Im Gottesbild, das sich ein Mensch fertigt, »ist Jahwes Freiheit angetastet«[20].

(a) Die Vermischung zwischen Schöpfer und Geschöpf

Die Bereiche, denen das Bild entnommen ist, Himmel, Erde, Wasser unter der Erde, zeigen, dass Götterbilder »Menschenwerk«[21] sind. Mit der Herstellung von Götterbildern verwischt der Mensch »den unendlichen Unterschied zwischen Schöpfer und Geschöpf«[22]. Gott ist der Schöpfer des Himmels und der Erde und all dessen, was unter der Erde ist. Zwischen Gott und dem von ihm Geschaffenen gibt es nichts und niemanden, in denen er Wohnung nehmen könnte. Die von Menschen geschaffenen Bilder und die darin begegnenden Götter zeichnen sich durch Machtlosigkeit, Leblosigkeit, Schweigen und Nichtexistenz aus.[23] Sie können nur bedacht werden mit Spottwörtern, wie »Götterchen« (Jes 2,8; 10,11; 19,1.3), Mistdinger (5. Mose 29,16; Hes 20,7f.; 30,13), Scheusale (Jer 7,30; 32,34), Nichtse (Jer 8,19; 14,22) oder direkt mit Nicht-Gott (Jer 2,11; 5,7).

(b) Die in die Bilder gesetzten verhängnisvollen Erwartungen

Das Bild ist im Orient »etwas ganz Wirkliches, lebendig Wirkendes ... eine Art Doppelgänger oder Abgebildete. Dadurch, dass der Gott Bild wird, bezeugt er seine Wirklichkeit. Bild ist der Inbegriff des Höchsten.«[24] Im Bild wird die Gottheit gegenwärtig. Das Bild sagt zwar nichts aus über das Sein der Gottheit und die Art ihres inneren göttlichen Wesens. Entscheidend ist, dass es die Gottheit »verkörpert, also offenbart«[25]. Mit der Präsenz der Gottheit im Bild ist »zugleich die Gegenwart ihrer Macht gegeben, denn nun konnte sie mit ihren besonderen Segnungen beim Menschen und in seiner Welt wirksam werden«[26]. Das Kultbild, in dem die Gottheit als präsent angenommen wird, wurde »zu einem verfügbaren Machtträger, dem womöglich auf magische Weise Mächte zu entnehmen waren«[27].

Im Bild kann sich der Mensch der Gottheit bemächtigen und über sie verfügen. »Er zwingt sie herbei und kann sie dann beherrschen, weil er sie greifbar vor sich hat, er kann ihr mit Schmuck und Nahrung Gutes oder mit Verweigerung von Opfern und Strafen Böses antun.«[28] Im Bild versichert sich der Mensch der Wirksamkeit des betreffenden Gottes. Durch leichte Bearbeitung von Holz oder anderen Materialien schafft sich der Mensch eine Gestalt, in der er das Göttliche zuverlässig mit sich führen kann. Der Herstellung von Götterbildern wohnt die Tendenz inne, »über die Gottheit sinnlich zu verfügen«[29]. Das konnte und durfte bei Jahwe nicht sein.

(c) Die Anbetung von Bildern

Götterbilder gelten im alten Orient keineswegs als der Gott oder sein naturgetreues Abbild. »Auch die Menschen der alten Welt waren nicht so primitiv zu glauben, dass das Gottesbild die Gottheit vollständig einschließe.«[30] Nach der so genannten »memphischen Theologie« schuf der ägyptische Gott Ptah zunächst die Götter, dann ihren Leib, das heißt ihr körperliches Bild: »So traten die Götter ein in ihren Leib – aus allerlei Holz, allerlei Metall, allerlei Ton und allerlei anderen Dingen.«[31] Es gibt andere ägyptische Zeugnisse, nach denen die Trennung zwischen Gott und Bild dauernd besteht. »Der Gott dieses Landes ist die Sonne am Horizont, ihre Bilder aber sind auf der Erde.«[32] Die heidnischen Religionen haben durchaus gewusst, »dass die Gottheit alles menschliche Vorstellungsvermögen überschreitet und nicht von einem materiellen Gegenstand eingefangen und umschlossen werden kann«[33]. Dennoch hat sie nichts davon abgehalten, ihre kultischen Bilder zu weihen und zu verehren. »Götterbilder trugen für sie das Fluidum göttlicher Gegenwart und wirkender Macht in sich.«[34]

Das zweite Gebot untersagt, »Jahwe im Bild oder in einer Naturgestalt anzubeten«[35].

(d) Innere Gottesbilder

Der atheistische Philosoph Ludwig Andreas Feuerbach (1804–1872) kehrte das Wort »Gott schuf den Menschen nach seinem Bilde« in bitterem Spott um: »Der Mensch schuf sich einen Gott nach seinem Bilde.«[36] Johannes Calvin (1509–1564) nennt die geistige Veranlagung eines Menschen eine Götzenfabrik, die ständig in Betrieb ist.[37] Es liegt im Menschen ein Drang, eigenmächtig Gott in eine Gestalt zu formen, die er dann nach bestem Wissen und Gewissen seinen Gott sein lässt und der er dient. Es sind zum Beispiel Prinzipien, Programme, Pläne, Träume und Ideologien, »die wir zur Ehre Gottes entwerfen und aufrichten und meinen doch, wenn wir ›Gott‹ sagen: die Gestalt, die wir heimlich selbst geformt haben«[38]. Die Zahl der inneren Gottesbilder ist vielfältig. Jede Zeit bringt neue Gottesbilder hervor, sowohl in der Philosophie, in Theologie und Kirche als auch in der Gesellschaft.

- *Gottesbilder der Philosophie*

  Es gibt nicht wenige große philosophische Entwürfe, mit deren Hilfe sich Philosophen auf ihre Weise ein Bild von Gott machen. Das deutlichste Beispiel ist der Pantheismus. Der so genannte Pantheist macht sich ein Bild von Gott, indem er Gott und das All gleichsetzt. Gott ist überall, im Mikrokosmos und Makrokosmos, zu suchen und zu finden.

»Wär nicht das Auge sonnenhaft,
die Sonne könnt es nie erblicken.
Wohnt nicht in ihm des Gottes eigne Kraft,
nie könnt es Göttliches entzücken.«[39]

In die Linie des Pantheismus »gehört aber auch – nicht so direkt und nicht so deutlich – der Idealismus aller Prägungen«[40].

- *Gottesbilder der Theologie und Kirche*
  Ein Bild von Gott machen sich alle die theologischen Richtungen und Schulen, die das Wort Gottes zu einem Gedankensystem ausbauen, in dem es für jedes Geheimnis in der Geschichte Gottes eine Antwort gibt. Es sind die abgeschlossenen und in sich geschlossenen Lehrgebäude, die alles festschreiben, was ist und was war und was kommen wird. Karl Barth konnte seine Schüler auffordern: Tut von euch »alle Gottesbilder, vor allem auch die der Theologie – auch die der Theologie, die ihr bei mir gelernt habt –, um ganz frei zu werden für das Wort Gottes selber. Gefangene eines Prinzips und Systems, heiße es, wie es wolle, sind dem Kampf gegen den Götzendienst nicht gewachsen, weil sie selber noch Götzendienst treiben. Lasst euch, ich bitte euch darum, durch eine rechte Theologie auch von der Theologie befreien, damit ihr ganz allein Diener Christi seid.«[41]
  Zu Gottesbildern können sowohl das alte Ideal von Landeskirche als aber auch das neue Ideal von Freikirche werden. »Zu einem Abbild kann der Kirche aber auch die gottesdienstliche Form werden, wenn sie absolute Bedeutung bekommt, oder eine Kirchensprache, wenn diese die Kirche an einer echten Begegnung mit der Welt hindert, in die sie gesandt ist.«[42]

- *Gottesbilder der Gesellschaft*
  Die bekanntesten Gottesbilder der Gesellschaft heißen Gleichheit, Leben ohne Schmerzen, Genuss ohne Reue, Freiheit ohne Bindung.[43] Die Menschen werden nicht müde, zu ihrem Dienst und ihrer Anbetung aufzurufen!

Das Bilderverbot untersagt jedes Schnitz- und Abbild Gottes, unabhängig davon, ob es ein äußeres oder inneres Gottesbild ist. Bei der Umsetzung des Bilderverbotes gilt es jedoch zu unterscheiden zwischen Bildern, die Gottes Majestät antasten, und Zeichen, die Gott selbst gesetzt hat. Bei letzteren sind die Konturen der Grenzen herauszuarbeiten, bei deren Überschreiten Zeichen zu Götterbildern werden.

2. Zeichen, die Gott gesetzt hat

»Das Wort wurde Mensch und nahm seine Wohnung unter uns, und wir haben seine Herrlichkeit geschaut, eine Herrlichkeit, wie sie dem eingeborenen Sohn vom Vater verliehen wird.« ***(Joh 1,14)***

Das Denken und das Reden des Menschen sind bestimmt von bildhaften Zeichen und Wortbildern. Denken und Reden sind ein Teil der Gottebenbildlichkeit des Menschen.

(a) Der Mensch, ein Ebenbild Gottes

Das einzige Abbild Gottes, das der lebendige Gott akzeptierte, war der Mensch. Gott schuf den Menschen als seinen Repräsentanten in dieser Welt (hebräisch: *zælæm*), als das Gegenüber, das ihm antworten, mit ihm in Verbindung treten kann (hebräisch: *d^{e}muth*).[44]

Die Begriffe Schnitzbild (hebräisch: *pæsæl*) und Abbild (hebräisch: *t^{e}mûnah*) aus dem zweiten Gebot haben nichts gemein mit den Worten Bildnis (hebräisch: *zælæm*) und Abbild (hebräisch: *d^{e}muth*), mit denen die Ebenbildlichkeit des Menschen mit Gott gekennzeichnet wird. Dem gesamten Alten Testament ist eine Verbindungslinie zwischen der Gottebenbildlichkeit und dem Bilderverbot fremd.[45]

- Das Bilderverbot untersagt an keiner Stelle die Abbildung eines Menschen und seines Lebensbereiches.
- Von seiner Gottesbeziehung kann ein Mensch nur mit Hilfe von Wortbildern reden. So ist zum Beispiel für den Glaubenden Gott der Vater[46], der seine Geschöpfe »tröstet, wie einen seine Mutter tröstet« (Jes 66,13).

(b) Erinnerungszeichen an Gottes Geschichte mit den Menschen

Gott selbst gab den Israeliten die Zehn Gebote in sichtbarer Gestalt.

Es waren zwei Steintafeln (2. Mose 24,12; 31,18). Es sind die »Tafeln des Zeugnisses« oder – anders übersetzt – »die Tafeln der Vergegenwärtigung« (2. Mose 32,15). Ihr Aufbewahrungsort war die Lade in der Stiftshütte und später im Tempel. Die Lade mit den Steintafeln war das Zentrum des offiziellen Heiligtums. Sie war der leere Schemel seiner Füße (vgl. Ps 99,5; 132,7).

Zur Herstellung des Heiligtums in der Wüste bestellte Gott selbst eine große Anzahl von Künstlern, die unter dem Oberwerkmeister Bezalel und seinem Assistenten Oholiab arbeiteten (2. Mose 31,1-11). Sie hatten Kunstgegenstände von äußerster Schönheit und Aussagekraft herzustellen, zum Beispiel die Keruben, den goldenen Tisch, den siebenarmigen Leuchter und die Priesterkleidung in ihrer zeichenhaften Bedeutung.[47] Das Bilderverbot ist keine Kampfansage gegen die religiöse Kunst.[48] Das Bilderverbot »richtet sich nicht grundsätzlich gegen die Kunst«[49]. Auch im frühen Judentum gibt es prächtig ausgestattete Synagogen mit Mosaiken und Wandmalereien, auf denen biblische Szenen dargestellt sind. Die bekanntesten Beispiele sind die Synagogen von Bet Alfa und von Dura Europos.[50]

(c) Die Menschwerdung von Jesus

Jesus ist das »Ebenbild des unsichtbaren Gottes« (Kol 1,15; Hebr 1,3), der »Abglanz seiner Herrlichkeit« (Hebr 1,3), den Gott den Menschen zu sehen gibt. Jesus, das Ebenbild Gottes, ist ein Geschenk Gottes. Gott hat es gegeben. Es sind nicht Menschen, die ihn mit ihren Fingern gemacht haben. »Gottes herrliche und freie Gnade schenkt uns ja, was wir uns nicht nehmen können.«[51] Jesus ist kein Geschöpf Gottes. Er war von Anfang an bei Gott. Er, das Wort, das bei Gott war, wurde Mensch (Joh 1,1.2.14). Ein solches Gottesbild konnte der Mensch nicht herstellen. Der lebendige Gott machte es für den Menschen. Jesus ist keine Konkurrenz zu Gott, kein Abbild, in dem Gott Wohnung nimmt. Er ist das Fleisch gewordene Bild seiner Wirklichkeit.[52] Gott selbst nahm in Jesus Christus menschliche Gestalt an und ließ sich von menschlichen Augen sehen. Seit dem Kommen von Jesus ist nicht die bildliche Darstellung dessen, was Jesus getan hat, untersagt. Jeder zur Zeit von Jesus konnte es mit eigenen Augen mit ansehen und verfolgen.

Jesus hat in Bildern und Zeichen, das heißt in Gleichnissen, geredet. Er hat uns Zeichen hinterlassen: das Kreuz, das Zeichen der Erlösung und der Versöhnung. Über Brot und Wein sprach Jesus die Worte: »Das ist mein Leib ... Das ist mein Blut« (Mt 26,26-28; Mk 14,22-24; Lk 22,19-20; 1. Kor 11,24-25).

»Die verborgene Majestät Gottes, die in keinem Bild fassbar wird, hat in der Welt das Zeichen des Kreuzes aufgerichtet.«[53]

(d) Die Gefahr, dass Zeichen zu Götzenbildern werden

Im offiziellen Gottesdienst und im Heiligtum in Israel gab es eine Fülle von Zeichen, aber keine bildliche oder abbildhafte Darstellung Gottes.

Anders war dies in privaten und lokalen Kulten. Im Bericht von dem Gottesdienst Michas im Gebirge Efraim und der Verlegung seines Heiligtums nach Dan (Ri 17+18) spielt ein privates Gottesbild eine zentrale Rolle. Trotz der auf die Errichtung des goldenen Stieres folgenden Katastrophe (2. Mose 32) wurden in Bet-El und Dan Stierbilder aufgestellt (1. Kön 12,26ff.). Auch Gideons »Efod« (Ri 8,24ff.) könnte ein Umhang für ein Gottesbild gewesen sein.

Schließlich ist auch an die Hausgötter, die Terafim, zu denken (1. Mose 31,19.35). Gegen solche Miss-Stände wenden sich die Propheten leidenschaftlich.

Es gibt kein von Gott gegebenes Zeichen, das der Mensch nicht in ein Götzenbild verwandeln kann, dem er geheimnisvolle Mächte zuschreibt. So kann das Zeichen der Erlösung, das Kreuz, getragen werden wie ein Schutzbild, als hätte es »eine besondere Macht, vor Unglück zu bewahren«.[54] Das Kreuz ist dann nichts anderes als ein Amulett, ein Talisman oder ein Maskottchen. Auch Abbildungen von Jesus, seiner Mutter Maria oder seiner Jünger können ihres Zeichencharakters beraubt und zu Gottesbildern werden. Dies geschieht überall da, wo diese geküsst, verehrt und angebetet werden.

Ein von Gott gegebenes Zeichen ist nichts anderes als ein ausgestreckter Finger, der auf den lebendigen und unsichtbaren Gott weist. Ein Zeichen ist eine Einladung zur rettenden Begegnung mit Jesus Christus, zur Begegnung mit dem unsichtbaren, aber in Jesus Christus Mensch gewordenen Gott, der »uns alle unsere Sünden vergibt und alle unsere Gebrechen heilt« (vgl. Ps 103,3).

Jedem Bild – auch einer Darstellung von Jesus – wohnt die Gefahr inne, zur Reliquie aus totem Stein zu werden. Dies wurde mir nirgends so deutlich wie in Rio de Janeiro. 700 m über der Stadt Rio auf dem Corcovado steht eine 30 m hohe Statue mit dem Namen »Christus, der Erlöser«. Die Arme aus Beton sind segnend über der Stadt ausgebreitet. Nachts wird die Betonstatue mit Scheinwerfern angestrahlt, sodass sie nicht nur im Sonnenlicht zu sehen ist. Die Bahn, die zu dem Christus hinaufführt, ist immer ausgebucht. Der Erlöser aus Beton ist eines der beliebtesten Fotoobjekte. Unter den Armen der Betonstatue breitet sich eine Stadt aus, die von Brasilianern die schönste der Welt genannt wird. Es ist die Stadt der Karnevalsumzüge und der streikenden Arbeiter, der modernen Badestrände und der Lager von Obdachlosen, der Villenviertel und der Elendshütten. Zwei Millionen wohnen in den Slums, in den *Favelas.* Angesichts dieses monumentalen Christus aus Beton schreibt der brasilianische Theologe Lindolfo Weingärtner die folgenden Zeilen:

O Gott, dein Volk wusste es von jeher:
In Statuen ist kein Trost.
Wie könnten Stein oder Beton
Menschenherzen trösten?
Christus, der Erlöser,
der in Wahrheit segnet und tröstet,
thront nicht erhaben in der Höhe:
Er geht durch die Straßen,
ist da, wo die Menschen sind.
Er leidet mit ihnen,
exponiert sich ihretwegen,
er geht an ihrer Seite,
richtend und aufrichtend,
lösend, heilend, helfend, vergebend.
Wo er segnet,
da ändert sich ein Leben,
wandelt sich eine Stadt.[55]

Am Sinai hatten die Israeliten keine Gestalt des lebendigen Gottes gesehen. Sie haben nur aus dem Feuer heraus seine Stimme gehört, und diese Stimme verwehrte ihnen jede Darstellung Gottes im Bild. »Israel ist in seinem Gottesverhältnis nicht wie andere Völker auf ein Kultbild gewiesen, sondern allein auf Jahwes Wort.«[56] Eine nicht darstellbare Gottheit war für den alten Orient und die Antike undenkbar, zumindest ungewöhnlich, denn Gott erschien im Bild, dem man mit heiligen Handlungen diente.

Das zweite Gebot fordert den Verzicht auf ein Gottes- bzw. ein Kultbild und damit auf das, was für andere Religionen »das Ehrwürdigste überhaupt«[57] ist. Über diese Forderung wacht der eifersüchtige Gott.

3. Der eifersüchtige Gott

»Ich, der Herr, dein Gott, bin ein eifersüchtiger Gott.«
(2. Mose 20,5b)

Ein altes Sprichwort besagt:

»Eifersucht ist eine Leidenschaft, die mit Eifer sucht, was Leiden schafft.«[58]

Mit dieser in eingängige Zeilen gefassten Weisheit vermittelten die Mütter und Väter über Generationen hin ihren Kindern eine soziale Erfahrung.

Eifersucht ist mehr als eine heftige Gemütsbewegung. Sie ist eine der »qualvollsten und quälendsten Gemütsregungen des Menschen«[59].

(a) Der Hintergrund der Eifersucht

Der Hintergrund der Eifersucht ist ein dreifacher:

- *Eifersucht ist eine Art von **Neid**.*[60]
  Neidgefühle erwachsen aus dem Sich-Vergleichen mit anderen Menschen. Im Neid missgönnt der eine dem anderen, was er hat und was er ist. Bei einem Kind bricht Neid in der Gestalt von Eifersucht vor allem dann aus, wenn es sich durch ein anderes, von den Eltern bevorzugtes Kind bedrängt und eingeengt fühlt.[61]
- *Eifersucht ist eine Form von **Angst**, und zwar die Angst vor Vereinsamung.*[62]
  Nicht selten wird die Eifersucht ausgelöst durch die Angst vor dem Verlust einer Person. Es ist die Angst davor, einen Menschen zu verlieren.
- *Eifersucht schwingt in jeder echten **Liebe** mit.*
  Der Eifersüchtige befürchtet, dass die hohe Stellung, die er in der Liebe innehat, von einem andern eingenommen wird. Eifersucht kann eine Liebe oder Ehe zur Hölle machen. Die »Liebesbeziehungen werden zu Stätten des Kampfes, wo feindliche Attacken von halben Versöhnungen abgelöst werden, die jedoch immer aufs Neue in ›Kampfhandlungen‹ übergehen«[63].

Eifersucht ist eine der »qualvollsten und quälendsten Gemütsregungen des Menschen«[64]. Genau auf diese bittere soziale Erfahrung, die Menschen im Umgang mit anderen machen, greift Gott zurück, indem er sagt: »Ich bin ein eifersüchtiger Gott.«

Die Übersetzung: »Ich bin ein *eifersüchtiger* Gott« wird sowohl von jüdischen als auch von christlichen Auslegern beanstandet. Sie sehen darin eine unverantwortliche Übertragung einer menschlichen Gemütsbewegung auf Gott. Sie übersetzen deshalb eifersüchtig mit »eifervoll« oder eifernd im Sinne von engagiert. Der Grund für diese abgeschwächte Übersetzung ist die Annahme, als wäre bereits jedes Reden von Gott in Bildern aus dem Bereich des Menschlichen ein Verstoß gegen das zweite Gebot. Dieser Annahme ist das Reden der Propheten entgegenzusetzen. Sie wussten sich in ihrer Verkündigung von Gott streng an das Verbot der Verehrung der Bilder gebunden. Gleichzeitig gebrauchen sie gelegentlich die unbefangensten menschlichen Bilder von Gott. Die Propheten haben Israel nicht jegliche anschauliche Vorstellung von Gott verwehrt. Ohne dass das Alte Testament je ein Kultbild von Gott erlaubt, hat man sich den lebendigen Gott immer wieder menschengestaltig als Mann vorgestellt.[65] Diese bildliche Redeweise von Gott veranlasst den Propheten Hosea, das Verhältnis Israels zu Gott mit einer Ehe zu vergleichen.[66] »Jahwe ist so verliebt in sein Volk, dass er das Eindringen eines Dritten in eine Liebesbeziehung mit Israel nicht hinnehmen kann. Er ist eifersüchtig – wie es ein zutiefst Liebender nur sein kann.«[67] Das Tun der treulosen Ehefrau, wie es Hosea beschreibt, entspricht Israels Abfall von dem lebendigen Gott. Gott ist der Ehemann, der der Frau nachgeht, sie zurückholt und sie auf seinen Ausschließlichkeitsanspruch verweist (Hos 13,4). Für Israel will Gott der Einzige sein, »er ist nicht gesonnen, seinen Anspruch auf Verehrung und Liebe mit irgendeiner göttlichen Macht zu teilen«[68].

Für die Forderung Gottes der Einzige zu sein, bietet sich kein sprechenderes Bild an als das der *Eifersucht*. Als *eifersüchtiger* Gott ist Jahwe »personhaft bis zur höchsten Intention«[69].

Der Liebe Gottes entspricht seine Erwartung, geliebt zu werden. »Die geschenkte Liebe des Gottes und die erwartete Liebe der Menschen erscheinen in nachdrücklicher Entsprechung und Gegenseitigkeit.«[70] Antwortet der Mensch auf die Liebe Gottes nur mit halbem Herzen, so trifft ihn Gottes Gericht. Allein die ungeteilte Liebe stellt den Menschen unter den Segen Gottes und macht ihn zum Segensträger.

(b) Geteilte Liebe und ihre Folgen

***»Ich gedenke der Schuld der Väter bei den Kindern bis in die dritte und vierte Generation bei denen, die mich hassen.«* (2. Mose 20,5c)**

Gott hassen heißt »sich weigern, auf Jahwes Seite zu treten«[71]. Hass ist der Entzug bzw. die Vorenthaltung der Gott schuldigen Liebe. Gott hassen heißt »leben auf eigene Faust«[72]. Im biblischen Sprachgebrauch ist hassen keineswegs emotional gefärbt. Hassen heißt so viel wie jemanden oder etwas Gott vorziehen und damit Gott an zweite Stelle setzen.[73]

Eine derartige Entscheidung ist Sünde, die Gott nicht unbeantwortet im Raum stehen lässt. Der hier gebrauchte Begriff für Sünde (hebräisch: *ʿawōn*) ist ein zentraler Begriff des Alten Testaments »für menschliche Schuld und Verhängnis«[74]. Sünde ist die Ablehnung der ausschließlichen Hingabe an Gott.[75]

Die Antwort Gottes ist das Gedenken. Gedenken (hebräisch: *pāqad*) mit seinem breiten Wortfeld hat die Grundbedeutung »genau beobachten«, »annehmen«, »wobei oft das Urteil oder die Entscheidung, die aus der Beobachtung erfolgt, mit einbegriffen wird.«[76]

Martin Buber übersetzt gedenken (hebräisch: *pāqad*) mit zuordnen.[77] Gott überwacht die Einhaltung der Gebote und bestraft die Sünden der Väter bis in die dritte und vierte Generation.[78]

Die Erwähnung von vier Generationen spricht von einem familiären Zusammenhang: Väter, Söhne, Enkel, Ur- und Ururenkel wohnten unter einem Dach bzw. in einem Wohnareal.[79]

Vier Generationen von Nachkommen ist die Zahl, die »ein volles Lebensalter erreichender Mann um sich versammelt sieht«[80]. Die Aussage, Gott straft die Sünden der Väter bis in die dritte und vierte Generation, veranlasst vor allem jüdische Ausleger zu fragen: Wo bleibt hier die Gerechtigkeit Gottes?[81] Die Annahme, Gott strafe selbst noch die Ururenkel für die Schuld ihrer Ururgroßväter, steht ganz offensichtlich im Widerspruch zu der Zusage Gottes: »Die Väter sollen nicht für die Kinder noch die Kinder für die Väter sterben« (5. Mose 24,16).[82] Sie widerspricht auch den Prophetenworten: »... sondern ein jeder wird um seiner Schuld willen sterben« (Jer 31,30) und: »Denn nur wer sündigt, der soll sterben. Der Sohn soll nicht tragen die Schuld des Vaters ... die Ungerechtigkeit des Ungerechten soll auf ihm allein liegen« (Hes 18,20).[83] Da keine Stelle der Schrift so auszulegen ist, dass sie einer anderen widerspricht, bleibt nur folgende Deutungsmöglichkeit, die drei Aspekte umfasst:

- Gott straft nicht sofort. Er lässt bis zur vierten Generation Gnade vor Recht ergehen.[84] Seine Strafe trifft erst, wenn die Schuld andauert.[85] Gott prüft, ob die nachfolgenden Generationen »den Abfall der Väter nachvollziehen«[86].
- Kinder und Kindeskinder werden nur dann bestraft, wenn sie die Verantwortlichkeit für die Schuld ihrer Vorfahren teilen, das heißt, wenn sie die Sünde ihrer Väter gleichsam adoptieren und so zu ihrer eigenen machen.[87]
- Die Strafe trifft nur die, die Gott hassen. Der Hass, das Gott-an-zweite-Stelle-Setzen, ist der letzte Grund für die Strafe Gottes. Wenn die Kinder und Kindeskinder in Fortsetzung der Haltung ihrer Väter sich weigern, auf Gottes Seite zu treten, bekommen sie »die über ihre eigene Person hinausreichende Last ihrer Schuld zu tragen«[88].

Gott bestraft keinen Unschuldigen. Der Hinweis auf die Generationen ist nicht im Sinne kollektiver Vergeltung an den Nachkommen zu verstehen. »Der Satz, dass Gott die Sünde der Väter an den Kindern heimsuchen wolle, ist sicher nicht als politischer Programmsatz zu verstehen.«[89] Wenn die Nachkommen am Hass ihrer Vorfahren festhalten, indem sie Gott die ihm schuldige Liebe vorenthalten, trifft sie die Strafe Gottes. Sie müssen für ihre eigene Schuld und für die ihrer Väter, wenn sie sich diese zu Eigen gemacht haben, leiden.[90] Wenn aber das Hassen aufhört, wenn sie sich entschließen, auf die Seite Gottes zu treten, wandelt sich der Zorn Gottes in Liebe.

(c) Ungeteilte Liebe und der Segen Gottes

»Ich erweise Gnade bis ins tausendste Geschlecht bei denen, die mich lieben und meine Gebote bewahren.« *(2. Mose 20,6)*

Liebe ist das Kennzeichen der rechten und wahren Einstellung Gott gegenüber. Es ist die Liebe »von ganzem Herzen, von ganzer Seele und mit all deiner Kraft« (5. Mose 6,5). Liebe kann nicht erzwungen werden. Liebe beruht immer auf Freiwilligkeit. »Liebende werden die genannt, die Jahwe unbedingt anhangen und ihm folgen, als freiwillig sich Hergebende.«[91] Ungeteilte Gottesliebe hat den Gehorsam gegen seine Gebote zur Folge.

Gottes Geboten gehorsam sein (hebräisch: *šamar*) heißt die Gebote Gottes »bewachen, behüten, beobachten, halten, erfüllen«[92]. Das Halten der Gebote ist nichts anderes als eine Antwort auf die Liebe zu Gott. Es ist ein Unterschied, ob die Gebote Gottes von einem Menschen aus Furcht vor Strafe oder aus Liebe gehalten werden. »Das bloße Halten der Gebote ohne die wahre Geisteshaltung genügt nicht und führt zur Äußerlichkeit.«[93]

Es sind die Liebenden, über die Gott »die Flut der Gnade hinschüttet«, die über sie hinaus »weite Wellen zieht«[94]. Als Beispiel verweisen die jüdischen Ausleger auf Abraham, den Gott seinen Freund nennt, wörtlich übersetzt: den, der mich (Gott) liebte (Jes 41,8). Die Gottesliebe Abrahams war nach jüdischer Auslegung sein Entschluss, eher sein Leben zu geben, als den fremden Göttern in Ur in Chaldäa zu dienen. Abraham hat Gott die Treue gehalten. Gottes Gnade und Treue (hebräisch: *hæsæd*) ist seine Güte, die ewig währt.[95] Gott gab Abraham die Zusage, dass in ihm alle Geschlechter der Erde gesegnet werden (1. Mose 12,3; 28,14).

Diese Abraham gegebene Verheißung entspricht der Zusage am Ende des Gebotes, das von der Unsichtbarkeit Gottes und seiner Eifersucht handelt: Ich will Gnade erweisen bis ins tausendste Geschlecht.

Die Tausende, denen Gott die Treue hält, sind »die endlos lange Reihe der Generationen«[96]. Bis ins tausendste Geschlecht heißt: bis an das Ende aller Generationen. Diese Zusage Gottes weist weit über den Alten Bund hinaus. In ihr ist bereits die Vorahnung des Neuen Bundes umschlossen.

Der wesentliche Bestandteil jedes Bundes, den Gott mit Menschen schließt, ist der Segen. Gott hält seinen Bund dadurch, dass er segnet. Träger dieses Segens sind die, die ihrerseits Gottes Bund halten, das heißt die, die auf das Liebesangebot Gottes mit ungeteilter Liebe antworten.

Gott will ungeteiltes Vertrauen, ungeteilte Anbetung, das ungeteilte Herz. »Er will uns selbst ganz für sich als sein ausschließliches Eigentum.«[97]

Als Jesus einmal von einem Gesetzeslehrer nach dem größten der Gebote gefragt wurde, sagte er: Es gibt ein Hauptgebot, das obenan steht, und dieses lautet: »Du sollst den Herrn, deinen Gott, lieben von ganzem Herzen, von ganzer Seele und von ganzem Gemüt« (Mt 22,37).

Die Antwort von Jesus ist seine Übersetzung eines Teils des alttestamentlichen Aufrufes: »Höre, Israel«, das zum Glaubensbekenntnis der Juden wurde. In ihm heißt es: »So liebe den Herrn, deinen Gott, mit deinem ganzen Herzen, mit deiner ganzen Seele und mit all deiner Kraft« (5. Mose 6,5 nach Menge). Anstelle der Wendung »und mit deiner ganzen Kraft« überträgt Jesus das alttestamentliche Wort für Herz zweimal.[98] Herz (hebräisch: *lēb*) ist im Alten Testament eine Umschreibung des einzelnen Menschen sowohl mit seinen irrationalen Schichten, seiner Sensibilität und Emotionalität als auch mit seinem Denk- und Erkenntnisvermögen.[99] Die Liebe des Menschen zu Gott soll im Einklang stehen mit den innersten Bezirken seines Lebens, mit seiner Gesinnung und mit seinem Denken.[100]

Seele (hebräisch: *näpaš*) spricht den Menschen sowohl in seinem vitalen Verlangen als auch in seinem Begehren, Trachten und Sehnen an.[101] Die Gottesliebe schließt die gesamte Vitalität des Menschen mit ein.[102]

Gott lieben ist ein Akt des ganzen Menschen, ein Akt des Geistes und des Willens, des Verstehens und der Empfindungsfähigkeit, des Engagements und der Treue.[103] Das Sich-in-Liebe-an-Gott-Binden »ist nicht eine Sache des Gefühls, sondern der Führung des Lebens«[104].

Das Gebot der Gottesliebe mit **ganzem Herzen,** mit der **ganzen Seele** und mit dem **ganzen Denken** beansprucht den Menschen total. »Eine gelegentliche oder annähernd vollbrachte Erfüllung des Gebotes ist doch hier ebenso fragwürdig wie eine gelegentliche oder annähernd geübte Treue in der Ehe. Hier gilt: alles oder nichts.«[105]

Gott lieben ist deshalb das erste und größte Gebot, weil es die Voraussetzung dafür ist, die folgenden Gebote zu erfüllen. »Weil man ihn mit dem ganzen Herzen und der ganzen Seele liebt, tut man, was man für ihn tut, mit dem ganzen Herzen und der ganzen Seele.«[106]

Das dritte Gebot

3

III. Der eine Name

»Du sollst (wirst) den Namen des Herrn, deines Gottes, nicht missbrauchen, denn der Herr wird jenen nicht straffrei lassen, der seinen Namen missbraucht.« *2. Mose 20,7*

»Geheiligt werde dein Name.« *Matthäus 6,9b*

Seit über zwanzig Jahren habe ich meinen Arbeitsplatz in einer Einrichtung für Menschen mit einer geistigen Behinderung. Nahezu jeden Morgen begegne ich einem jungen Mann, der die Säcke mit der oft dreimal in der Nacht gewechselten Wäsche in einem eigens dafür geschaffenen Raum deponiert. Ich gab ihm, dem freiwilligen Helfer, den Ehrennamen »Oberpfleger«, und so begann unsere tägliche Begrüßung: »Guten Morgen, Oberpfleger.« Eines Morgens – ich war bereits mit den mich erwartenden Problemen beschäftigt – ging ich wortlos an ihm vorbei. Er stellte seinen Sack ab und rief mir seinen Gruß zu. Aufgeschreckt blieb ich stehen und sagte: »Ich habe dich heute einfach übersehen! Bitte, verzeih mir, Gerhard!« Er rührte sich nicht vom Fleck und sagte: »Du kennst ja meinen Namen!«

Was war schon der Ehrentitel »Oberpfleger« gegenüber seinem eigenen Namen Gerhard!

Der Name, unser persönlicher Eigenname, ist das schönste Wort in unserer Sprache. Nichts trifft uns so sehr, als wenn wir mit unserem Namen angesprochen werden. Was ist unserem Namen gegenüber ein Titel, den viele andere auch haben oder erarbeiten können. So ist zum Beispiel der häufigste Titel in Deutschland der Doktortitel. So angeredet, bin ich einer unter Tausenden. Mein Name aber gehört mir.

Jedem Menschen wird sein Name von seinem Vater und seiner Mutter gegeben. Der Name macht den Menschen zu einer einzelnen, unverwechselbaren Person. Dieser Name dient dem Menschen dazu, sich einem anderen Menschen bekannt zu machen und mit ihm in Gemeinschaft zu treten.[1] Mit der Namenskundgabe öffnet sich der eine für den anderen. »Er ist rufbar, er ist nennbar, er bietet sich zur Gemeinschaft an.«[2]

Vom Namen des Menschen unterscheidet sich wesentlich der Name Gottes.

1. Der Name über alle Namen

Gott hat den Menschen seinen Namen wissen lassen. Dies ist im Unterschied zu den Menschen, die sich einander mit ihrem Namen vorstellen, ein ganz einseitiger Akt. Der Mensch braucht seinen Namen Gott nicht zu nennen. Gott kennt jeden einzelnen Menschen, noch bevor er einen Namen hatte. Er kennt jeden Menschen von Mutterleib an. Er durchschaut jeden in jeder Sekunde – bis in Herz und Nieren hinein (vgl. Ps 139,13-15). Gottes Augen sahen den Menschen, als er noch ein »formloser Keim« (Ps 139,16a nach Menge) war. Gott schrieb jeden Tag in sein Buch des Lebens (Ps 139,16b).

Mit der Bekanntgabe seines Namens legt Gott dem Menschen »eine ungeheure Möglichkeit in den Schoß, die Möglichkeit, mit ihm, dem Allmächtigen, Ewigen, in Verbindung zu treten«[3]. Der, dem Gott seinen Namen offenbart hat, kann und darf »Gott« sagen, weil Gott sich ihm in seiner unbegreiflichen Gnade zu erkennen gegeben hat.

Gottes Name ist nicht etwas Selbsterdachtes. Da Gott in seinem Namen sein ganzes Wesen offenbart, ist der Name Gottes das denkbar Höchste, Heiligste und Mächtigste. »Es ist etwas ganz anderes, wenn Heiden ›Gott‹ sagen, als wenn wir, zu denen Gott selbst gesprochen hat, ›Gott‹ sagen. Gott ist für uns unser Gott, der Herr, der Lebendige.«[4] Durch seinen Namen unterscheidet sich Gott nicht nur von den altorientalischen Göttern und Götzen, »sein Name ist das Heilszeichen, in dem er gegenwärtig sein will«[5].

Im orientalischen Empfinden sind Name und Genannter viel näher beieinander als im westlichen Denken. Wenn der Name genannt wird, ist in gewisser Weise in diesem Augenblick der Genannte selbst da.[6] »Wenn wir ›Gott‹ sagen, so hören wir ihn gleichsam immer selbst zu uns sprechen, uns rufen, trösten, uns gebieten, wir spüren ihn an uns handelnd, schaffend, richtend, ermahnend.«[7]

Gottes Name ist *einer* und wird immer einer sein. Dies ist eines der alle Zukunft umfassenden Worte des Propheten Sacharja. Es heißt wörtlich übersetzt: »Gott ist Einer und sein Name ist Einer« (Sach 14,9).

Da es Gott nie in der Mehrzahl gibt, so gibt es auch nur **einen** Namen Gottes. Als Mose Gott nach seinem Namen fragte, bekam er die Antwort: »Ich, der ich bin« (2. Mose 3,14); anders übersetzt: »Ich werde da sein als der ich da sein werde« (M. Buber); »Ich werde (für euch) da sein«

(G. v. Rad), »Ich bin da bei euch« (J. Bours).[8] Dieser Name kommt keinem anderen Wesen zu. Es ist der Name Gottes, von dem es heißt, er ist »groß unter den Heidenvölkern« (Mal 1,11). Die Zeit, in der es nur noch diesen **einen** Namen gibt, wird eingeleitet durch die Wiederkunft des Bußpredigers Elia (Mal 3,23; Mk 9,12).

Den **einen** Gottesnamen überträgt der Allmächtige auf Jesus, den Messias. In seinem Brief an die Philipper schreibt Paulus: »Gott hat Jesus **den** Namen verliehen, der über alle Namen ist« (vgl. Phil 2,9). Gott hat Jesus nicht *einen* Namen verliehen, sondern im Urtext heißt es ausdrücklich: Er hat ihm **den** Namen verliehen, das heißt seinen heiligen Gottesnamen. ***Jesus ist der eine Name.***

Alle Namen, die Gott Jesus, seinem Gesalbten, beilegte, sind nur Hilfskonstruktionen, um das Geheimnis des Messias zu verstehen. König, Priester und Prophet sind drei der mindestens vierzig Messiasnamen.[9] Sie sind nichts anderes als die bildhafte Umschreibung des **einen** Gottesnamens: »Ich bin da bei euch« (J. Bours). Der Name, in dem Gott Mensch wird, ist vor der Geburt von Jesus von Gott selbst festgelegt (Lk 1,31). Es ist der Name Jesus: »Gott ist Hilfe«, »Gott ist Rettung.« Jesus ist der **eine** Name Gottes.

In einem aus dem Schwedischen übersetzten Lied heißt es:

Name über alle Namen, Jesus, / kein' schöneren auf Erden gibt's, auf Erden gibt's / in keinem andern Namen ist Erlösung, / nur in diesem Nam' ist Heil, in Ihm ist Heil!

Gott hat dem Menschen ***seinen Namen*** bekannt gemacht:

Jahwe: Ich bin für euch da.

Jesus: Gott ist Hilfe. Gott ist Rettung.

Mit diesem Namen über alle Namen bietet Gott sich dem Menschen zur Gemeinschaft an. Dieses Angebot der Gemeinschaft kann – wie jede Gemeinschaft – missbraucht werden.[10] Deshalb wird der Gottesname durch das Gebot geschützt, und zwar mit einem einfachen, warnenden Begründungssatz: ***»... der Herr wird jenen nicht straffrei lassen, der seinen Namen missbraucht.«***

Das Zeitwort »straffrei lassen« (hebräisch: *nāqāh*) heißt »straffrei machen«, »für straffrei erklären«[11]. Gott erklärt den, der seinen Namen missbraucht, in keinem Fall für schuldlos. Er straft auch in solchen Fällen, in denen ein weltliches Gericht nicht willens ist zu strafen oder keine Möglichkeiten dafür sieht.[12] Gott übersieht keinen Missbrauch seines heiligen Namens.

2. Der Missbrauch des Gottesnamens

Die hartnäckigste Form des Missbrauchs des Gottesnamens ist Gedankenlosigkeit. »Die Bayern fluchen immer noch: ›Herrgott-Sakra‹; die feinen Damen in Hamburg flöten immer noch ihr zartes: ›O Gott, o Gott‹.«[13] Es gibt unzählige Formeln, in denen der Gottesname enthalten, aber vollkommen tot ist: »Ach Gott!«; »Gott sei Dank!«; »O Je(sus)!« u. a. m.

Das Gebot, den Gottesnamen nicht zu missbrauchen (hebräisch: *šāwʾ*), kann am ehesten übersetzt werden mit: den Namen Gottes »nicht zu Frevel laut werden lassen«[14]. Zieht man zur Erklärung die dem Bibelhebräisch verwandten Worte hinzu, so lautet das Verbot: Mach den Gottesnamen nicht zu einem »wüsten Ort«, zu einem Trümmerfeld; gebrauche den Gottesnamen nicht, um Schlechtes, Böses, Trügerisches und Falschheit zu decken, und sprich den Gottesnamen nicht aus im Zusammenhang mit Zauberei und Beschwörung.[15]

Das dritte Gebot untersagt dem Menschen, den im Namen anwesenden Jahwe »zum Trügerischen«[16] zu machen oder ihn »in menschliche Zwecke und Absichten zu zwingen«[17]. Die Übertragung Luthers, den Namen Gottes »nicht unnützlich führen«[18] bzw. »nicht vergeblich führen«[19], geht auf die lateinische Übersetzung des dritten Gebotes zurück.[20]

(a) Der Missbrauch zum Bösen

Der Missbrauch zum Bösen ist unter den Glaubenden des Alten und Neuen Bundes schwer vorzustellen, und doch geschieht er auf vielerlei Weise.[21]

- *Meineid*

  Meineid ist die Verwendung des Gottesnamens zu einer Lüge.[22] Im Falscheid soll der Name Gottes eine Lüge oder einen Betrug zudecken.[23] Deshalb heißt es im Alten Testament: »Du sollst nicht falsch schwören« (3. Mose 19,12; 4. Mose 30,3f.). Das Gebot von Jesus geht hier – wie an anderen Stellen (vgl. Mt 5,21-48) – weit über das Alte Testament hinaus. Er stellt an die Stelle des Verbotes des Meineids das Verbot des Schwörens überhaupt (Mt 5,33-36). Jesus »fordert eine solche Gesinnung der absoluten Wahrhaftigkeit, dass das bloße Ja oder Nein schon genügt und keine bekräftigende Anrufung Gottes als Zeuge, wie sie im Eid erfolgt, notwendig ist«[24]. »Unter Christen gibt es keinen Eid, sondern nur das Ja und Nein« (Mt 5,37).[25] In der Welt ohne Christus ist der Eid die »erhöhte Form der Wahrheitsbeteuerung«[26]. Ein solcher Eid bedeutet für den Christen »nur die äußere Bestätigung dessen, was für ihn ohnehin feststeht, dass sein Wort vor Gott gesprochen ist«[27]. In demokratischen Staaten wird ein Christ nicht gezwungen, eine Eidesformel zu gebrauchen. Fordert ein totalitäres Regime die Ablegung eines Eides, so bringt dies den Christen in die unheilvolle Situation, »die Last des Wahrheitsverlustes und den Zwang der Beteuerung«[28] mitzutragen.

- *Fluch*
  Der Fluch ist das genaue Gegenteil zum Segen. Wie der Segen, so ist auch der Fluch kein leeres Wort. »Ein Fluch ist ein Macht geladenes Wort.«[29] Der Fluch will die Kraft Gottes in den Dienst der Rachsucht, des Hasses und der Bosheit stellen.
  »Der Fluch gleicht einem Schlachtbeil, das nach einem Gegner geworfen wird.«[30] Im Fluch benutzt der Mensch »die Macht des Namens Gottes, um seinen Feind dem zeitlichen und ewigen Verderben zu überliefern«[31]. Der, der sich auf die Seite Gottes stellt und für den Jesus sein Erretter ist, braucht sich vor einem unverdienten Fluch nicht zu fürchten. Für ihn trifft das Wort zu: »Wie ein Vogel dahinfliegt und eine Schwalbe enteilt, so ist ein unverdienter Fluch: er trifft nicht!« (Spr 26,2)
  Eine verfeinerte Art des Fluches ist das Beten, das Leid oder Unheil über einen anderen herbeifleht. »Im Sinne Jesu kann man nicht gegen, sondern nur für einen Menschen beten.«[32]

- *Tarnung der eigenen Gottlosigkeit*
  Es gibt ein Nennen und Anrufen Gottes, »um wissentlich eine gottlose und schlechte Sache vor der Welt als fromm und gut erscheinen zu lassen«[33]. Der Name Gottes, in welcher Umschreibung auch immer, wird als Aushängeschild benutzt. So schrecken zum Beispiel totalitäre Herrscher nicht zurück, ihre machtpolitischen Positionen christlich zu bemänteln. Adolf Hitler, dessen Regierung bewusst die stärkste Feindschaft gegen Gott und sein Wort gezüchtet hat, sprach in seinen öffentlichen Reden immer wieder von der »Vorsehung« oder vom »Allmächtigen«[34]. Auch nach Adolf Hitler gibt es eine selbstgerechte Inanspruchnahme Gottes »seitens so vieler Religionen, die nicht zögern, in Seinem Namen unsägliches Elend über so viele Menschen zu bringen«[35].
  Tarnung der eigenen Gottlosigkeit kann auch darin bestehen, dass

Menschen »Gott für eine böse Sache um seinen Segen bitten«[36]. Zu denken ist hier zum Beispiel an das Segnen der Waffen.
Es gibt eine christliche Wirksamkeit, die unter der Verurteilung von Jesus steht.[37] »Es werden nicht alle, die zu mir sagen: Herr, Herr!, in das Himmelreich kommen, sondern die den Willen tun meines Vaters im Himmel« (Mt 7,21). Herr, Herr! sagen kann »ein Schafkleid sein, hinter dem sich ein reißender Wolf verbirgt«[38].
Jesus stellt das Tun des Willens Gottes der bloßen »Herr, Herr!«-Anrede gegenüber. Damit trifft Jesus nicht nur totalitäre Herrscher, die ihre eigene Gottlosigkeit tarnen, sondern auch das so genannte »Taufschein-Christentum«, das heißt eine tatenlose Nachfolge Jesu, die sich im bloß äußerlichen Bekenntnis zu Jesus erschöpft.[39]

- *Zauberei und Beschwörung*
  Zauberei und Beschwörung sind der »dunkelste und grausigste Missbrauch des Namens Gottes«[40]. Gegen sie tritt das dritte Gebot in aller Schärfe an.[41]
  Zauberei ist das Bestreben, »sich Gottes zu bemächtigen und seine Kräfte für die eigenen Zwecke nutzbar zu machen«[42]. Eine beliebte Form der Zauberei ist der Gebrauch des Namens Gottes als »Abwehrzauber«[43]. In das Gebiet der Zauberei gehören auch »Astrologie, das Horoskop, das Kartenschlagen und andere Formen der Wahrsagerei«[44].
  Beschwörung ist das Zitieren Gottes zum Frevel.[45] Zu denken ist hier an die Totenbeschwörung und jede Art des Okkultismus. Dem so genannten modernen Menschen fällt es schwer, solche Vorgänge für wahr zu halten, aber die Wirklichkeit des Lebens schreibt dazu einen Kommentar, der sehr ernst ist. Dabei wird in Zeichen und Worten – zum Beispiel bei den so genannten Satansmessen – immer wieder der Name des dreieinigen Gottes ausgerufen.
  Das »Münzgeld« des Zauberns, des Beschwörens und des magischen Zwingenwollens Gottes ist der Preis der Seele.[46] Beim Zauber und der Beschwörung benutzt der Mensch den heiligen Namen Gottes, »wie der Naturforscher seine Formel, um sich mit dieser Formel über Gott selbst Macht zu schaffen«[47].

(b) Der Missbrauch zum vermeintlich Guten

Weit schwerer zu erkennen als der Missbrauch des Namens Gottes zum Bösen ist der Missbrauch des Gottesnamens zum vermeintlich Guten. »Er geschieht, wenn wir Christen den Namen Gottes so selbstverständlich, so oft, so glatt und vertraulich im Munde führen, dass wir der Heiligkeit und dem Wunder seiner Offenbarung Abbruch tun.«[48] Es ist der Missbrauch des Namens Gottes in Theologie, Kirche und im persönlichen Frömmigkeitsstil.[49] Meister Eckhart (um 1260–1328) fasst dies in die Worte: »Schweig und schwätze nicht über Gott, denn damit, dass du von ihm schwätzest, lügst du und tust Sünde.«[50]

- *In der Kirche*
  Hier ist es das Aussprechen des Namens, ohne an Gott zu denken, zum Beispiel beim Singen eines Liedes, oder wenn beim Lernen eines Liedverses im Unterricht etwas Komisches passiert und die ganze Gesellschaft bei einer Stelle, die ein Lob Gottes ist, mit Lachen herausplatzt.[51] Missbrauch des Gottesnamens sind alle so genannten frommen Witze über Gott und sein ewiges Reich, aber auch die Predigten, die nichts anderes sind als leere menschliche Worte und kraftloses Geschwätz. »Es ist Missbrauch, über Gott zu sprechen, ohne sich seiner lebendigen Gegenwart in seinem Namen bewusst zu sein.«[52]

- *In der Theologie*
  Der Name Gottes wird missbraucht, wenn in der Theologie Gott zum Objekt des Denkens gemacht wird. Es ist kaum noch bekannt, dass in dem Wort **Theo**logie der Name Gottes enthalten ist und dass wir diesen nur in Ehrfurcht aussprechen dürfen. »Wie viel Begriffsakrobatik gibt es hier, die unendlich weit weg ist von dieser Ehrfurcht.«[53]

- *Im persönlichen Frömmigkeitsstil*
  Es ist Missbrauch, wenn Glaubende auf jede Frage und Not vorschnell mit dem Wort »Gott« oder einem Bibelspruch zur Hand sind. Gott wird zum Lückenbüßer für alle Verlegenheiten gemacht. Missbrauch des Namens Gottes ist es auch, wenn Glaubende echte wissenschaftliche oder künstlerische Bemühungen einfach mit dem Wort »Gott« zum Verstummen bringen wollen. »Es ist Missbrauch, wenn wir von Gott reden, als hätten wir ihn jederzeit zu unserer Verfügung und als hätten wir in seinem Rat gesessen.«[54]

- *Durch Verschweigen des Gottesnamens*
  Es ist Missbrauch des Gottesnamens, wenn unter Verschweigen des Na-

mens Gottes »den Menschen umfassenden Heil in einem andern Namen verkündigt wird, ob das der Name eines Menschen ist, eines Gedankensystems oder einer Weltanschauung, die den Anspruch erheben, den Menschen das Heil zu bringen«[55]. Den Namen Gottes überhaupt nicht mehr zu gebrauchen, bedeutet nichts anderes, als Gott seine Wirklichkeit und seine Allmacht abzusprechen. In einem solchen Fall wird der Name Gottes »wie eine alte Münze aus dem Verkehr gezogen«[56]. Christen haben den Auftrag und das Recht, Gott voreinander und vor der Welt zu bezeugen. »Das geschieht, wenn wir den Namen Gottes nur so aussprechen, dass sich in ihm das Wort des lebendigen, gegenwärtigen, gerechten und gnädigen Gottes selbst bezeugt.«[57]
Die breite Palette des Missbrauchs des Gottesnamens und den Weg, dem Namen Gottes wieder den ihm gebührenden Platz einzuräumen, fasst Martin Buber in die Worte: »Gott ..., es ist das beladenste aller Menschenworte. Keines ist so besudelt, so zerfetzt worden. Gerade deshalb darf ich darauf nicht verzichten. Die Geschlechter der Menschen haben die Last ihres geängsteten Lebens auf dieses Wort gewälzt und es zu Boden gedrückt; es liegt im Staub und trägt ihrer aller Last ... Wir können das Wort ›Gott‹ nicht rein waschen, und wir können es nicht ganz machen; aber wir können es, befleckt und zerfetzt, wie es ist, vom Boden erheben und aufrichten über einer Stunde großer Sorge.«[58]
Für Christen bedeutet, den Namen Gottes vom Boden aufzuheben und aufzurichten, täglich vor Gott mit der Bitte zu treten, die uns Jesus im Vaterunser zu beten aufgetragen hat.

3. Die Bitte: »Geheiligt werde dein Name« und der rechte Gebrauch des Gottesnamens

Menschen, auch solche, die dem lebendigen Gott begegnet waren und die er geführt hat, haben den Namen Gottes immer wieder missbraucht (vgl. 3. Mose 22,23; 5. Mose 32,51; Röm 2,23f.). Gott aber – so sagen es die Propheten Jesaja und Hesekiel voraus – wird eingreifen, um seinen von Menschen geschändeten Namen zu heiligen, zu Ehren zu bringen (Jes 29,23; 48,11; 52,5f.; Hes 36,20-23; Ps 79,9).

Die erste Bitte des Vaterunsers meint dasselbe, was das dritte Gebot gebietet. Es geht um die Heiligung des Namens Gottes.

Der Name Gottes »soll geheiligt werden« heißt: Gott selbst möge seinen Namen wieder zu Ehren bringen.

Die Form der Bitte oder des Wunsches: »Dein Name werde geheiligt« (Passiv) bringt zum Ausdruck, dass der Handelnde (das Subjekt) Gott ist.[59] Derjenige, der Gottes Namen heiligen soll, ist »Gott selbst und er allein«[60]. Das Vaterunser bittet um die Erfüllung der Verheißungen der Propheten Jesaja und Hesekiel.

Bevor ein Mensch die erste Bitte in dem Gebet, das Jesus lehrte, nachbeten kann, muss er die Grundsatzentscheidung treffen: Alles, was ist, hat eine unmittelbare Beziehung zu Gott.[61] Gott ist es, der alles in seiner Hand hat, der diese Welt und unser Leben führt und lenkt.

Von Lenin (1870–1924), dem großen Heros des Bolschewismus, ist der Ausspruch überliefert: »Schon den Namen Gottes auszusprechen, ist eine große Gemeinheit.«[62] Lenin und alle, die sich seiner Lehre verschreiben, haben die klare Entscheidung getroffen: *Der Mensch und seine Welt sind allein von sich her zu verstehen. Es kommt alles auf den Menschen an.* Die der ersten Bitte des Vaterunsers vorausgehende Grundsatzentscheidung lautet dagegen: *Alle Wirklichkeit gründet allein in Gott. Er ist der Schöpfer! In Jesus ist er der Erlöser! In der Kraft des Heiligen Geistes lenkt und vollendet er diese Welt!*

Vonseiten des Menschen heißt Gottes Namen heiligen: einfach bejahen, dass Gott der Heilige ist. »Gott heiligen heißt ihn als den nehmen und anerkennen, der er ist.«[63]

Der Name hat ursprünglich seinen Ort im Nennen und Anrufen des Namens von Person zu Person.[64] »In der Sprache der gesamten Bibel bedeutet der Name Gottes so viel wie Gott selbst.«[65] Im orientalischen Empfinden sind Name und Genannter viel näher beieinander als im westlichen Denken. Wenn der Name genannt wird, ist in gewisser Weise in diesem Augenblick der Genannte selbst da.[66]

Indem Gott seinen Namen kundgibt, eröffnet er die Gemeinschaft mit dem Menschen, das heißt, die Bekanntgabe des Namens Gottes ist auf Antwort angelegt.[67] Gott erwartet vom Menschen Antworten der Treue[68] oder – anders ausgedrückt – den rechten Umgang mit seinem Namen.
Zum rechten Gebrauch des Namens Gottes gehören:

- Das Nennen des Namens Gottes »im Anrufen, Beten, Loben und Danken«[69]. Die Offenbarung des Namens Gottes ist die »Ermöglichung des Gebetes«[70].
- Das Ausrufen des Gottesnamens beim Segen. Gottes Namen über jemanden ausrufen heißt »ihn in den Raum seiner Heilsherrschaft stel-

len«[71]. Die Leviten segneten mit dem Namen Jahwes (5. Mose 10,8); das gleiche tat der König (2. Sam 6,18). Die Priester legten den Namen Jahwes auf Israel (4. Mose 6,27).[72]

- In der Kraft des Namens Gottes kann der Mensch alle widergöttlichen Mächte von sich treiben. Gott ermöglicht es dem Menschen, »in der demütigen Anrufung seines Namens gegen die Mächte des Unheils und Unglücks anzugehen«[73].
- Der, der den Namen Gottes kennt, »hat den heiligen Auftrag und das hohe Recht, Gott voreinander und vor der Welt zu bezeugen«[74].

Das nach alttestamentlicher Zählung dritte Gebot ist das »Gebot der Treue zu seinem Namen als des wahrhaft ›Daseienden‹ durch das Verbot, diesen Namen auf irgendeinen magischen ›Wahn‹ zu ›tragen‹«[75].

Wie wir Menschen den Namen Gottes heiligen können, besingt Martin Luther mit den Worten:

»Geheiligt werd der Name dein,
dein Wort bei uns hilf halten rein,
dass auch wir leben heiliglich,
nach deinem Namen würdiglich.
Behüt uns, Herr, vor falscher Lehr,
das arm verführet Volk bekehr.«[76]

Das vierte Gebot

4

IV. Der heilige Tag

»Gedenke des Sabbattages, ihn zu heiligen. Sechs Tage wirst (kannst) du arbeiten und deine Arbeit verrichten, doch der siebte Tag ist ein Ruhetag dem Herrn, deinem Gott, da darfst du keinerlei Arbeit tun: weder du noch dein Sohn und deine Tochter, dein Knecht und deine Magd, dein Vieh und dein Gastfreund, der in deinen Toren ist. Denn sechs Tage lang schuf der Herr den Himmel und die Erde, das Meer und alles, was in ihnen ist. Und Er ruhte am siebten Tag. Deshalb segnete der Herr den Sabbattag und heiligte ihn.«
2. Mose 20,8-11 (nach Gradwohl)

»Der Sabbat ist um des Menschen willen da und nicht der Mensch um des Sabbats willen.« *Markus 2,27 (nach Menge)*

Unvergessen bleibt mir ein Kollege im Pfarramt. Er stand nahezu an jedem Sonntag auf der Kanzel. Er hatte bei Julius Schniewind promoviert und veröffentlichte neben seinem seelsorgerlichen Wirken zahlreiche theologische Werke, die mit aufwendigen Übersetzungsarbeiten verbunden waren. Die chronische Erkrankung seiner Ehefrau erlaubte es ihm bis zu seinem Ruhestand nie, einen Jahresurlaub außerhalb seiner Gemeinde zu verbringen. Ich fragte ihn einmal: »Wie können Sie dieses Arbeitspensum bewältigen?« Seine Antwort: »Ich hatte den Feiertag. Einen Tag in der Woche verbringe ich in der Stille. Ich mache lange Spaziergänge. An diesem Tag arbeite ich nicht.«

Das Gebot, einen Tag in der Woche Gott allein zu widmen, gab ihm unerwartete Kraft und Zuversicht. Für ihn konnte es auf Grund seines Berufes nicht der Sonntag, sondern einer der Wochentage sein.

1. Der Sabbat und der Sonntag

Die Betrachtung des Sabbatgebotes stellt zunächst dem christlichen Ausleger, der sich streng dem Wortlaut der Heiligen Schrift verpflichtet weiß, die Frage: Müsste nicht doch der Samstag, der siebte Tag der Woche, und nicht – wie bei den meisten Christen üblich – der Sonntag, der erste Tag der Woche, als Feiertag begangen werden?

(a) Der Streit um den Wochentag

Den immer wieder aufbrechenden Streit, Feiertag am ersten oder siebten Wochentag, gab es bereits zur Zeit des Apostels Paulus. Einige Christen in der Gemeinde in Rom beharrten darauf, den Feiertag am Sabbat zu begehen. An diesem Punkt lässt sich Paulus auf keinen Streit ein, sondern er sagt: Jeder möchte nach seiner eigenen Denkweise zu einem festen Standpunkt kommen (vgl. Röm 14,5). Das, worauf es ankommt, ist, dass der Feiertag begangen wird als ein Tag, der dem Herrn gehört (vgl. Röm 14,6). Paulus war sich dabei durchaus bewusst, dass die alttestamentlichen Ruhetagsvorschriften dem siebten Tag gelten. Der Begriff Sabbat selbst war aber damals und ist bis heute nicht anders zu übertragen als mit »Feiertag«[1]. Da es für das Wort Sabbat keine andere Übersetzungsmöglichkeit gibt, vertreten einige jüdische Gelehrte die Auffassung, dass das Wort Sabbat einer der Namen Gottes ist.[2]

Jeder der Gottesnamen kennzeichnet ein besonderes Handeln Gottes. Gottes Handeln aber ist für Christen nicht mit dem Alten Testament zum Abschluss gekommen. Zielpunkt alles Handelns Gottes ist die durch Jesus, den Sohn Gottes, vollbrachte Erlösung.

(b) Das Handeln Gottes am ersten Tag der Woche

Jesus ruhte wie einst der Schöpfer nach der Vollendung der Schöpfung nach dem Abschluss seines Erlösungswerkes in der Welt. Das Ruhen im Grab an einem Sabbat war jedoch nicht das Letzte. An einem ersten Wochentag, an einem Sonntag, hat Gott Jesus von den Toten auferweckt (Mt 28,1.6; Lk 24,1.6f.). Der Sonntag, der Tag der Auferstehung von Jesus, wurde zum Feiertag derer, die entschlossen waren, Jesus nachzufolgen. Im Russischen ist das Wort Sonntag und Auferstehung dasselbe.

(c) Die Feier des Sonntags zur Zeit des Neuen Testaments und in der Alten Kirche

Jesus hat die Sonntagsfeier nicht durch ein Gebot angeordnet, er ist den versammelten Jüngern jedoch zweimal als Auferstandener am ersten Tag der Woche erschienen (Joh 20,19.26). Dies haben die Christen der Urgemeinde ganz offensichtlich als Einsetzung des Sonntags zum Feiertag verstanden.

Paulus hat sich am ersten Tag der Woche mit den Christen von Troas zum Gottesdienst getroffen (Apg 20,7). In der Gemeinde in Korinth war es für die Christen ganz selbstverständlich, sich an jenem Sonntag zu versammeln. Paulus bittet die Christen in Korinth, sonntäglich eine Kollekte zu sammeln, um die verarmte Gemeinde in Jerusalem zu unterstützen (1. Kor 16,2). Seine Weihe und seinen Namen, »Tag des Herrn«, bekam der Sonntag durch die Offenbarung, die der erhöhte Christus Johannes zuteil werden ließ. Die große Schau all dessen, was kommen wird, erlebte Johannes auf der Insel Patmos an einem Sonntag, »am Tag des Herrn« (Offb 1,10). Der Sonntag ist der »Tag des Herrn«, wörtlich übersetzt: »der dem Herrn gehörende Tag«.

Bereits in der Alten Kirche wurde der Sonntag als Feiertag gefeiert. Der Gottesdienst an diesem Tag war das Fest der Auferstehung. Barnabas schrieb etwa 20 Jahre nach dem Tod des Apostels Johannes über den Sonntag: »Darum halten wir den achten Tag (= den ersten Wochentag) mit Freude, den Tag, an dem Jesus von den Toten auferstand« (Barnabas 15,9).[3] In dem Streit »Sabbat der Schöpfung« oder »Tag der Auferstehung« entschloss sich die frühe keltische Kirche im 6. Jahrhundert, an beiden Tagen, am Sabbat und am Sonntag, Gottesdienste zu halten und beide, den Samstag und den Sonntag, als Feiertage zu begehen.[4] Wer immer in der glücklichen Lage ist, im Rhythmus einer 5-Tage-Woche zu arbeiten, hat rein theoretisch die Möglichkeit, sowohl den Samstag als auch den Sonntag als Fest zu begehen. In der Praxis wird dies jedoch nur wenigen Menschen gelingen. Die Anforderungen des Alltags gehen weit über die beruflichen Aufgaben hinaus.

Das Feiertagsgebot ist das Gebot, ***einen*** Tag in der Woche als heiligen Tag zu begehen. Für Juden, für Adventisten und einige andere Gruppen ist dies nach wie vor der Samstag, für die Mehrzahl der Christen der Sonntag. Dabei gibt es für Juden und Christen Situationen, die ihren heiligen Tag an einem andern Wochentag begehen müssen. Wie das eingangs erwähnte Beispiel zeigt, trifft dies für alle Verkündiger des Evangeliums zu. Betroffen sind aber auch alle, deren Arbeitsrhythmus von der so genannten »rollenden Woche« bestimmt ist.

Die »rollende Woche« ist unvermeidlich für Mitarbeiterinnen und Mitarbeiter in sozialen Berufen. Kranke und Behinderte können und dürfen nicht unversorgt bleiben. In der Landwirtschaft kann das Füttern der Tiere nicht einfach ausgesetzt werden. In öffentlichen Versorgungsbetrieben muss es durchlaufende Arbeitszeiten geben. Gott wird einmal nicht danach fragen, welcher Tag unser Sabbat, unser Feiertag, war. Die Frage, auf die wir Rede und Antwort stehen müssen, ist, ob ich einen Tag in der Woche als Feiertag eingehalten und wie ich ihn inhaltlich gefüllt habe.

Die wesentliche Aussage des Sabbatgebotes sowie alle anderen biblischen Aussagen zum Feiertagsgebot beziehen sich schwerpunktmäßig auf die Inhalte des Feiertages. Wo immer in der Einzelauslegung des alttestamentlichen Feiertagsgebotes der Begriff Sabbat gebraucht wird, ist die Übersetzung des Wortes mit Feiertag mitzudenken.

2. Der Feiertag des Schöpfers

***»Sechs Tage lang schuf der Herr den Himmel und die Erde,
das Meer und alles, was in ihnen ist. Und er ruhte am siebten Tag.
Deshalb segnete der Herr den Sabbattag und heiligte ihn.«***

(2. Mose 20,11)

Der Sabbat selbst wird nicht durch das von Gott am Sinai gegebene Feiertagsgebot eingesetzt. Er ist keine neue Institution. Der Sabbat war vorhanden seit der Existenz des Menschen.[5] Der Sabbat war allen Israeliten bekannt, sodass das Gebot nur dazu auffordern musste, sich des Sabbats zu erinnern.[6] Der Sabbat ist der Tag des Schöpfers, und die Feier des Sabbats ist ein Bekenntnis zum Schöpfergott, »der diese Welt als seine gute Welt will, trägt und vollendet.«[7]

Das Ruhen Gottes am siebten Tag ist kein Sich-Erholen Gottes. Die Schöpfung hatte ihn sechsmal nur ein oder zwei Worte gekostet. Wenn es heißt: Gott ruhte, dann bedeutet dies, dass Gott, nachdem »er weltfreundlich aus ihr herausgetreten war«, sich wieder in sein »eigentliches Wesen«[8] zurückzog. Dieser Rückzug ist jedoch nicht als Abkehr von seiner Schöpfung zu verstehen. Seine von ihm geschaffene Welt und seine Menschen sind und bleiben ein Zeichen für Gottes »geheimnisvolle und gnädige Zukehr zu seiner Schöpfung«[9].

Für den Menschen ist der Sabbat »ein Ruhetag zu Ehren Gottes«[10], das heißt, die Sabbatruhe ist das sich wöchentlich wiederholende Bekenntnis, dass Gott allein der Schöpfer der Welt in allen ihren Teilen ist.[11] Wann immer ein Mensch den Feiertag einhält, ehrt er damit Gott, den Schöpfer der Welt und den Schöpfer seines eigenen Lebens.

Das alttestamentliche Wort für »ehren« hat die Grundbedeutung »schwer sein« im Sinne von jemanden oder etwas für bedeutsam halten.[12] Den Feiertag ehren heißt, diesem Gewicht verleihen, ihm die Stellung einräumen, die ihm zusteht.

Sowohl in der französischen als auch in der russischen Revolution war beabsichtigt, die Sieben-Tage-Woche aufzuheben und die Sonntage zu neutralisieren bzw. einzuebnen. Was in den großen Revolutionen nicht gelungen ist, vollzog sich fast unauffällig im industriellen Zeitalter. Die Folge der Schichtarbeit ist die »rollende Woche«. Die »rollende Woche« wird von nicht wenigen begrüßt, da sie das Freizeitvolumen in keiner Weise verengt, sondern durch das Ansammeln und Zusammenlegen freier Tage sogar vergrößert.

Für die Glaubenden des Alten Bundes darf der Sabbat nur bei Gefährdung von Gesundheit und Leben entweiht werden. Bis heute gilt für die Juden das Prinzip, das im Talmud, der jüdischen Auslegung des Alten Testamentes, lautet: »Lebensgefahr verdrängt den Sabbat.«[13] Zu den Grundsätzen des jüdischen Glaubens gehört, dass ein Gebot um des Menschen willen geopfert werden darf, aber nie ein Mensch um des Gebotes willen. In einem jüdischen Kommentar zum 2. Buch Mose heißt es: »Der Sabbat ist euch übergeben, nicht ihr dem Sabbat.«[14] In diesem Sinn erfüllen auch die Juden das Wort von Jesus: »Der Sabbat ist für die Menschen da« (vgl. Mk 2,27).

Was die Feier des Sabbats im Einzelnen bedeutet, ist bereits im ersten Wort des Feiertagsgebotes »Gedenke des Sabbats« (2. Mose 20,8a) enthalten.

Des Sabbats gedenken (hebräisch: *zāḵar*) heißt nicht nur, sich erinnern im Sinn der Rückerinnerung an etwas Vergangenes. Das hebräische Wort gedenken hat immer zugleich die Konsequenzen des Bedachten im Auge.

➤ **Gedenken** heißt »an etwas denken durch die Tat«[15]. Zu den Handlungen, die am Sabbat »geboten«[16] sind, gehören u.a. Opfer (4. Mose 28,9f.; Hes 46,12), Gebet (Ps 92,1) und das Studium der Lehre (2. Kön 4,23).

➤ **Gedenken** ist mehr als bloßes Ausspannen. Gedenken heißt Sammlung, das heißt, »der Mensch soll ›zu sich selbst‹ kommen und an seine Bestimmung erinnert werden«[17].

➤ **Gedenken** heißt, »für Gott und sein Wort Zeit haben, für Gott und sein Wort da zu sein«[18].

Dieser dreifache Sinn des Gedenkens macht den Sabbat, für den Christen den Sonntag, zu einem Tag der Heiligung, zu einem Tag ohne Arbeit, zu einem Ruhetag, der dem Herrn gehört.

(a) Ein Tag der Heiligung

»Gedenke des Sabbats, ihn zu heiligen.« *(2. Mose 20,8)*

In seiner Betrachtung zu dem Thema: Was ist der Sonntag? kommt der Schriftsteller Rupert Schützbach zu dem Ergebnis:

Sonntag
Das ist der Tag des langen Schlafens
Das ist der Tag des fetten Bratens
Das ist der Tag der Schwarzarbeit
Das ist der Tag des Autos und der vielen Kilometer
Das ist der Tag der Kleider und der Arenen
Der Tag der Bierleichen
Der Tag der Strohwitwen
Früher einmal war es
Der Tag des HERRN[19]

Wie der Sonntag wieder zu dem Tag des Herrn werden kann, wird im Gebot der Feiertagsheiligung mit dem der Alltagssprache fremd gewordenen Wort »heiligen« zum Ausdruck gebracht. Das biblische Wort »heiligen« hängt zusammen mit dem Wort heilig, einem der bedeutendsten Worte des Alten Testamentes. Heilig ist mehr als alle anderen Worte ein Zeichen für das Geheimnis und die Majestät Gottes. Bei der Schöpfung hat Gott keinen heiligen Ort, keinen heiligen Berg oder eine heilige Quelle geschaffen, sondern es war ein Tag, den er heilig erklärte, der Sabbat.[20] Deshalb erwartet Gott vom Menschen, dass er diesen Tag heiligt.

Den Sabbat heiligen (hebräisch: *qadaš*) heißt so viel wie: den Feiertag »heilig zu halten«[21]. Überträgt man das Wort heilig mit »getrennt, abgesondert von der Umgebung, verschieden«[22], so heißt den Feiertag heiligen, diesen »für Jahwe auszusondern«[23]. Der Feiertag ist ein Tag des »Eigentums Jahwes«[24].

Versteht man unter heiligen einen »Akt des Weihens, Hingebens, Widmens«[25] an Gott, so besteht die Feiertagsheiligung darin, sich Gott an diesem Tag in besonderer Weise zur Verfügung zu stellen.[26]

Am Feiertag soll der Mensch frei sein »für die Mitte – für Jahwe«[27]. Der Mensch soll an diesem Tag allein Gott dienen. Jeder Atemzug seines Lebens soll Gott gehören.[28]

Der Feiertag »ist nicht abgesehen von uns heilig; er ist heilig für uns«[29]. Für Christen beginnt der Sonntag mit dem Gottesdienst, mit dem »bereitwilligen und ehrfürchtigen Hören«[30] des Wortes Gottes. Gottes Wort ist vom Tag der Schöpfung an eine wirkende und schaffende Macht. Gott will durch sein verkündigtes Wort den Menschen neu schaffen, das heißt erneuern für die anderen Tage der Woche.[31] Der Verzweifelte erhält Trost, der Kranke neue Kraft, der Resignierte Perspektiven, dem Schuldiggewordenen, der seine Schuld bereut, wird die Vergebung zugesprochen! Wo dies nicht mehr geschieht, wird der Feiertag *ent*heiligt. »Die Entheiligung des Feiertages beginnt mit dem Verfall der christlichen Verkündigung. Sie ist also in erster Linie die Schuld der Kirche und insbesondere der Amtsträger. So geht die Erneuerung der Feiertagsheiligung von der Erneuerung der Predigt aus.«[32]

(b) Ein Tag ohne Arbeit

»Sechs Tage wirst (kannst) du arbeiten und deine Arbeit verrichten.«
(2. Mose 20,9)

In allen Fällen, bei denen es um die Erhaltung von Gesundheit, um den Schutz des Lebens und um die Verkündigung des Wortes Gottes geht, ist auch für die Christen der Sonntag nicht arbeitsfrei.

Auf einem anderen Blatt steht die industrielle Vernichtung des Sonntags, begründet mit Schlagworten wie Rentabilität der Produktion, Rationalisierung, Automatisierung u. ä. m. Eine neue Form der Umwidmung des Sonntags in einen Arbeitstag ist die Einführung des so genannten »verkaufsoffenen Sonntags«.

Am Montag nach dem ersten verkaufsoffenen Sonntag widmete die Cellesche Zeitung diesem so genannten »Jahrhundertereignis« eine ganze Seite:

- Familien werden wieder zusammengeführt – alle gingen gemeinsam einkaufen.
- Kinder hatten wieder Freude daran, mit ihren Eltern etwas zu unternehmen.
- Ehepaare sahen einander wieder an, denn sie hatten fernsehfrei.
- Die Angestellten bekamen etwas mehr Geld – und vor allem freie Tage in der Woche.

In der Kirche »Zum Guten Hirten« in der Lobetalarbeit lasen wir in stillem Gedenken und ohne Kommentar an diesem Sonntag das Gebot Gottes zum Feiertag.

Das Gebot, den Feiertag zu heiligen, hat zur Voraussetzung, dass es für jeden Menschen einen Tag in der Woche ohne Arbeit gibt. Der Tag ohne Arbeit bedeutet keine Herabsetzung der Arbeit. Gott selbst hält die Würde der Arbeit hoch.[33] Die Zehn Gebote enthalten kein ausdrückliches Gebot zu arbeiten, aber ein Gebot, von der Arbeit zu ruhen[34]. Zur Arbeit beauftragte Gott den Menschen bereits bei der Schöpfung.[35]

Die Arbeit ist etwas Selbstverständliches, »aber Gott weiß, dass das Werk, das der Mensch tut, über ihn eine solche Gewalt gewinnt, dass er von ihm nicht mehr lassen kann, dass er sich von seinem Tun alles verspricht und darüber Gott vergisst«[36]. Darum fordert Gott den Menschen immer wieder auf, am Sabbat zu ruhen.[37]

Das Sabbatgebot wendet sich gegen alle, die aus der Arbeit eine Religion machen.[38]

Es gibt Zeiterscheinungen, die nur mit neuen Wortschöpfungen beschrieben werden können. Dazu zählt der Begriff Workalkoholismus, abgeleitet von dem englischen workaholic. Ein Workaholic ist ein Mensch, der unter dem Zwang steht, ununterbrochen arbeiten zu müssen.[39] Die Arbeit ist seine Religion.

- Er verspricht sich alles von seiner Arbeit.
- Arbeit ist sein ganzes Leben.
- Er vergisst über seiner Arbeit seine Familie, seinen Nächsten, sich selbst und Gott.

Den Sabbat feiern heißt Abstand nehmen von der Arbeit.[40] Am Sabbat, am Feiertag, tut der Mensch nur das Unerlässliche. Wann immer ein Christ an einem Sonntag arbeiten muss, hat dies Konsequenzen, die nur schwer zu bewältigen sind:

- ***Der wechselnde Feiertag*** isoliert den Glaubenden von der den Gottesdienst feiernden Gemeinde. Wo die gleitende Arbeitswoche – gleich ob berechtigt oder unberechtigt – den Terminkalender bestimmt, muss die Kirche im Angebot von Gottesdiensten elastischer und mobiler werden.[41]
- ***Der wechselnde Feiertag*** zerreißt Kommunikation in Familien und im Bekanntenkreis. Die gleitende Arbeitswoche »zerstört Gemeinschaften, in denen menschliche Personalität allein gedeihen kann«[42].

Den Feiertag heiligen heißt dem Menschen wieder einen Sonntag geben. Peter Rosegger fasst dies in die Worte:

»Gib der Seele einen Sonntag und dem Sonntag eine Seele.«[43]

(c) Ein Ruhetag, der dem Herrn gehört

»Der siebte Tag ist ein Ruhetag dem Herrn.« *(2. Mose 20,10a)*

Das Ruhen, zu dem das Feiertagsgebot auffordert, ist kein blindes Ruhen »als bloß reagierendes Abschalten gegenüber der Anstrengung der Werktage«[44]. Da Letzteres nur wenigen Menschen gelingt, hat sich eine Freizeitindustrie mit ganzen Katalogen von organisierten Angeboten entwickelt.

Die freie Zeit wird bis in die letzte Stunde hinein belegt. Es sind die »rituell wiederkehrenden Tätigkeiten«[45]: Sport am Sonntagvormittag, Ausflugsreisen, Lokalbesuche, Fernseh- und Videoprogramme, Clubabende und Gliederung der Zeit durch Hobby jeder Art.

Durch diese und ähnliche Angebote wird der Sonntag anstrengender als jeder Alltag. Die so genannten Freizeitangebote am Sonntag sind nichts anderes als Ersatzangebote, die die Zeit fremd belegen. Die verfügbare Zeit ist so verplant, dass keine Zeit mehr für den Gottesdienst bleibt.

Das Ruhen, zu dem das Feiertagsangebot einlädt, ist nicht Freizeitbeschäftigung, auch kein »süßes Nichtstun, sondern die schöpferische Ruhe ›in der Ruhe Jahwes‹«[46]. Am Feiertag nicht arbeiten heißt noch nicht, den Ruhetag als einen Tag zu begehen, der dem Herrn gehört.[47]

Die freie Zeit, die durch die Feiertagsruhe gegeben ist, ist nicht nur eine »Freizeit von etwas«, sondern zugleich eine »Freizeit zu etwas«[48]. Wird die freie Zeit nur als Freizeit von der Arbeit verstanden und gelebt, so stellt sich bald Langeweile ein. Da keine Leistung gefordert und erbracht werden muss, kommt es zu einem Vakuum, einer Leere. »Alltags wird man angefangen, sonntags fängt einem niemand an und man weiß nicht, was man anfangen soll.«[49] Die verfügbare Zeit wird zur leeren, ungestalteten Zeit. Es gibt eine regelrechte »Sonntagsneurose, eine Depression, welche jene Menschen befällt, die der Inhaltsleere ihres Lebens bewusst werden, wenn am Sonntag die wöchentliche Betriebsamkeit nicht existiert und das existenzielle Vakuum in ihnen aufbricht«[50].

Das Ruhen am Feiertag ist nicht Schlafen und Nichtstun. »Die Arbeitsruhe hat als ihren wichtigsten Zweck die Befreiung zum Gottesdienst.«[51] Dabei lässt das Mitansehen oder Mitanhören eines Gottesdienstes in den Medien den Einzelnen allein. »Wer sich nicht als Glied der Gemeinde einordnet, steht in der Gefahr, nicht mehr Gott zu dienen, sondern seinen eigenen Gefühlen und Stimmungen.«[52]

»Die Feiertagsruhe ist die unerlässliche Voraussetzung für die Feiertagsheiligung. Die Feiertagsheiligung ist der Inhalt der Feiertagsruhe.«[53]

Der Sabbat soll für den Menschen nicht ein Tag des »Machens«, auch nicht des Ruhe- und Freizeitmachens sein, sondern ein Tag der Schöpfung. Der Feiertag ist ein Tag, »an dem der Mensch sich von Jahwe neu ›schaffen‹ lässt, eben erneuern lässt für die andern Tage der Woche«[54].

Der Sabbat steht nicht isoliert im Raum. Der Sabbat braucht die Gemeinschaft mit allen anderen Tagen. »Alle Tage der Woche müssen in geistiger Übereinstimmung mit dem Tag der Tage sein. Unser ganzes Leben sollte eine Pilgerfahrt zum siebten Tag sein.«[55] Der Sabbat ist ein Mitfeiern jenes großen Schöpfungsfestes, mit dem Gott sein Werk vollendete.[56] »Die Feiertagsruhe ist ein sichtbares Zeichen dafür, dass der Mensch aus der Gnade Gottes und nicht aus Werken lebt.«[57]

Um für Gott da zu sein, muss der Mensch aus dem gewohnten Arbeitsbetrieb treten. Indem sich der Mensch am Sabbat ganz Gott zuwendet, verliert er seinen Nächsten nicht aus den Augen. Die alttestamentliche Sabbatfeier charakterisiert Martin Buber mit den Worten: »Indem man zu Jahwe kam, kam man zueinander.«[58]

Diese Erkenntnis Martin Bubers geht von der Erfahrung aus, dass Menschen nur selten direkt zueinander finden.

Der Direktbezug von Mensch zu Mensch ist überschattet von den Fehlern und Schwächen, die jeder Einzelne hat. Jeder sieht nur das, was der andere mehr hat. Es kommt zu Neid. Es gibt keine menschlichen Kontakte, bei denen nicht der eine am anderen schuldig wird. Es kommt zum Streit. Eine Direktbeziehung zwischen Mensch und Mensch zerbricht früher oder später.

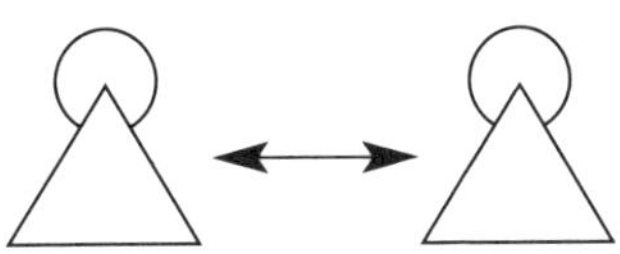

Daraus folgert Martin Buber:

Der Weg zum andern braucht einen Umweg, der sich als Direktweg erweist. Es ist der Weg über Gott. Bevor ich mit oder über einen anderen rede, spreche ich zuerst mit Gott. Ich stelle mich den Fragen: Wie sieht Gott den anderen? Was denkt Gott über den anderen? Und was hat er mit ihm vor? Dabei erkenne ich, dass Gott den anderen genauso liebt wie mich – trotz seiner Fehler und Schwächen, an denen ich Anstoß

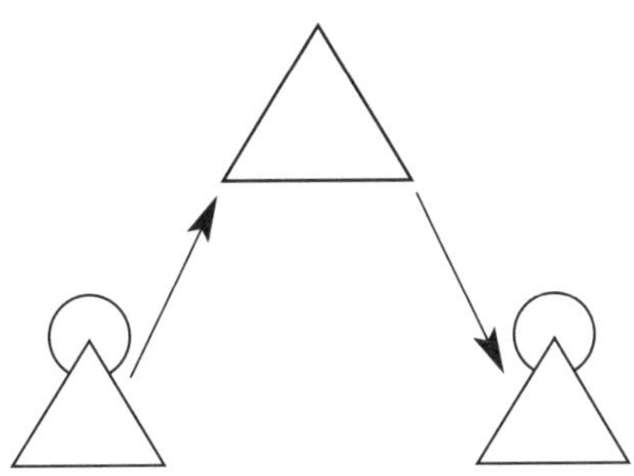

nehme. So wird der vermeintliche Umweg über Gott zum Direktweg zum anderen.

3. Der Feiertag für alle Geschöpfe

»Da darfst du keinerlei Arbeit tun: weder du noch dein Sohn und deine Tochter, dein Knecht und deine Magd, dein Vieh und dein Gastfreund, der in deinen Toren ist.« *(2. Mose 20,10b)*

Da am Feiertag Gott der Bezugspunkt ist, sind alle seine Geschöpfe mit einbezogen, der Knecht, die Magd, das Vieh und der Gastfreund, dass heißt der, der zwar ein Nichtisraelit ist, dem Jahweglauben aber offen gegenüber steht.[59] Sie alle sollen an diesem Tag Atem holen können. Hier tritt der »sozialethische Gesichtspunkt«[60] des Sabbats hervor.

Die gesamte Aufzählung derer, die gemeinsam den Sabbat feiern, ist die Zahl Sieben, auf der der Sabbat gründet.[61] Dabei ist mit dem »du«, das an erster Stelle steht, die Frau des Hauses mit einbezogen. Nur ein christlicher Ausleger kann auf die Idee kommen, als ließe das Sabbatgebot die Mutter des Hauses aus.[62] Da für die Israeliten der Sabbatgottesdienst seine Fortsetzung in der Familie findet, ist es die Aufgabe der Mutter, aus jedem Haus ein Heiligtum zu machen.[63] Es ist die Mutter, die die Sabbatkerzen entzündet, und sie kann deshalb sogar »ein Engel des Lichtes«[64] genannt werden.

Durch die Sabbatruhe und die Sabbatheiligung wird jeder Mensch zum Mitmenschen. Durch den Sabbat brechen die sozialen Schranken, die während der Arbeitswoche zwischen dem Herrn und seinen Mägden, Knechten und Gastfreunden bestehen. »Am Sabbat gibt es keine Arbeitgeber und keine Arbeitnehmer mehr, keine Herren und keine Knechte, es gibt nur noch freie Menschen – frei für Gott, frei für sich und den Nebenmenschen.«[65]

Mit in die Sabbatfeier einbezogen sind auch die Tiere.[66] Darf der Mensch den Tieren das Futter nicht verweigern (5. Mose 25,4), so ist es Gott, der sich auch über die Tiere erbarmt (Jona 4,11).

Zu den Kennzeichen eines Christen gehört:

➤ Wie geht er mit den ihm nachgeordneten und in gewissem Sinn von ihm abhängigen Menschen um? Ist er einer, der wie ein Radfahrer nach oben buckelt und nach unten tritt? Oder aber ist er seinen Vorgesetzten gegenüber geradlinig und loyal und stellt sich gleichzeitig vor seine Nachgeordneten und übernimmt die Verantwortung für deren Fehler und Versäumnisse?

- Wie verhält er sich gegenüber der Kreatur? Lässt er an Tieren seine Wut und unbewältigten Probleme aus, oder ist er ihr Hüter und Pfleger?

4. Der Feiertag, ein Stück bereits erlebte Ewigkeit

Der Sabbat, der siebte Schöpfungstag, hat eine unendliche Perspektive. Jeder Schöpfungstag, das heißt jede Schöpfungsepoche, schließt mit der Formulierung: »Und es wurde Abend, und es wurde Morgen« (1. Mose 1,5.8.13.19.23.31). Diese sechsmal wiederkehrende Feststellung in der Schöpfungsgeschichte fehlt beim Sabbat. Der Sabbat ist als einziger nicht begrenzt. Der Sabbat hat eine unendliche Dimension.[67] »Er schließt die Weltschöpfung ab und währt, nachdem er am Schluss der Weltgeschichte zum Sabbat der Kreatur geworden, immer und ewig.«[68] Auf den Schöpfungssabbat folgt nach dem Ende dieser Welt der »Weltsabbat«[69]. Der vom Schöpfer geheiligte siebte Tag ist ein Symbol der Ewigkeit. »Das Wesen der zukünftigen Welt ist ewiger Sabbat, und der siebte Tag in der Zeit ist eine Probe der Ewigkeit. Der siebte Tag hat die Atmosphäre des siebten Himmels und wurde als Vorgeschmack der zukünftigen Welt gegeben.«[70] Gott, der Schöpfer, hat das, »was dem Menschen im zeitlichen Wohltun sogar nötig sein wird, ja das, was ihn einmal eschatologisch im Ewigen aufnehmen wird, ... schon bei der Schöpfung zubereitet«[71]. Es ist die Vorbereitung »eines hohen, ja eigentlich des letzten Heilsgutes«[72].

Nach jüdischer Auffassung ist der Sabbat etwas wie die Ewigkeit oder die zukünftige Welt. Folglich erfährt der, der den Sabbat feiert, ein Siebtel seines Lebens als Paradies.[73] Die Heiligung des Sabbats ist für die Juden nicht nur ein Vorgeschmack der Ewigkeit, sondern auch die Voraussetzung dafür, einmal in der ewigen Herrlichkeit zu leben.

Rabbi Solomon von Karlin (†1792) fasst dies in die Worte: »Wenn man nicht lernt, den Sabbat zu schmecken, solange man in dieser Welt lebt, wenn man nicht lernt, die Ewigkeit zu lieben, wird man den Geschmack der Ewigkeit in der zukünftigen Welt nicht genießen können.«[74]

Jeder Sabbat in dieser Zeit ist ein »Nachklang des ersten und ein Schaffen des letzten Sabbats«[75].

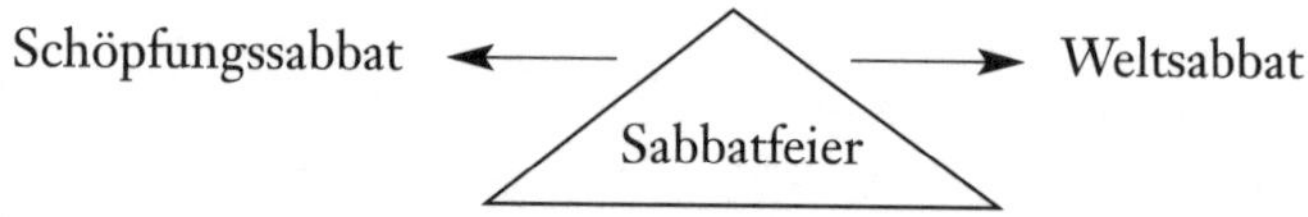

Der Sonntag ist wie der Sabbat ein Nachklang auf den Schöpfungssabbat, aber mehr noch als der Sabbat die Vorfreude auf den Weltsabbat.

Die Offenbarung des Johannes zeigt, dass das Wirken von Jesus nach seiner Rückkehr in das Reich des Vaters nicht aufhört. »Vom menschlichen unvollkommenen Wirken befreit, soll das Volk Gottes das vollendete und reine Werk Gottes anschauen und an ihm teilhaben.«[76] Von der Feier des Weltsabbats spricht die Offenbarung des Johannes an mehreren Stellen (Offb 4,8ff.; 5,8ff.; 11,15ff.). An ihr haben die Engel um den Thron Gottes und des Lammes und die Ältesten und alle Kreatur teil (Offb 5,11.13). An dieser Feier werden alle teilhaben, die aufgenommen werden in die Herrlichkeit. »Und jeder Gottesdienst der Gemeinde, in dem wir mit allen Engeln und Erzengeln und dem ganzen Heer der himmlischen Herrscharen den Lobgesang singen, lässt uns hier schon teilnehmen an der ewigen Sabbatfeier.«[77]

5. Der ganz andere Tag

Im Alten Testament ist der Feiertag, der Sabbat, ein Tag der Freude. Für Juden gilt für den Sabbat das für alle Hauptfeste des Jahres gegebene Gebot: »Du sollst fröhlich sein!« (vgl. 5. Mose 16,11.14).

Wie dies ihren Glauben praktizierende Juden in die Tat umsetzen, erlebte ich im Haus meines jüdischen Freundes in Jerusalem. Für ihn war der Sabbat ein Tag der Freude. Damit die Freude diesen Tag bestimmte, folgte er vier Regeln, die in der jüdischen Tradition ihre Wurzeln haben:

(a) Keiner darf während eines Sabbats eine traurige Mitteilung oder eine deprimierende Botschaft vermitteln

Fasten, Trauern und Zeichen des Kummers sind verboten. »Es ist eine Sünde, am Sabbat traurig zu sein.«[78]

Es war in der Nacht des so genannten »großen Sabbats« im Verbund mit dem Passafest. In der Familie, mit der ich diese Nacht feierte, war ich der einzige Christ, dem das Recht zugestanden wurde, alles zu fragen, was ich nicht verstand. Die einzige Regel, die mir zu befolgen aufgetragen wurde, war: In dieser Nacht darf nichts Trauriges erzählt werden. Es war ein frohes Fest. Es wurden nicht nur religiöse Gesänge, sondern auch Volks- und Kinderlieder angestimmt. Unvermittelt fragte eine Jüdin aus Holland, die ebenfalls zu Gast war, den Hausherrn: »Hast du schon gehört, dass unser Rabbi Aaron gestorben ist?« Der Hausherr legte sein Besteck zur Seite. Es herrschte eisiges Schweigen. Etwas Trauriges war gesagt, und damit war der Sabbat entweiht. Um die Situation zu retten, fragte der Hausherr: »Wie alt war euer Rabbi?« »87 Jahre«, war die Antwort. Das Gesicht des Hausherrn entspannte sich. Er sagte: »Ist es nicht ein schönes Alter? Er starb alt und lebenssatt. Sein Tod ist keine traurige Nachricht, wir können weiterfeiern!«

(b) Der Sabbat ist nicht die Zeit für persönliche Sorgen und Ängste

Alles Sich-Grämen und Sorgen hat am Sabbat auszusetzen. »Gebiete auch dem Denken an deine Arbeit Stillstand.«[79] Wie anders würden auch unsere Sonntage aussehen, wenn wir keine Gedanken an den Montag, an die Last der Arbeitswoche, an die Probleme und Konflikte, die am nächsten Tag wieder beginnen, zulassen würden!

(c) Am Sabbat darf es kein Murren, kein Klagen und Sich-Beklagen geben[80]

Jeder soll dem andern am Sabbat nur Gutes sagen und Gutes erweisen. Eine Übertragung dieses Grundsatzes auf den Sonntag baut die Spannung zwischen Ehepartnern und zwischen Eltern und Kindern ab. Wie oft unterbleibt es während der Woche, dass wir unserem Ehepartner und unseren Kindern das sagen, was uns an ihnen gefällt und warum sie uns wertvoll sind.

(d) Der Sabbat widmet sich nicht ausschließlich geistlichen Zielen

Er ist ein Tag für Seele und Leib. Luxus und Freude sind Bestandteile der Sabbatfeier. »Die Seele kann nicht alleine feiern, darum muss der Leib eingeladen werden, an der Freude des Sabbats teilzunehmen.«[81] In dem jüdischen Kommentar zum 5. Buch Mose heißt es: »Heilige den Sabbat durch gute Mahlzeiten, durch schöne Kleider, erquicke deine Seele mit Freude, und Ich will dir eben diese Freude lohnen.«[82]

Mit diesen und ähnlichen Empfehlungen würde auch der Sonntag zu einer mit Freude erfüllten Zeit.

Das Gebot, den Feiertag zu heiligen, nimmt innerhalb der Gebote schon rein von seinem Umfang her eine Sonderstellung ein. Ihm ist ungefähr ein Drittel des Textes der Zehn Gebote gewidmet.

Dem christlichen Ausleger des Feiertagsgebotes will es schwer in den Sinn, dass dieses Gebot in gleicher Weise neben dem Verbot des Götzendienstes oder dem Verbot des Tötens steht, »dass der Übertreter dieses Gebotes sich nicht weniger schuldig macht als der Spötter seiner Eltern, der Dieb, der Ehebrecher, der Verleumder«[83]. Besonders hart und schwer zu verstehen ist es, dass auf »vorsätzlich begangene Sabbatentweihung«[84] die Todesstrafe steht.[85] Dazu kommt, dass Jesus die Sabbatgesetze, wie sie zu seiner Zeit praktiziert wurden, durchbrochen hat.[86]

Die Rabbinen zur Zeit von Jesus hatten die Sabbatbestimmung bis zur Absurdität verschärft. Sie hatten den Menschen zum Sklaven des Sabbats gemacht. Gegen solche »unsinnigen Forderungen«[87], nicht gegen das Sabbatgebot an sich, geht Jesus an. Jesus durchbrach die jüdischen Gesetze der Sabbatruhe nicht, um das Sabbatgebot »aufzuheben« (vgl. Mt 5,17), sondern »um der wahren Heiligung des Sabbats willen«[88].

Eine Zusammenfassung dessen, was von biblischer Seite her über den christlichen Sonntag gesagt werden kann, findet sich im Gebet der Tageszeiten, dem Morgenlob am Sonntag:

»Den Tag des Herrn lasst uns, liebe Brüder und Schwestern, mit heiligem Dienste begehen. Erschienen ist der Tag der Sonne, der Tag des wahren Lichtes, der Tag, da Christus, das Leben, erstand von den Toten. Lasset uns Gott dem Vater Lob und Dank sagen. Lasset uns ihn bitten, er wolle an diesem Tag uns Frieden und Freude gewähren durch die Kraft der Auferstehung des Herrn, dass wir uns freuen der Tat des Erlösers vom ersten Morgenlied bis zur Ruhe der Nacht.«[89]

Den Feiertag heiligen, den Sonntag feiern kann nur der, für den die Auferstehung von Jesus eine unerschütterliche Tatsache ist. Jedes Fest – so auch der Sonntag – braucht einen Anlass! Wer zum Beispiel an dem Festanlass des Sonntags, wer an der Auferstehung von Jesus zweifelt, kann den Sonntag nicht mehr feiern. Ein Fest ohne die Tatsache, die das Fest begründet, ist nicht mehr als ein Ringen um Stimmung an einem arbeitsfreien Tag.

Mit dem Feiertagsgebot beginnt eine neue Sinneinheit in der Abfolge der Zehn Gebote. Ging es in den ersten drei Geboten um die uneingeschränkte Herrschaft des einen Gottes, so handeln die beiden nun folgenden Gebote von der von Gott gewährten Kontinuität der Zeit, von der »nie abbrechenden Folge der Weihe« und der »nie abbrechenden Folge der Überlieferung«[90].

Das fünfte Gebot

5

V. Die Eltern und ihre Kinder

»Ehre deinen Vater und deine Mutter. So werden lange sein deine Tage auf dem Boden, den der Herr, dein Gott, dir gibt.«

2. Mose 20,12 (nach Gradwohl)

»Wenn jemand zu mir kommt und nicht seinen Vater und seine Mutter ... hasst, so kann er nicht mein Jünger sein.«

Lukas 14,26 (nach Menge)

»Wer zu seinem Vater oder zu seiner Mutter sagt: Geweiht ist, was immer dir von mir zu Nutzen werden sollte, niemals ehrt dieser seinen Vater oder seine Mutter.«

Matthäus 15,5-6 (nach Grundmann)

Es war Anfang der 90er-Jahre: Ich bereitete mich auf zwei Vorträge auf einer großen überregionalen Glaubenskonferenz vor. Das Thema war Hiob. Da erreichte mich ein anonymer Brief, in dem es heißt:

Können Sie nicht einmal über den zweiten Teil des fünften Gebotes predigen? Auch und gerade den wahren Gläubigen der so genannten Gemeinschaften, die ständig auf der Überholspur leben, doch mit uns überhaupt nicht reden. Immerzu wird von Liebe geredet, doch die, die mit ihrer Sexualität nicht fertig werden, werden gleich in die Hölle gesteckt. Dabei sind wir meist ein Produkt versagender Väter und Mütter in Christus. Wir gehen jetzt raus von den Evangelikalen. Zu viel Unehrlichkeit und Herrschsucht von vollmächtigen Jesushelden! Bei Hiob gab es wenigstens ein Happy End, aber das hilft uns auch nichts. Sag doch was! Unterschrift: *›Utsu Semi‹ – und die verstummten Opfer der obigen.*

Ich verlas den Brief auf der Glaubenskonferenz und nahm dazu Stellung. Kurze Zeit später kam die Antwort mit dem Absender ›Utsu Semi‹: *Danke, dass Sie mutig sensibel was gesagt haben. Wenns einem mal fünf Minuten gut geht, ist man ja schon wieder auf dem breiten Weg oder in der achten Kolonne oder was es sonst gibt. Unsere krankhaften Tyrannen fragen die eigenen Kinder nie, wie es ihnen geht, nur andere Leute.* Unterschrieben waren die Zeilen: *Wir können uns nicht verraten, sonst lachen uns alle aus. ›Utsu Semi‹*

Es ist sicher ein extremes Beispiel – und doch ist der Prozentsatz der Kinder erschreckend hoch, die mit Wut, Hader, Vorwürfen und Anklagen gegen ihre Eltern durchs Leben gehen. Sie stehen in der Gefahr, darüber seelisch krank zu werden. Von einer Mutter, die diese Zusammenhänge erkannte, stammt der Satz: »Das Beste, was wir unseren Kindern für die Zukunft bieten können, ist ein guter Psychotherapeut.«[1]

Psychotherapeuten berichten, dass neun von zehn Klienten ihre Eltern kritisch sehen. Daraus können zwei sich widersprechende Schlussfolgerungen gezogen werden:

- Eltern haben in ihrer Erziehung so vieles falsch gemacht, das ihre Kinder daran seelisch erkrankt sind.
- Seelisch kranke Menschen sind »mit überragender Häufigkeit Personen, die ihre Eltern ablehnen, ihnen die Fehler, die sie wie alle Eltern mehr oder weniger begangen haben, nicht verzeihen und ihnen grundsätzlich die Schuld für ihr eigenes Versagen und ihre Versäumnisse in die Schuhe schieben«[2].

Elisabeth Lukas, klinische Psychologin und Schülerin Viktor Frankls, vertritt mit Recht die letztere Position. Für sie ist das Gebot »Ehre deinen Vater und deine Mutter« einmal ein Liebesangebot für Eltern, zum andern aber gleichzeitig ein Liebesangebot für Kinder. Denn den Kindern, nicht den »geehrten Eltern« gilt die Zusage, dass es ihnen gut gehen möge, dass sie »beschützt sein mögen vor unnötigem Gram und Schmerz und entbunden werden mögen von den Hypotheken ihrer Herkunft«[3]. Diese Erkenntnis sammelte Elisabeth Lukas in 25-jähriger psychotherapeutischer Praxis, in der sie mehreren Tausend Klienten zugehört hat. Ihre Schlussfolgerungen haben jedoch nicht nur für seelisch Kranke Bedeutung, sondern für alle, die unter dem Generationskonflikt leiden.

1. Das Gebot und seine Verheißung

Mit dem Elterngebot kommt weder die ältere noch die jüngere Generation ohne weiteres zu Recht.

Die jüngere Generation befürchtet durch das Elterngebot, nie aus der Unmündigkeit und Abhängigkeit entlassen zu werden. Nicht wenige Kinder mussten erleben, wie ihr Wille durch die Eltern gebrochen und sie zum Kadavergehorsam gezwungen wurden. Betagte Eltern erwarten oft noch von ihren erwachsenen Kindern, die inzwischen verheiratet und selbst Mütter und Väter von Kindern sind, bedingungslosen Gehorsam.

Eine solche Haltung nennt Jean-Jacques Rousseau (1712–1778) in seinem Erziehungsprogramm mit Recht unsittlich. In der Entfaltung dessen, was er unter Erziehung versteht, verfällt Rousseau in das andere Extrem. Die Art der Erziehung zur Mündigkeit, die Rousseau vertritt, endet in Rücksichtslosigkeit und Bindungslosigkeit. Er gibt u. a. die Empfehlung: Lasst die Kinder ruhig Fensterscheiben zerschmeißen. Aus dem Frieren werden sie schon selbst lernen![4]

Die ältere Generation musste erleben und erleiden, wohin die vielfältigen Programme der so genannten antiautoritären Erziehung führen. In den Zimmern mit den eingeworfenen Fensterscheiben leben nicht nur Kinder, sondern auch die Eltern. Sie frieren mit! Sie müssen die Scheiben bezahlen! Sie haben dafür zu sorgen, dass die »kleinen Werfer« keine Lungenentzündung bekommen! Solche Erfahrungen sind jedoch nur der Anfang. Am Ende stehen »die Abgründe der völligen Bindungslosigkeit«[5] und Bindungsunfähigkeit.

Die ältere Generation ist gespalten. Einerseits ist ihr die Verantwortung für ihre Kinder bewusst, andererseits wissen die Eltern auch, dass es der Sinn der Erziehung ist, die nächste Generation zur Selbstständigkeit zu führen.

Die Verunsicherung der jüngeren und älteren Generation hat in den meisten Fällen ihren Grund in einem einseitigen und damit falschen Verständnis des Gebotes von der Ehrung der Eltern. Das Elterngebot ist sowohl ein Gebot für Kinder als auch für Eltern. Es ist das einzige Gebot, »das eine Verheißung hat« (Eph 6,2), und diese Verheißung gilt nicht den geehrten Eltern, sondern den Kindern.

Das Elterngebot ist deshalb nicht zu vergleichen mit zwei schützend um einen Mittelpunkt (= die Eltern) gezogenen Kreis, sondern mit einer Ellipse. Eine Ellipse hat zwei Brennpunkte.

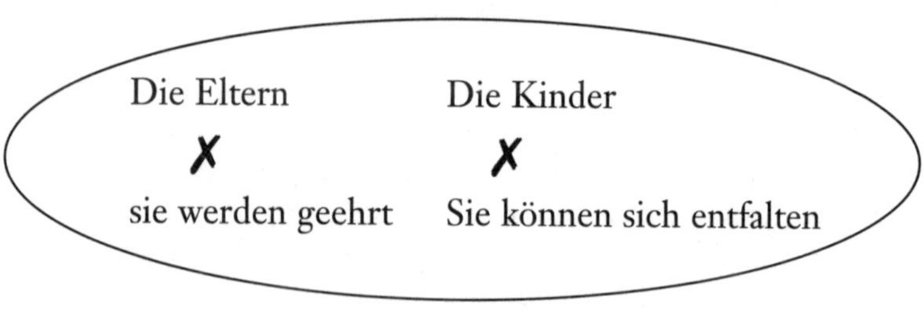

Der eine Brennpunkt ist das an die Kinder gerichtete Gebot, die Eltern zu ehren. Der zweite Brennpunkt ist die Verheißung. Sie ist eine Herausforderung für die Eltern. Den Kindern werden lange Tage zugesagt in einem Lebensraum, den Gott der Herr schaffen wird. Dieser Verheißung dürfen sich die Eltern nicht entgegen stellen. Sie haben viel mehr dafür zu sorgen, dass sich die Kinder in dem ihnen von Gott zugesagten Lebensraum entfalten und mündig leben können.

2. Das Gebot zum Schutz der Eltern

»Ehre deinen Vater und deine Mutter.« ***(2. Mose 20,12a)***

Vater und Mutter haben unter allen Menschen eine Sonderstellung.[6] Die Beziehung der Eltern zu den Kindern und der Kinder zu den Eltern ist die »engste personale Bindung zwischen Menschen«[7].

Vater und Mutter stehen im Gebot der Elternehrung gleichrangig nebeneinander.[8] Beide zusammen sind sie durch Zeugung und Empfängnis »Partner des Schöpfers«[9] oder – anders ausgedrückt – »Schöpfungsträger«[10]. Durch Vater und Mutter haben Kinder ihr natürliches Dasein. Kinder finden Vater und Mutter als unabänderliche Tatsache vor. »Kein Kind kann sich seinen Vater oder seine Mutter auswählen, und kein Kind kann Vater oder Mutter je wieder loswerden.«[11] Schon deshalb ist das Elterngebot nicht nur Gebot für Kleinkinder und Unmündige, sondern in gleicher Weise auch für Erwachsene.[12] Das Elterngebot gilt über das Grab hinaus.[13]

(a) Die Autorität von Vater und Mutter

Mit dem alttestamentlichen Wort für Vater (hebräisch: *ʿab̲*) wird nicht nur die direkte Verwandtschaft zwischen Vater und Sohn zum Ausdruck gebracht, sondern immer zugleich auch die Autorität des Vaters.[14] Die Autorität des Vaters und gleicherweise auch die der Mutter ist, da sie nicht Schöpfer ihrer Kinder, sondern allenfalls Mitschöpfer sind, keine Autorität aus eigener Macht oder Anmaßung.[15] »Eltern müssen sich als autorisierte, also als *abgeleitete* Autoritäten verstehen«, sie müssen »denken, dass sie unter Gottes Gehorsam sind«. Sie stehen also immer vor ihrer Grenze.«[16]

Dies gilt auch für alle anderen Autoritäten dieser Welt, seien es Erziehungsautoritäten oder staatliche Obrigkeiten. »Alle staatliche Autorität ist abgeleitet aus der Autorität des Vaters, sie ist also geliehene Autorität.«[17] Erziehungsautoritäten und staatliche Autoritäten sind eine durch die Geschichte und die sich verzweigenden gesellschaftlichen Strukturen notwendig gewordene Aufgliederung der »Urautorität«[18] von Vater und Mutter. Damit gilt alles, was zum Elterngebot zu sagen ist, auch für pädagogische und staatliche Autoritäten bis hin zu den Worten: »Sei untertan der Obrigkeit« (Röm 13,1) und: »Man muss Gott mehr gehorchen als den Menschen« (Apg 5,29).

Vater und Mutter sind von Gott autorisiert. Sie sind abgeleitete Autoritäten. Staat und Gesellschaft sind differenzierte weitere Ableitungen von der Autorität der Elternschaft.[19]

Das Urbild der elterlichen Autorität zeichnet Jesus nach in der Gestalt des Vaters im Gleichnis von den beiden verlorenen Söhnen (Lk 15,11-32).

Der Vater läuft dem zurückkehrenden Sohn entgegen. Als er ihm gegenübersteht, fordert er ihn nicht auf, erst einmal die Autorität des Vaters wieder anzuerkennen, sich zu rechtfertigen und um Vergebung zu bitten. Er schließt ihn in die Arme und krönt und besiegelt die Gemeinschaft durch ein Fest.[20]

Der jüngere Sohn hatte die Liebe des Vaters missverstanden als Gegängeltwerden. Er sah sich in seiner Freiheit beschnitten. Er verließ sein Vaterhaus. Außerhalb des Vaterhauses wurde er ein Knecht seiner Triebe, seines Ehrgeizes und seiner Angst. Er erlebte: Die Alternative zur Kindschaft ist Knechtschaft.

»Die Existenz wird nicht dadurch frei, dass sie sich aus der Kindschaft löst, sondern dadurch, dass sie zu einer mündigen Kindschaft führt.«[21]

Den älteren der beiden Söhne fordert der Vater ebenfalls zur Mündigkeit auf. Er lädt ihn ein, sich mitzufreuen und mitzufeiern (Lk 15,28.32).

Vater und Mutter sind als die von Gott in diese Welt gesetzten ursprünglichen Autoritäten auch die »Vertreter der göttlichen Barmherzigkeit«[22]. Gleichzeitig geben sie ihren Kindern die Gebote Gottes weiter.

(b) Vater und Mutter, die Garanten für das Weitergehen der Generationen

Durch Vater und Mutter wird der Strom des Menschenlebens weitergeführt. Die Eltern sind die gehende Generation, die Kinder die kommende. »Das Weitergehen der Generationen vollzieht sich auf Seiten der Eltern in einem Geben.«[23] Vater und Mutter geben den Kindern jedoch nicht nur das physische Dasein, sie sind zugleich das Band, das die Kinder mit der

Vergangenheit verknüpft[24] und ihnen die Zukunft eröffnet. Am Geben der Eltern kann man die ursprüngliche Bedeutung von Überlieferung, das heißt von dem, was Tradition bedeutet, ablesen. Es ist das Herübergehen von einer Generation zur anderen. »Dieses Geben umfasst Leib und Seele des Kindes; es ist das Geben von Nahrung und Kleidung ebenso wie die Wegweisung und das Weitergeben dessen, was die Eltern empfangen haben im umfassenden Sinn.«[25]

Das Weitergehen des Stromes ist keine rein biologische Angelegenheit, sondern hängt zuletzt von Gott ab. Hinter dem Handeln der Eltern steht die segnende Hand Gottes. Der Segen im Alten Testament umgreift eine dreifache Fruchtbarkeit: des Menschen, der Tiere und des Ackers. »Die letzten beiden brauchen durch ein besonderes Gebot nicht geschützt zu werden. Dass der Segen der menschlichen Fruchtbarkeit ein Gebot braucht, ist darin begründet, dass dem Menschen eine Fähigkeit des Zerstörens gegeben ist, die keiner Kreatur sonst eigen ist. Weil der Mensch zu sündigen vermag, bedarf der Segen der Fruchtbarkeit der Wahrung durch das Gebot.«[26] Dabei ist das Elterngebot eine Herausforderung für Kinder und Eltern zugleich. »Eltern und Kinder sollen in einem wechselseitigen Lebensprozess sich gegenseitig Leben vermitteln.«[27]

(c) Die Ehre, die Vater und Mutter zusteht

Ehre Vater und Mutter! Die Grundbedeutung des alttestamentlichen Wortes »ehren« (hebräisch: *kāḇeḏ*) heißt »schwer sein«. Ehren in Bezug auf Menschen bedeutet so viel wie »jemanden schwer machen«, »jemanden für bedeutsam erklären«.[28] Kinder ehren ihren Vater und ihre Mutter, indem sie ihnen darin, wo sie als Eltern wichtig sind, Gewicht geben.[29]

Es gibt eine Erzählung, die deutlich macht, was es heißt, den Eltern das Gewicht zu geben, das ihnen zukommt:

Ein kleines Mädchen, das ungefähr drei Jahre alt war, saß einmal mit seinen Eltern und noch einigen Menschen, die zum Hause gehörten, am Mittagstisch. Da erzählte der Vater von einem wichtigen Ereignis im Staate und fügte hinzu: »Was nun weiter wird, lässt sich nicht übersehen. Es kann jetzt auch alles anders werden.«

Diesen letzten Satz hatte das kleine Mädchen aufgeschnappt, wurde nachdenklich, legte den Löffel hin, wandte sich dann zuerst an die Mutter und sagte:

»Aber wenn jetzt alles anders wird, bleibst du dann meine Mutti?«

Die Mutter antwortete: »Ja.«

Darauf richtete es seine großen fragenden Augen auf den Vater, der ihm gegenüber saß, und sagte:

»Wenn jetzt alles anders wird, bleibst du dann mein Vati?«

Und als auch der Vater »Ja« geantwortet hatte, sagte das Kind:

»Nun, dann ist alles in Ordnung«, nahm den Löffel und aß völlig beruhigt seine Suppe weiter, ohne sich noch dafür zu interessieren, ob nun »alles anders wird oder nicht«.[30]

Das dreijährige Mädchen hatte sich bestimmt noch keine Gedanken darüber gemacht, was es heißt, die Eltern zu ehren. Ihre Eltern aber hatten für sie das Gewicht, das alles andere in den Hintergrund treten ließ.

Das Gewicht, das den Eltern zukommt, ist die ihnen von Gott zugewiesene Rolle. Auf Grund der von Gott den Eltern verliehenen Autorität gilt: »Wo Ehre zu erweisen ist, da stoßen wir auf etwas, das aus einer anderen Welt in diese Welt hineinragt, da stoßen wir auf eine Würde, die nicht vom Menschen ausgeht, auf eine Würdestellung, die nicht vom Menschen geschaffen ist und auch nicht von Menschen außer Kraft gesetzt werden kann.«[31]

- *Ehren ist mehr als lieben*

  Liebe setzt eine unmittelbare Personbeziehung voraus, das Eingehen auf das Persönliche und Individuelle.[32] Im Alten Testament ist an verschiedenen Stellen von der Liebe, genauer von der »Vorliebe«, des Vaters oder der Mutter zu einem Sohn die Rede (1. Mose 37,3; 25,27f). Von einer Gegenliebe der Kinder wird im Alten Testament nicht gesprochen.[33] Nur von Rut wird berichtet, dass sie ihre Schwiegermutter lieb gehabt habe (Rut 4,15).

  Dennoch gilt auch für die Liebe zwischen Eltern und Kindern: Liebe ist ein »Wechselverhältnis zwischen gebender und empfangender Liebe«[34]. In den Bereich der Liebe zwischen Eltern und Kindern gehören »Milde, Barmherzigkeit, Erbarmen und lebendiges Verstehen«[35].

  Ehren hat seine Grenze ***nicht*** da, wo einem Kind keine Milde, kein Erbarmen und kein lebendiges Verstehen vonseiten der Eltern entgegengebracht wird. Das die Eltern-Ehren wird den Kindern zwar da leicht gemacht, wo das, was sie von ihren Eltern empfangen, »stark und reich ist«[36]; das Elterngebot aber entlässt die Kinder nicht aus dem Ehren, wenn die Eltern versagen.

➤ *Das Versagen der Eltern*

Kinder haben einen besonders scharfen Blick für die Fehler und Schwächen ihrer Eltern.[37] Jungen Menschen bleibt es nicht verborgen, »wie viel Resignation und Müdigkeit bei den Älteren zu Hause ist, wie wenige sich wirklich ›ausleben‹ und erfüllen konnten«[38]. Es kommt zu dem bekannten Vorwurf: Ihr habt so vieles oder alles falsch gemacht. Wir werden es besser machen! Der Boden, auf dem diese Haltung wächst und gedeiht, ist die zunehmende »Verachtung des Alters und die Vergötterung der Jugend«[39].

Weit schwerer noch ist das Ehren der Eltern für Kinder, die unter Tränen sagen müssen: Meine Eltern haben mir gegenüber auf der ganzen Linie versagt: Kinder von Prostituierten, die in Heimen groß geworden sind; Sozialwaisen, die ihren Eltern entzogen werden mussten; Kinder von Kriminellen oder Alkohol- und Drogenabhängigen. Es ist jedoch erstaunlich, wie tief gerade in diesen Kindern das Bild von Mutter und Vater verwurzelt ist. Ein Beispiel, das sich in einer Großstadt ereignete, kann dies verdeutlichen: Eine Gruppe johlender Kinder hatte sich um einen Betrunkenen geschart. Sie trieben mit dem Willenlosen ihr Spiel. Plötzlich durchbrach ein einzelnes Kind den Kreis der spottenden Altersgenossen, lief auf den Betrunkenen zu, nahm ihn bei der Hand und führte ihn weg. »Warum tust du das?«, wurde es gefragt. Darauf kam die Antwort: »Er ist doch mein Vater!«[40]

Es gibt jedoch auch Situationen, in denen das Ehren der Eltern an eine Grenze gerät, die unüberwindlich erscheint. Dies ist immer dann der Fall, wenn Eltern eines der Gebote Gottes übertreten.

➤ *Misshandlung und sexueller Missbrauch der Kinder*

Kindesmisshandlung und Kindesmissbrauch gibt es schon lange nicht mehr nur in Notsituationen und in der Asozialität. Die zahlreichen Fälle, die bekannt werden, lassen auf eine Dunkelziffer schließen. Es ist kaum vorstellbar, und doch werden immer neue Fälle gerichtlich verfolgt, in denen es darum geht, dass Eltern bereits ihre kleinen Kinder zur Pornografie und zu Sexualhandlungen freigeben oder stundenweise »verkaufen«! Am häufigsten ist nach wie vor der sexuelle Missbrauch von Mädchen durch ihre eigenen Väter. Wie kann ein solches Mädchen ihren Vater ehren? Kann es je noch einmal in seinem Leben beten: »***Vater*** unser im Himmel«

(Mt 6,9a)? Kindesmisshandlung und Kindesmissbrauch verbauen den Kindern nicht nur ihre Lebensentfaltung, sondern auch »die Erlaubnis, vor Gott als Mensch zu leben«[41].
Ein Kind, dem vonseiten der Eltern ein derartiges massives Unrecht widerfahren ist, kann nur auf dem Weg über die Vergebung wieder einen Zugang zu dem finden, was es heißt: die Eltern ehren. Es ist ein langer Weg, der nur in der Begegnung mit Jesus eingeschlagen werden kann. Wenn der Misshandelte Jesus bittet, mit in seine Vergangenheit zu kommen, dann kann er bis zu der Stelle vordringen, dass er sagen kann: »Vater! Mutter! Es ist vergeben!«
Hier erweist sich noch einmal, dass ehren mehr ist als lieben.

- *Ehren ist etwas anderes als Ehrfurcht und Gehorsam*
  Ehrfurcht hat immer etwas zu tun mit Respekt und Gehorsam.[42] Wenn im Alten Testament das Elterngebot auch wiedergegeben werden kann: »Ein jeder soll Ehrfurcht vor seiner Mutter und seinem Vater haben« (3. Mose 19,3 – nach Menge), so werden damit Ehre und Ehrfurcht nicht gleich gestellt. Ehrfurcht ist vielmehr eine Folge des Ehrens, eine Frucht, die aus dem Ehren erwachsen kann.
  Es gibt jedoch Situationen, in denen Kinder ihren Eltern Respekt und Gehorsam verweigern müssen. Dies ist immer dann der Fall, wenn Eltern von ihren Kindern etwas verlangen, was im Widerspruch zu Gottes Gebot und Verheißung steht.[43]
  Das Ehren der Eltern jedoch ist damit noch nicht aufgehoben. Auch hier heißt ehren, den Eltern das Gewicht zu geben (=ehren), das ihnen zukommt.
  - *Ehren bei Nichtachtung der Gebote Gottes*
    Eltern sind Autoritäten, die unter Gott stehen. Gott hat den Eltern ihre Autorität verliehen. Die damit den Eltern gesetzte Grenze ist, »dass sie unter Gottes Gehorsam sind«[44]. Wenn Eltern ihre Kinder zur Übertretung der Gebote auffordern oder sie zur Kriminalität verführen wollen, haben die Kinder Widerstand zu leisten.[45] Im Blick auf Gott und seine Gebote gibt es keine Kompromisse. Hier gleicht jeder Kompromiss einem Dammbruch, der nicht mehr aufzuhalten ist. In eine solche Situation hinein ist das Wort von Jesus gesprochen: »Wenn jemand zu mir kommt und hasst nicht seinen Vater, Mutter ... kann nicht mein Jünger sein« (Lk 14,26). Hassen heißt im biblischen Sprachgebrauch sich weigern, auf Gottes Seite

zu treten.[46] Hass ist der Entzug bzw. die Vorenthaltung der Stelle, die Gott zukommt. Hassen heißt »zur Seite setzen«[47], Gott an die zweite Stelle setzen!

Eine klare Entscheidung für den Willen Gottes und den Ruf von Jesus in seine Nachfolge kann Familien spalten (vgl. Mt 10,34; Lk 12,52).

Die Eltern ehren heißt, den Eltern den Platz zukommen zu lassen, der ihnen vor Gott zusteht.

➤ *Ehren bei Nichtachtung der Verheißung Gottes*

Wenn im Verhältnis des Kindes zu den Eltern das Gottesgebot »nur als drohende, richtende Warnung gegen das Kind«[48] verstanden wird, führt dies notwendig zur Unmündigkeit des Kindes und zu einem Anwachsen des gegenseitigen Schuldigwerdens. Es gibt nicht wenige Fälle gerade in christlichen Häusern und Familien, in denen das Gebot, Vater und Mutter zu ehren, zum Druckmittel in der Hand egoistischer Eltern wird. Es kommt zur seelischen und geistigen Unterdrückung der Kinder, zu einer fordernden Abhängigkeit bis hin zur gesellschaftlichen und geistigen Unterdrückung. Das Ergebnis sind unmündig gehaltene Kinder, Kinder, die lebens- und eheunfähig sind. Das Gebot wirkt auf sie wie ein ständig erhobener Zeigefinger. Wann immer sie an das Gebot des Ehrens denken, regt sich das schlechte Gewissen. In nicht wenigen Fällen wird diese menschliche Not zur elementaren Glaubensnot. Das Gebot hat für sie nur den Charakter der »Servilität oder des Zwanges«[49]. Besonders den Müttern – und vor allem den allein stehenden und allein erziehenden – fällt es schwer, ihre Kinder freizugeben. Der Sohn wird zum Partnerersatz und die Tochter zur Garantin der Pflege im Alter. Auch in einer solchen Konfliktsituation sind Kinder nicht dazu autorisiert, ihren Eltern die ihnen zustehende Ehre zu verweigern. Jesus sagt eindeutig, dass Kinder sich auch nicht mit der frömmsten Argumentation der Fürsorge für ihre alternden Eltern entziehen dürfen. Zur Zeit von Jesus gab es einen Brauch, mit Hilfe eines Gelübdes (Korban!) Gott einen Teil des Eigentums zu opfern (vgl. Mk 7,10-13). Durch Weihung von Eigentum wurde dieses dem Gebrauch durch die Eltern entzogen. Dies nennt Jesus »Übertretung des Elterngebotes«[50].

Zur Elternehrung gehört es, dass Kinder ihren Eltern einen würdigen Lebensraum ermöglichen bis an das Ende ihrer Tage. Dabei sind die Suche und die Finanzierung eines würdigen Platzes in einem Alten- und Pflegeheim immer die zweite Lösung. Es ist aber nicht in jedem Fall ein Abschieben. Die zweite Lösung ist oft die Bessere. Zu wie viel Unrecht und Schuld ist es schon gekommen, weil Kinder, die der Pflege nicht gewachsen waren, den Tod ihrer Eltern herbeiwünschten. Über die Dunkelziffer der Misshandlungen von pflegebedürftigen Eltern durch ihre Kinder gibt es erst wenige Veröffentlichungen. Die bekannt gewordenen Zahlen und Beispiele jedoch sind erschreckend.[51]

Eltern können ihren Kindern das Halten des Elterngebotes nicht nur erschweren, sondern unter Umständen sogar unmöglich machen. »Das Gebot trifft daher nicht einseitig die Kinder, als ob die ganze Last der göttlichen Forderung ihnen auferlegt wäre, alle Rechte aber den Eltern zugestanden würden, sondern das Gebot trifft beide Teile.«[52]

3. Das Gebot zum Schutz der Kinder

»So werden lange sein deine Tage auf dem Boden, den der Herr, dein Gott, dir gibt.« ***(2. Mose 20,12b)***

Das Elterngebot ist das einzige, das als Begründung eine Heilsankündigung aufweist (vgl. Eph 6,2). Die diesem Gebot zugeordnete Verheißung ist »*unbedingt* an das Gebot gebunden«[53]. Der, der das Elterngebot hält, hat Zukunft.

Das Bild vom Boden oder Land ist eine Anspielung auf das von Gott seinem Volk verheißene Land.[54] Es kann verstanden werden als Zusage Gottes, dass das Leben der Gemeinschaft des erwählten Volkes weiter geht.[55] Im Gebot selbst angesprochen aber ist der Einzelne, denn nur er kann das Gebot erfüllen. So ist in jedem Fall der Einzelne damit gemeint. Wer Vater und Mutter ehrt, trägt dazu bei, »dass das Leben auf der Erde und sein eigenes Leben weiter gehe«[56], das heißt, auch dem Einzelnen wird ein langes Leben zugesagt.

Was unter einem langen Leben zu verstehen ist, erläutert die Wiederholung des Elterngebotes, in dem es heißt: »... auf dass du lange lebst und es dir wohlgehe« (5. Mose 5,16). »Wohlergehen« bedeutet so viel wie Lebenskraft für lange Tage.[57] Es ist die Zusage eines erfüllten Lebens unter dem Segen Gottes.[58]

Erfülltes Leben kann auch ein Leben sein, bei dem das Ende oder weite Strecken davor ganz im Zeichen des Leidens, des Kreuzes, stehen. Im christlichen Gottesdienst wird der Segen erteilt mit dem Zeichen des Kreuzes, das heißt, der Segen Gottes ist nicht ungebrochen ablesbar am Ergehen des Einzelnen. Der Segen »kann sich in Kreuz und Tod verbergen«[59].

Die Erfüllung der Zusage, dass es den Kindern »wohl« gehe, ist das Ziel einer jeden christlichen Erziehung. Erziehung heißt:

- liebevoll auf die Bedürfnisse der Kinder eingehen,
- den Kindern einen Lebensraum schaffen, in dem sie sich entfalten und als mündige Menschen und Christen leben können.

Eltern, die sich von diesen Erziehungsgrundsätzen leiten lassen, drohen ihren Kindern nicht mit dem Elterngebot, sondern begleiten sie in den unzähligen Situationen des Lebens.[60]

Wie in vielen biblischen und ethischen Erkenntnissen habe ich auch in Fragen der Erziehung viel von einem jüdischen Freund gelernt. Unvergessen bleibt mir ein Gespräch über Erziehung, das ich in Jerusalem mit dem befreundeten Rabbiner und Gelehrten führte. Für ihn und für alle ihren Glauben ernst nehmenden und praktizierenden Juden ist die Erziehung zur praktischen Lebensbewältigung und zum mündigen Glied der Gemeinde Gottes noch eine Einheit. Dabei übernimmt im Judentum die Mutter die Pflichten gegenüber den Töchtern. Der Vater ist verantwortlich für das Weitervermitteln der Lebensbewältigung aus dem Glauben an den Sohn. Zu den Aufgaben des Vaters gehören vier Pflichten. Sie können bei entsprechender Aktualisierung zu Grundsätzen christlicher Erziehung für Mädchen und Jungen werden.

(a) Eltern vermitteln ihren Kindern ein eigenes Selbstwertgefühl

Kein Kind ist ein Zufall oder gar ein Unglücksfall. Jedes Kind ist von Gott geschaffen, von Gott gewollt und den Eltern anvertraut. Dieser biblische Grundsatz wurde im Hause meiner jüdischen Freunde in beispielhafter Weise praktiziert. Dem Ehepaar wurden nur zwei Kinder geboren. Der Älteste, ein Junge, ist mehrfach behindert. Ihm folgte ein gesundes Mädchen. Beide waren gleich und hoch geachtet in der Familie. Keines wurde dem anderen trotz unterschiedlicher Gaben vorgezogen. Jedem von beiden wurde mit Worten und persönlicher Zuwendung gezeigt: Du bist uns von Gott geschenkt, du bist uns lieb und wert. Wir sind für dich da.

Es ist die Aufgabe aller Eltern, ihr Kind zu bejahen, so wie Gott es geschaffen hat, und dafür zu sorgen, dass das Kind zu sich selbst findet und seine eigene Persönlichkeit, die das Kind von Anfang an ist, entfaltet. Es ist gegen das Gebot Gottes, »Kinder zum Zorn zu reizen« (Eph 6,4) oder sie zu »erbittern« (Kol 3,21).

Von den Kindern als dem den Eltern anvertrauten Gut sagt Martin Luther: Kinder sind unser größter Schatz. Alles müssen wir einst von unserm Glück und Reichtum in der Welt zurücklassen; aber sie hoffen wir mit in den Himmel zu nehmen.

(b) Eltern sind Begründer, Pfleger und Förderer des geistlichen Lebens

Eltern sind dafür verantwortlich, ihre Kinder so früh wie möglich in die Gemeinde Gottes hineinzustellen. Einem jüdischen Vater ist es streng untersagt, seinem Sohn die Beschneidung, das äußere Zeichen der Zugehörigkeit zu dem erwählten Volk, vorzuenthalten oder sie auch nur aufzuschieben.

Kinder, die von ihren Eltern zur Taufe gebracht werden, werden mit dem Zeichen des heiligen Kreuzes gesegnet. Dies ist ein Hinweis darauf, dass Jesus längst vor ihrer Geburt und bevor sie sich einmal für oder gegen Jesus entscheiden können, für sie auf Golgatha gestorben und am Ostermorgen auferstanden ist. Aufgabe der Eltern ist es dann, ihre Kinder das Beten zu lehren, ihnen die Geschichten der Bibel zu erzählen, mit ihnen Texte der Heiligen Schrift auswendig zu lernen und für sie zu beten, dass sie sich einmal persönlich für Jesus entscheiden.

Bis heute gehört es zu jeder Mahlzeit einer der den Glauben praktizierenden jüdischen Familie, einen Abschnitt aus dem Gesetz auswendig zu lernen. Der Vater spricht die Worte vor, die von der ganzen Familie, das heißt auch von der Mutter und den Töchtern, wiederholt werden. Nach jüdischer Überlieferung ist dann, wenn bei einer Mahlzeit nicht ein Stück aus der Schrift gelernt wird, Gott nicht gegenwärtig. Als ich dies zum ersten Mal miterlebte, sagte mein jüdischer Freund: »Wer nicht vor jedem Essen lernt, ist wie ein Tier, das zum Trog geht.« Das auswendig gelernte Wort ist für Kinder ein unverlierbarer Schatz.

Wie prägend wäre es für ein christliches Leben, wenn auch wir von klein auf mit unseren Kinder dreimal täglich ein Bibelwort auswendig lernen würden!

(c) Eltern verhelfen ihren Kindern zur Selbstständigkeit

Im Judentum sorgt die Mutter dafür, dass die Tochter eine selbstständige, selbstbewusste und emanzipierte Persönlichkeit wird. Der Vater ermöglicht dem Sohn das Selbstständigwerden, indem er ihm die Berufsausbildung finanziert. Auch ein Rabbiner muss in manchen jüdischen Kreisen bis heute vor Ablegung seines zweiten Examens einen Beruf erlernen, mit dem er seinen Lebensunterhalt verdienen kann. So ist er finanziell unabhängig und frei in seinem Lehren und Raten. Mein Freund leitete neben seiner Lehr- und Auslegungsstätigkeit einen Verlag in Jerusalem. Paulus erlernte, bevor er sich »ben Gamaliel« (Apg 22,3), einen Schüler Gamaliels, nennen durfte, einen praktischen Beruf als Zeltmacher. Auch ein wohlhabender Jude war verpflichtet, seinem Sohn ein Handwerk zu lehren. In den alten rabbinischen Texten heißt es: »Wer seinen Sohn nicht ein Handwerk lehrt, lehrt ihn gewissermaßen Räuberei«[61]. Dieser Brotverdienst gab Paulus auch als dem Missionar und Völkerapostel seine große Freiheit und Unabhängigkeit.

Die von den Eltern ihren Kindern finanzierte Berufsausbildung lässt die Kinder einmal auf eigenen Füßen stehen. Mit Nachdruck wies mich mein jüdischer Freund darauf hin, wie entscheidend es in der jüdischen Geschichte war, dass der Vater seine Kinder das Schwimmen lehrte. Nicht ohne Angriff gegen die Christen war das von ihm gewählte Beispiel der von Christen vollzogenen Zwangstaufe. Wenn Juden ins Wasser getrieben wurden, konnten sie, bevor das Kreuzeszeichen über sie geschlagen wurde, untertauchen, wegschwimmen und in einiger Entfernung als Juden wieder auftauchen.

Schwimmen ist ein Bild für Krisenbewältigung. Der Heranwachsende soll angeleitet werden, sich »durchzuschwimmen«, Krisen zu bewältigen und durchzustehen.

(d) Eltern geben ihre Kinder frei

Zu den Pflichten des jüdischen Vaters gehört es, seinem Sohn eine Frau zu nehmen. Mit der Bitte um den rechten Ehepartner beginnt der Vater bereits am Tag der Beschneidung. Von Anfang an ist damit deutlich, dass der Sohn einmal für die Ehe freigegeben wird.

Auch wenn die Wahl des Ehepartners heute nicht mehr in den Entscheidungsbereich des Vaters oder der Mutter gehört, so bleibt die Pflicht der Fürbitte und des Freigebens.

Die ernst gemeinte tägliche Fürbitte um den rechten Ehepartner ist der erste Schritt, sein Kind freizugeben. Von früher Kindheit an wird damit deutlich, dass der Sohn und die Tochter nur vorübergehend im Haus ihrer Eltern leben und dann frei sind für ihre Ehepartner.

Es ist eine Herausforderung und die Aufgabe der Eltern, die im Elterngebot den Kindern gegebene Verheißung nicht zu blockieren. Eltern tun alles, damit diese Verheißung sich im Leben ihrer Kinder erfüllen kann.

- ***Eltern*** schaffen ihren Kindern einen Lebensraum, in dem diese sich entfalten und als mündige Menschen leben können. Sie begleiten sie in den unzähligen Situationen des Lebens. Sie sind Lebensträger, die ihren Kindern Modelle von Lebensbewältigung vermitteln.
- ***Eltern*** erziehen ihre Kinder zu mündigen Christen. »Die Existenz wird nicht dadurch frei, dass sie sich aus der Kindschaft löst, sondern dadurch, dass sie zu einer mündigen Kindschaft führt«[62].

Das Gebot: »Ehre deinen Vater und deine Mutter« ist verbunden mit der Verheißung: »So werden lange sein deine Tage auf dem Boden, den der Herr, dein Gott, dir gibt.« Dieses Gebot ist ein Schutz- und Liebesgebot für Eltern und Kinder.

Die Eltern ehren heißt übersetzt, die Eltern nicht zu bekämpfen, nicht zu ignorieren, stattdessen sie öfter zu besuchen, ihnen zu vergeben, was sie falsch gemacht haben, und sie im Bedarfsfall zu unterstützen. Eltern, die in dieser Weise geehrt werden, überwinden besser die Midlife-Crisis, das Leere-Nest-Syndrom, den Pensionierungsschock und die Beschwerden und Krankheiten des Alters.

Kinder, für die sich die Verheißung des Gebotes erfüllt, lehnen ihre Eltern nicht ab. Sie müssen die Verwundungen, die keinem Kind erspart bleiben, nicht verdrängen. Sie können sich auch klar von zänkischen, nörglerischen, vereinnahmenden und herrschsüchtigen Eltern abgrenzen, ohne aufzuhören, ihre Eltern zu ehren. Zu den letztgenannten Fällen gehört auch das eingangs erwähnte Beispiel der Gruppe »Utsu-Semi«. Hilfreich ist die Regel, die Elisabeth Lukas aufstellte: »Wenn Kinder sich ducken, werden sie Duckmäuser, wenn sie Tyrannei zulassen, zu Tyrannenförderern, und wenn sie innerlich gefestigt und äußerlich barmherzig bleiben, werden sie zu stabilen und gütigen Menschen.«[63]

Das sechste Gebot

6

Die zweite Tafel der Gebote

VI. Gott schützt das Leben

»Du sollst (wirst) nicht morden.« *2. Mose 20,13*

Jesus spricht:
»Ihr habt gehört, dass zu den Alten gesagt worden ist: ›Du sollst (wirst) nicht morden‹; wer aber mordet, soll dem Gericht verfallen sein.
Ich aber sage euch: Wer seinem Bruder (auch nur) zürnt, der soll dem Gericht verfallen sein; wer aber zu seinem Bruder sagt: ›Du Dummkopf‹, der soll dem Hohen Rat verfallen sein; wer aber zu ihm sagt: ›Du Narr‹, der soll der Feuerhölle verfallen sein.« *Matthäus 5,21-22*

Es war in den ersten Semestern meines Theologiestudiums, als sich einer meiner Freunde das Leben nahm. Am Abend vor seinem ersten Selbstmordversuch arbeiteten wir noch gemeinsam an der Auslegung des Philemonbriefes. Er brachte mich zur Straßenbahn und sagte unvermittelt kurz vor meinem Einsteigen: »Wenn du später einmal predigst, dann predige nur Liebe.« Ich konnte nicht mehr nachfragen, was er damit meinte. Am Tag danach wurde ich von der Kriminalpolizei aufgesucht. Mein Freund hatte in seiner aufgeräumten und geordneten Studentenbude meine Adresse auf den Tisch gelegt. Nach der Vernehmung machte ich mich auf den Weg zur Unfallklinik. Ich saß lange an seinem Bett. Als er mich erkannte, sagte er: »Kannst du mir verzeihen?« Ich nahm seine Hand und sagte: »Ich habe dir nichts zu verzeihen.« Erst später erfuhr ich, was ihn zu dem Versuch bewegt hatte, sein Leben selbst zu beenden. Er war in eine

Gemeinschaft geraten, in der das Versprechen der Ehelosigkeit zu den Bedingungen der Aufnahme gehörte. Nachdem er sich verliebt hatte, bat er um Entbindung von seinem Versprechen. Die Antwort, die ihm gegeben wurde, war ein Bibelwort. Es war das Wort von Jesus, das er in einmaliger und unwiederholbarer Situation an Judas gerichtet hatte: »Was du tust, das tue gleich!«

Diese meinem Freund gegebene Weisung war eine Tat auf dem Weg zum Mord! Er konnte es nie vergessen, er versank in tiefe Depression. Seinen zweiten Selbstmordversuch überlebte er nicht.

Wann immer ich einen Menschen zum Grab begleite, der seinem Leben ein Ende setzte, bevor Jesus ihn gerufen hatte, stehen mir mein Freund und sein Vermächtnis vor Augen: »Wenn du predigst, dann predige nur Liebe.«

Das erste Mal wurde ich in das Haus einer Selbstmörderin gerufen, als ich Assistent und Hebräischlehrer an der Hochschule war, an der ich zusammen mit meinem Freund das Studium begann. Der Ehemann, der aus dem Leben Gegangenen empfing mich an dem Korb, in dem das nur wenige Wochen alte Kind der Eheleute lag. Die Mutter des Kindes hatte eine postnatale Depression, die offenbar nicht erkannt wurde. Wie damals mein Freund bei seinem ersten Selbstmordversuch stürzte sie sich aus dem Zug. Sie war auf der Stelle tot. In dem Dorf, in dem sie lebte, sollte ihr auf dem offiziellen Friedhof die Bestattung verweigert werden. Nach langen Verhandlungen einigte ich mich mit den zuständigen Stellen auf eine »stille« Bestattung ohne Bekanntgabe und ohne Glockengeläut. Als ich mit dem Ehemann allein am offenen Grab stand, sah ich hinter dem Heckenzaun, der den Friedhof umgab, viele Köpfe von Neugierigen. So laut ich konnte, predigte ich Liebe.

Dies habe ich bis heute bei der Bestattung von Selbstmördern beibehalten. Dabei war mir immer bewusst, dass das Leben-beenden allein die Sache dessen ist, der das Leben gegeben hat. Wenn auch in jedem Fall das Hand-an-sich-Legen ein eigenmächtiges Handeln bleibt, so steht es keinem Menschen zu, sich als Richter über einen Selbstmörder aufzuspielen.

Wie beim Selbstmord, so gibt es im Bereich des sechsten Gebotes noch mannigfache Situationen, die einer zurückhaltenden und differenzierten Beurteilung bedürfen.

Das Gebot »Du sollst (wirst) nicht morden« besteht im Hebräischen nur aus zwei Worten. Die Übersetzung des Gebotes bereitete der ökumenischen Einheitsübersetzungsredaktion die meisten Schwierigkeiten. »Du sollst nicht töten« – so stand es seit Luther in fast allen Bibelübersetzungen. Seit Generationen berufen sich darauf alle, die jegliches Töten von Menschen und Tieren verbieten. Im Gebot selbst jedoch steht ein Zeitwort, das nicht jede beliebige Art zu töten meint. So entschloss man sich nach langem Ringen – entsprechend der Übertragung des Alten Testaments durch Martin Buber –, das Zeitwort »töten« durch »morden« zu ersetzen.[1]

Die wörtliche Übersetzung des Gebotes lautet: »Du mordest nicht.« Neben dem Zeitwort morden (hebräisch: *rāsah*) kennt das Alte Testament mehrere Wörter für töten. Zwei dieser Wörter werden im ursprünglichen Sinn dann gebraucht, wenn es sich um das Töten von Tieren handelt.

1. Das Töten von Tieren und das Morden von Menschen

Das Töten der Tiere wird an keiner Stelle der Bibel Mord genannt. Tiere werden geschächtet (hebräisch: *šaḥaṭ*). Schächten bezeichnet vorwiegend das Schlachten von Opfertieren. Handelt es sich um eine profane Schlachtung, so steht durchgehend ein Verb, das mit schlachten zu übersetzen ist (hebräisch: *ṭa*ḇ*aḥ*).[2]

Das Gebot »Du sollst (wirst) nicht morden« kann keineswegs als Beleg herangezogen werden zur Begründung des so genannten Vegetarismus. Unter Vegetarismus versteht man eine Ernährungsweise, die ausschließlich rein pflanzliche Kost gelten lässt und alle tierischen Produkte ablehnt. Daneben gibt es eine gemäßigte Form des Vegetarismus, die neben pflanzlicher Kost auch tierische Produkte wie Eier, Milch und Milcherzeugnisse zulässt.

Obgleich Gott den ersten Menschen nicht direkt das Essen von Fleisch verboten hat, können sich die Vegetarier auf die Anweisung berufen: »Alle Samen tragenden Pflanzen und alle Frucht tragenden Bäume sollen euch zur Nahrung dienen« (vgl. 1. Mose 1,29). Es ist ein Gotteswort, das – wenn auch indirekt – den Genuss von Fleisch ausschließt.[3] Dieses Wort jedoch ist in einer Zeit gesprochen, in der sich der Mensch noch nicht »in schuldhaften Widerspruch zu einer Schöpfungsbestimmung gesetzt hat«[4]. Es gewinnt erneut Verbindlichkeit in der messianischen Zeit (Jes 11,7; 65,25; Hos 2,20). Für die Zeit nach dem Sündenfall bis zum Kommen des Messias aber ist dem Menschen der Genuss von Fleisch nicht untersagt. Ausdrücklich erlaubt wird das Essen von Fleisch in dem Noah von Gott zugesprochenen Segen. In ihm heißt es: »Alles, was sich regt und lebt, das sei eure Speise« (1. Mose 9,3). Diese Gabe des Segens enthält »die zugestandene Möglichkeit des Tötens von Leben«[5]. Mit großer Wahrscheinlichkeit zählte bereits vor Noah Fleisch zu den Nahrungsmitteln des Menschen.[6] Auf jeden Fall setzt die Fellkleidung das Töten von Tieren voraus (1. Mose 3,21).

Abel war ein Schafhirte und opferte eines seiner Tiere (1. Mose 4,4). Auch Noah schlachtete für sein Brandopfer je eins von allen reinen Tieren (1. Mose 8,20). Wenn auch in der ersten Zeit nach dem Sündenfall der Mensch »eigenmächtig« Tiere zum Fleischgenuss getötet haben mag, so wird er nach der Sintflut »durch eine göttliche Kundgabe dazu ermächtigt«[7].

Die Freigabe der Fleischnahrung aber hat von Anfang an eine von Gott gesetzte Begrenzung. Der Mensch soll das Fleisch nicht essen »mit einer Seele«, das heißt mit seinem Blut (1. Mose 9,4). Das Essen von Tierfleisch ist beschränkt auf solches, das nicht mehr sein Leben hat. Das Blut ist im Alten Testament die Seele (5. Mose 12,23), das heißt das Leben. Deshalb muss das Leben vor dem Essen von Tierfleisch »ausgeschüttet« werden. Diese von Gott gesetzte Einschränkung im Zusammenhang mit dem Fleischgenuss wehrt jeglicher Art von Tierquälerei, Brutalität und Verrohung.[8]

Das Schächten und Schlachten von Tieren kann auch als Bildwort, das heißt im übertragenen Sinn, gebraucht werden, und zwar nur da, wo das Objekt des Tötens nicht ein Tier, sondern ein Mensch ist.

Schächten (hebräisch: *šaḥaṭ*) gibt dann das Umbringen von Wehrlosen wieder (Ri 12,6; 1. Kön 18,40; 2. Kön 10,7; Jer 41,7), und Schlachten (hebräisch: *ṭaḇaḥ*) umschreibt das brutale Hinschlachten von Menschen (Ps 37,14; Jer 25,34; Klgl 2,21; Hes 21,15). Schächten und Schlachten von Menschen bezeichnet die hemmungsloseste und brutalste Form des Mordens.[9]

Die Vielschichtigkeit des Mordens aber und die mit dem Mord verbundenen Einzelheiten werden im Alten Testament mit dem Verb gekennzeichnet, das in dem Gebot Gottes steht: »Du sollst (wirst) nicht morden.«

2. Mord – ein Vergehen gegen Gottes Gebot

Alle konkreten Fälle, in denen es sich eindeutig um Mord handelt, werden im Alten Testament mit dem Verb morden (hebräisch: *raṣaḥ*) bezeichnet. Es sind im Wesentlichen fünf Bereiche:

(a) Morden aus Leidenschaft

Das Alte Testament schildert eine Begebenheit, die unter der Überschrift »die Schandtat von Gibea« (Hos 9,9; 10,9) eine traurige Berühmtheit erlangte.[10] Es ist die Vergewaltigung der Frau eines Leviten mit Todesfolge (Ri 20,4). Der Tathergang ist folgender: Ein Levit übernachtete mit seiner Frau und seinem Diener auf dem Weg von Bethlehem in das Hügelland von Efraim in der Benjaminiterstadt Gibea in der Nähe von Jerusalem. Am Abend, als der Gastgeber mit seinen Gästen beim Essen und Trinken saß, begannen gewisse niedrige Burschen, »Söhne der Ruchlosigkeit« (Ri 19,22), gegen die Tür zu schlagen. Sie forderten den Gastgeber auf, seinen Gast herauszugeben. Sie verlangten nach dem Mann zur Befriedigung ihrer homosexuellen Gelüste. Der Gastgeber berief sich auf die Regeln der Gastfreundschaft. Er protestierte zuerst energisch, dann verzweifelt. Erst als all dies sich für nutzlos erwiesen hatte, lieferte er die Frau des Gastes den das Haus bedrohenden Randalierern aus. Diese sahen sich ihres speziellen Vergnügens beraubt. Sie missbrauchten die Frau aufs Grausamste die ganze Nacht hindurch. Am Morgen wurde die Frau aufgefunden, tot, mit ihren Händen die Türschwelle umklammernd.[11] Es war Mord aus Leidenschaft.

Leidenschaft ist die Bezeichnung für ein starkes Streben nach bestimmten Zielen – mit manchmal an Besessenheit grenzenden Begleiterscheinungen.[12]

Bei Mord aus Leidenschaft kann alles ganz harmlos anfangen, zum Beispiel mit Sammlerleidenschaft, wenn diese zum Diebstahl führt. Ereignet sich ein Zwischenfall derart, dass der Besitzer den Dieb überrascht und dieser zur Waffe greift, wird der Sammler, der zum Dieb geworden ist, zum Mörder.

Zahllose angeblich gut geplante Einbrüche mit einem so genannten sicheren harmlosen Verlauf enden mit Mord.

Unter Mord aus Leidenschaft versteht man neben dem Morden um irgendeines Vorteils willen auch die Lust am Morden selbst. Es ist das bewusste Ermorden eines Menschen aus Freude am Blutvergießen und an dem elenden schmerzhaften Sterben eines Menschen.[13]

(b) Heimtückisches Morden eines persönlichen Gegners

Ein persönlicher Gegner ist ein Mitmensch, der mir bei der Erfüllung meiner Pläne und Wünsche im Weg steht. Die heimtückische Beseitigung dieses Gegners ist Mord. Heimtückisch heißt so viel wie »versteckt, boshaft, hinterlistig«[14]. Fälle von heimtückischen Gewaltakten, bei denen die Opfer nicht auf direkte, sondern auf indirekte Weise zu Tode gebracht werden, sind zum Beispiel die Ermordung des Uria und der Justizmord an Nabot.[15]

Uria war der Mann Batsebas. Während Uria, ein Krieger Davids, an der Belagerung von Rabba im Ammoniterland teilnimmt, verführt David seine Frau Batseba, die schwanger wird. Vom König nach Jerusalem gerufen, weigert sich Uria, bei seiner Frau zu schlafen, während Joab und die Soldaten im Freien kampieren müssen. Auf Befehl Davids wird Uria in die erste Reihe gestellt und fällt im Kampf (2. Sam 11; 12,9; 1. Kön 15,5).

Mit diesem Mord, ohne selbst Hand an Uria zu legen, macht sich David den Weg frei, Batseba zur Frau zu nehmen.

Ganz ähnlich handelt Isebel, die Frau Ahabs. ***Nabot***, ein Mann aus Jesreel, weigert sich, seinen Weinberg dem König Ahab von Israel abzutreten. Isebel lässt Nabot auf Grund falscher Zeugenaussagen steinigen und schenkt den Weinberg ihrem Mann (1. Kön 21,1-19). Bei dem Justizmord an Nabot hat Isebel nicht mit eigener physischer Kraft den Tod herbeigeführt, sondern diesen durch Helfershelfer inszeniert. Nabot wurde mit falschen Anschuldigungen einem Verfahren ausgeliefert, das zu seinem Tod führte.[16]

Ein heimtückischer Mord ist jede Gewalttat, bei dem ein Mitmensch, der mir im Wege steht, auf direkte oder indirekte Weise zu Tode gebracht wird. Heimtückischer Mord ist das endgültige Ausschalten eines persönlichen Gegners durch Gift, durch einen inszenierten Autounfall oder durch gedungene Killer.

(c) Die Ermordung Unschuldiger oder Schuldiggewordener

Der erste Brudermörder, von dem die Bibel berichtet, ist Kain. Es begann mit einem Opfer, das er und sein Bruder Abel getrennt voneinander darbrachten. Die gnädige Annahme von Abels Opfer bewertete Kain als Bevorzugung seines jüngeren Bruders. Er selbst sah sich benachteiligt und zurückgesetzt. Er konnte es nicht ertragen, dass ein anderer mehr besaß als er. Er wird von brennendem Neid gepackt und vom Zorn übermannt. Er maßt sich das Recht über Leben und Tod an und wird in seinem Hass zum Mörder (1. Mose 4,1-16). Kain ist eindeutig der Mörder eines Unschuldigen (Mt 23,35; 1. Joh 3,12; Jud 11). Von Gott des Mordes überführt, lebt Kain in panischer Angst vor Gott und vor Menschen. In dieser für Kain hoffnungslosen Situation stellt Gott Kain unter seinen besonderen Schutz. Gott machte Kain ein Zeichen, damit ihn nicht jeder, der ihn finde, erschlage (1. Mose 4,15).

Das Kainszeichen ist kein Zeichen der Strafe, sondern ein »Schutzzeichen auf Bewährung«[17]. Das Schutzzeichen Kains findet seine Fortsetzung in den Gesetzen über die Asylstädte (4. Mose 35; 5. Mose 4.19; Jos 20.21).

Der Prophet Hosea prangert das Treiben einer Gruppe von Priestern an (Hos 6,9). Sie lauerten auf dem Weg nach Sichem Asylsuchenden auf, um diese auf irgendeine Weise zu Tode zu bringen, bevor ihnen der Prozess gemacht wurde.[18] Die Einrichtung von Asylstädten schützt den noch nicht seiner Schuld Überführten vor der Blutrache. Durch die Flucht ins Asyl wird zwischen Tat und Vergeltung Zeit gewonnen zur ruhigen Überlegung. Kommen die Ältesten im so genannten Torgericht in der Stadt, aus der der Täter geflohen ist, zu dem Urteil »Mord«, dann wird der Täter aus der Asylstadt entlassen und zum Strafvollzug übergeben. »Der Mörder darf nicht in den Genuss des Asylprivilegs kommen.«[19] An die Stelle der Institution der Asylstädte und der Gerichte im Tor sind die zeitgemäßen Formen der Rechtsprechung getreten.

Gott untersagte, noch bevor die unheilvolle Kette der Blutrache begann, jede Form der Blutrache. Das Gebot »Du sollst (wirst) nicht morden« ist »auch die Sicherung gegen die verzehrende Blutrache«[20]. Es untersagt jedes eigenmächtige Töten eines Menschen, auch wenn dieser – wie Kain – eindeutig seiner Schuld überführt ist.[21]

Eigenmächtiges Ermorden von Schuldiggewordenen wird zumindest als äußerste Möglichkeit von einigen Vertretern der Theologie der Befreiung gerechtfertigt. Die Schuld, die die Theologie der Befreiung anprangert, ist die Struktursünde: Land und Besitz liegen nur in der Hand weniger Reicher, während eine Mehrzahl am Rande verarmt und verhungert. Als bevorzugte Methoden gelten: Dialog, Überzeugungsarbeit, moralischer Druck, gewaltloser Widerstand, Märsche, Streiks und Demonstrationen, dann aber heißt es weiter: »die letzte, äußerste Möglichkeit – der

Aufruf zur Gewaltanwendung –«[22] darf jedoch nicht ausgeschlossen werden. Blutvergießen und gewalttätige Aufstände haben in der Geschichte noch nie zu einer gerechten Ordnung geführt. Man kann mit Frieden Ordnung und Gerechtigkeit schaffen, aber nicht mit Gewalt und Mord Frieden.[23]

(d) Austilgen so genannten lebensunwerten Lebens

Von dem ***Mörder*** heißt es, dass er sich vor Tage erhebt, um die Elenden und Armen zu töten (Hiob 24,14).

Zu dem Treiben der Gottlosen gehört es, dass sie Witwen und Fremdlinge erwürgen und die Waisen ermorden (Ps 94,6).

In der griechischen Welt war es zeitweise üblich, Waisenkinder auf einsamen Bergen auszusetzen und dem Tod zu überlassen. So genanntes »lebensunwertes Leben« wurde vielfach vernichtet oder zumindest ausgestoßen.[24] Zu den Kennzeichen eines glaubenden Juden und Christen gehört es, dass sie sich an solchen Praktiken nicht beteiligen. Von dem römischen Schriftsteller Tacitus (55-120 n. Chr.) ist das Wort überliefert: »Für die Juden ist es ein Verbrechen, irgendein Kind zu töten.«[25] Die in der Umwelt des Alten und Neuen Testamentes noch übliche Ablehnung der Behandlung Unheilbarer wurde »vom Christentum definitiv überwunden«[26].

Wo immer sich Richtungen und Strömungen durchsetzen, für die die Heilige Schrift nicht mehr der Maßstab für das ethische Handeln ist, wird der Ruf nach der Vernichtung so genannten »lebensunwerten Lebens« laut, und zwar unter dem so wohlklingenden Wort »Euthanasie«.

Der Begriff Euthanasie findet sich bereits in der griechischen und römischen Antike und heißt wörtlich übersetzt: »schöner Tod« (griechisch: *euthanasia*). Gemeint war damit ein »guter«, das heißt schneller, leichter und schmerzloser Tod. Dabei handelte es sich ursprünglich nicht um das Eingreifen eines Arztes oder eines anderen Menschen in den Sterbeverlauf. Anders ist dies bei dem von Adolf Hitler am 1. September 1939 erlassenen Auftrag zur Aktion »Gnadentod«. In ihm heißt es, »dass die Befugnisse namentlich zu bestimmender Ärzte so zu erweitern sind, dass nach menschlichem Ermessen unheilbar Kranken bei kritischer Beurteilung ihres Krankheitszustandes der Gnadentod gewährt werden kann«[27]. Dieser »geheime Führererlass« setzte die berüchtige Aktion T 4 (Tiergartenstraße 4) in Gang. Die ersten Gaskammern wurden 1939 für Behinderte konstruiert und im Dezember desselben Jahres in Betrieb genommen. Allein in den sechs großen Euthanasieanstalten Hadamar, Brandenburg, Bernburg,

Pirna, Grafeneck und Hartheim wurden insgesamt während der Aktion T 4 70 000 Menschen »euthanasiert«, das heißt umgebracht.[28] Die genaue Zahl der Opfer dieses Mordprogramms bleibt im Dunkeln. Es sind jedoch weit über hunderttausend Kinder und Erwachsene, überwiegend geistig und körperlich Behinderte und psychisch Kranke.[29]

Die Forderung, »untermenschliches« bzw. vegetatives Leben menschlicher Herkunft auszulöschen, ist nach dem Ende des nationalsozialistischen Mordprogramms nicht verstummt.[30] Sie bekam eine neue und weltweite Aktualität durch den australischen Bioethiker Peter Singer (*1946 in Melbourne). Nach Singer hat »Euthanasie nichts Schreckliches an sich«[31], ob beim Fötus, Säugling oder alten Menschen. Singer unterscheidet zwischen freiwilliger Euthanasie, die sich »kaum von der Beihilfe zum Selbstmord unterscheiden lässt«[32], und der unfreiwilligen Euthanasie, für die es keine Rechtfertigung gibt, wenn sich ein Mensch, egal unter welchen Umständen, dafür entscheidet, weiterleben zu wollen.[33] Für das von ihm propagierte Euthanasieprogramm schafft Singer den Begriff der »nicht freiwilligen Euthanasie« und definiert diesen wie folgt: »Wenn ein menschliches Wesen nicht fähig ist, die Entscheidung zwischen Leben und Tod zu verstehen, dann wäre die Euthanasie weder freiwillig noch unfreiwillig, sondern nichtfreiwillig. In dieser Situation sind schwer missgebildete oder stark zurückgebliebene Säuglinge sowie Menschen, die durch Unfall, Krankheit oder hohes Alter die Fähigkeit auf Dauer verloren haben, das Entscheidungsproblem zu verstehen, ohne dass sie zuvor Euthanasie unter diesen Umständen gefordert oder abgelehnt hätten.«[34]

Singers Euthanasieprogramm kann nicht anders verstanden werden als eine Rechtfertigung des Ermordens von »Elenden und Armen« (Hiob 24,14). Singers »nichtfreiwillige Euthanasie« ist ein Mordprogramm, das eindeutig im Widerspruch zu dem Gottesgebot steht: »Du sollst (wirst) nicht morden.«

(e) Leichtfertiges Morden

Das Alte Testament bezeichnet als Mord auch die »Gefährdung des Lebens aus Fahrlässigkeit«[35]. Jeder, der ein Haus baut, ist verpflichtet, an seinem Dach ein Geländer anzubringen, »damit du nicht Blutschuld auf dein Haus ladest, wenn jemand herabfällt« (5. Mose 22,8). Die Dächer der israelitischen Häuser waren Flachdächer, auf denen man sich auch aufhalten konnte (Jos 2,6; 2. Sam 11,2; Mt 10,27). Wenn ein Mensch ein Haus baut, soll er die Rücksicht auf seine Mitmenschen im Auge haben. Es ist die

Warnung, »nichts Lebensgefährdendes im Bereich unserer Verantwortung zu haben«[36].

Mord ist leichtfertiges Töten aus Unachtsamkeit[37] und auf Grund von Fahrlässigkeit[38]. Ein aggressives und rücksichtsloses Verhalten im Straßenverkehr kostet bei ungezählten Unfällen andere Verkehrsteilnehmer das Leben. In den meisten Fällen kann die Gefährdung des Lebens aus Fahrlässigkeit nicht anders beurteilt werden als Mord im Sinne von gewalttätigem und schuldhaftem Zu-Tode-Bringen eines anderen.

3. Mord – ein Vergehen gegen die Unantastbarkeit des Lebens

In demselben Zusammenhang, in dem Gott dem Menschen die Freigabe erteilt, Tiere zu töten, untersagt er mit eindeutigen Worten jedes Vergießen von Menschenblut. »Wer Menschenblut vergießt, dessen Blut soll auch durch Menschen vergossen werden; denn Gott hat den Menschen zu seinem Bilde gemacht« (1. Mose 9,6). Mit diesem Wort bringt Gott sein »unbedingtes Herrsein über das Leben des Menschen zum Ausdruck«[39].

Jedes Ermorden eines Menschen ist einmal ein Verstoß gegen die Würde und die Unantastbarkeit menschlichen Lebens, zum andern gilt: »Der Angriff auf das leibliche Leben des Mitmenschen ist immer auch ein Angriff auf Gott selbst.«[40] Beim Auslöschen des Lebens eines Menschen wird immer zugleich »das göttliche Ebenbild angetastet«[41]. Wer das Blut eines Menschen vergießt, zertrümmert das Bild Gottes.[42] Ein Mensch, dessen Leben ausgelöscht wird, kann Gott nicht mehr hören und nicht mehr antworten! Auf dieser Basis ist alles Blutvergießen zu beurteilen, das nicht direkt durch das Gebot »Du sollst (wirst) nicht morden« untersagt ist. Jeder, der menschliches Leben antastet, macht sich schuldig.

Es gibt jedoch Situationen, in denen der Mensch nicht wählen kann zwischen Schuldigwerden und Nicht-Schuldigwerden, sondern in denen ihm keine andere Wahl bleibt, als in Verantwortung Schuld auf sich zu nehmen. In allen diesen Fällen gilt: »Vor den andern Menschen rechtfertigt den Mann der freien Verantwortung die Not, vor sich selbst spricht ihn sein Gewissen frei, aber vor Gott hofft er allein auf Gnade.«[43]

(a) Abtreibung

Jeder Mensch ist vom Augenblick seiner Zeugung an ein Werk des Schöpfers, ein Plan Gottes, ein Gegenstand seiner Liebe. Gott ist der Schöpfer eines jeden Menschen, der im Mutterleib in natürlicher Weise in Erscheinung tritt.

Von der gerade befruchteten Eizelle heißt es: »Deine Augen sahen mich schon als formlosen Keim« (Ps 139,16 nach Menge).

Keim (hebräisch: *golem*) heißt wörtlich übersetzt: »Zusammengewickeltes«[44], »rohe, noch ungeformte Masse«[45], »Knäuel«[46], »Klumpen«[47]. Für Gott zählt jeder Tag des gerade mit der Befruchtung einer menschlichen Eizelle im Mutterleib entstandenen Menschen. Alle Tage, »als noch keiner von ihnen da war«, sind von Gott »vorbedacht« und »eingeschrieben« in sein Buch (Ps 139,16)! Was muss in dieses Buch eingetragen werden, wenn Menschen entstehendes Leben unter- oder abbrechen? Hier ist es die Aufgabe der Christen, in diese Situation hinein zu sagen: Jedes Kind – vom ersten Tag seiner Zeugung an – hat dieselbe Würde wie ein erwachsener Mensch.

Individuelles menschliches Leben beginnt mit der Befruchtung. Es steht *nicht* in der Freiheit des Menschen, »die Verwirklichung der Bestimmung des Lebens eigenmächtig dadurch unmöglich zu machen, dass er es abtreibt oder gar als Experimentiermaterial verbraucht«[48].

Es gibt in der Bibel keine Legitimation für den Griff nach ungeborenem Leben.

Im Bereich der Abtreibung gibt es *eine* Situation, in der ein Arzt nicht zwischen Schuld und Nichtschuld entscheiden kann, sondern in der ihm keine andere Wahl bleibt, in Verantwortung Schuld auf sich zu nehmen. Dies ist immer dann der Fall, wenn entstandenes Leben das Leben der Mutter bedroht (medizinische Indikation).

(b) Notwehr

Die Notwehr bedeutet so viel wie die Abwehr eines Angriffs auf Leib und Leben, bei dem der Angreifer selbst verletzt, womöglich getötet werden kann. Notwehr ist der Einsatz von Gewalt gegen lebensbedrohende Gewalt, zum Beispiel bei einem Tötungs- oder Vergewaltigungsversuch. In einem solchen Fall ist eine Frömmigkeit des »Annehmens« die »Blasphemie des Fatalismus«, das heißt nichts »Geringeres als eine Sabotage« der Fürsorge Gottes für das von ihm geschenkte Leben.[49]

Der Mensch hat sein Leben ohne sein Zutun empfangen. Es ist von

Gott geschenktes Leben, das unter Gottes Schutz steht. Der Mensch hat ein Recht auf leibliches Leben, das er sich weder geraubt noch erworben hat, sondern das mit ihm geboren ist. Der Mensch bekam von Gott seinen Leib nicht in erster Hinsicht dazu, um ihn zu opfern, sondern um ihn zu erhalten. Unter diesem Gesichtspunkt bedeutet Notwehr »die Bewahrung des Leibes vor beabsichtigter Schädigung, Vergewaltigung und Tötung«[50]. Der Fall der Notwehr ist nicht gegeben, wenn sich ein Mensch auf harmlosere Weise als durch Gewalt mit möglicher Todesfolge vor den Angriffen schützen kann. Wenn die Mordabsicht eines Angreifers (Terroristen) jedoch nicht anders zu verhindern ist, tritt der Extremfall ein, dass dieser getötet werden kann.

(c) Dienst mit der Waffe

Voraussetzung des Dienstes mit der Waffe ist ein Notstand. »Notstand im weiteren Sinne liegt vor, wenn Güter des Einzelnen oder der Allgemeinheit auf eine Weise gefährdet sind, dass besondere Mittel zur Abwendung der Gefahr eingesetzt werden müssen.«[51] In Zeiten des Friedens übernimmt diese Aufgabe die Polizei. Handelt es sich um den Angriff eines Volkes auf das Leben eines anderen Volkes, so ist die Situation des Krieges gegeben. Jeder Krieg ist – unabhängig davon, ob er als Angriffs- oder Vernichtungskrieg geführt wird – »ein Akt der Gewalt, um den Gegner zur Erfüllung unseres Willens zu zwingen«[52]. Aus dem Tatbestand, dass das im sechsten Gebot gebrauchte Zeitwort für »morden« (hebräisch: *rāṣaḥ*) an keiner Stelle für Tötung in Notwehr oder im Krieg gebraucht wird, kann gefordert werden: Das Töten im Krieg ist nicht ohne weiteres mit Mord gleichzusetzen. Mord ist vorsätzliches und willkürliches Töten[53], ein Töten aus Leidenschaft. Die Tötung des Feindes im Krieg ist nicht in jedem Fall Mord. Um Mord handelt es sich jedoch eindeutig, wenn wehrlose Gefangene oder Verwundete, die sich keines Angriffs auf das Leben eines anderen mehr schuldig machen können, willkürlich umgebracht werden.

Für einen Wehr- und Kriegsdienstverweigerer ist es nicht ausreichend, sich auf den Wortlaut des sechsten Gebotes zu berufen. Gleichzeitig aber kann ein Christ kein uneingeschränktes Ja zum Krieg finden. Obgleich Bonhoeffer das Töten des Feindes im Krieg nicht mit Mord gleichsetzt, war er von der Legitimität der Kriegsdienstverweigerung überzeugt und selbst dazu entschlossen.[54] Die Gründe, die einen Wehr- und Kriegsdienstverweigerer zu seiner Entscheidung veranlassen, sind einmal das Gebot der Feindesliebe (Mt 5,44; Lk 6,27.35), zum andern die mit jedem Krieg verbundene Totalisierung: Frauen, Kinder und Greise werden gleichermaßen zu Opfern des Krieges. Atomare Kriege vernichten nicht nur den Gegner, sondern auch das, was verteidigt werden sollte. Letztlich ist heute jeder Krieg aussichtslos und politisch wahnsinnig![55] Auf diesem Hintergrund kann ein Christ den Wehr- und Kriegsdienst verweigern.[56]

Wer sich jedoch grundsätzlich wehrt, eine Waffe in die Hand zu nehmen, muss in seinem Gewissen mit den Fragen fertig werden, warum er von dem Schutz lebt, den Polizei und Soldaten für ihn aufbauen, und warum er sich weigert, für den Angegriffenen einzustehen!

(d) Attentat auf einen Tyrannen

Tyrannei ist der »Missbrauch eines an sich legalen Amtes«[57]. Für Bonhoeffer verkörperte Adolf Hitler alle Züge eines Tyrannen. Er skizziert sie mit folgenden Worten: »Dem tyrannischen Menschenverächter gilt Popularität als Zeichen höchster Menschenliebe, sein heimliches tiefes Misstrauen gegen alle Menschen versteckt er hinter den gestohlenen Worten wahrer Gemeinschaft. Während er sich vor der Menge als einer der ihren bekennt, rühmt er sich selbst in widerwärtigster Eitelkeit und verachtet das Recht jedes Einzelnen. Er hält die Menschen für dumm und sie werden dumm, er hält sie für schwach und sie werden verbrecherisch. Sein heiligster Ernst ist frivoles Spiel, seine biedermännisch beteuerte Fürsorglichkeit ist frecher Zynismus. Je mehr er aber in tiefer Menschenverachtung die Gunst der von ihm Verachteten sucht, desto gewisser erweckt er die Vergötterung seiner Person durch die Menge. Menschenverachtung und -vergötzung liegen dicht beieinander.«[58]

Auch wenn der eindeutige Tatbestand einer Tyrannei gegeben ist, kann das Töten eines Tyrannen mit keinem Wort aus der Bibel gerechtfertigt werden. Das Attentat auf einen Tyrannen ist eine Notstandsmaßnahme, in der einzelne Menschen die Schuld an dem Attentat verantwortlich übernehmen. Die führenden Männer des 20. Juli waren sich dieser ethischen Problematik voll bewusst.

Bonhoeffer gehörte zu jener Bewegung des deutschen Widerstandes, die die gewaltsame Beseitigung Hitlers klar ins Auge fasste. Er war selbst bereit, das Attentat auf Hitler durchzuführen.[59] Für Bonhoeffer war der lange Weg, der zu diesem Entschluss führte, ein »waches und mündiges Durchschreiten der Schuldsituation«[60].

Bonhoeffer kam zu dem Ergebnis: »Wer in Verantwortung Schuld auf sich nimmt – und kein Verantwortlicher kann dem entgehen –, der rechnet sich selbst und keinem andern diese Schuld zu und steht für sie ein, verantwortet sie.«[61] Er nahm diese Schuld auf sich – zusammen mit den Männern des 20. Juli –, weil sie sich vor die Alternative gestellt sahen: »Entweder ein ganzes Volk der physischen Vernichtung und dem moralischen Ruin zu überantworten (weil es sich in der Hand eines Wahnwitzigen befindet) oder die andere Schuld des Attentats auf sich zu nehmen.«[62] Befragt, wie er sich als Christ und Pfarrer an einer derartigen Sache beteiligen konnte, antwortete er, als er bereits inhaftiert worden war: »Wenn ein Wahnsinniger auf dem Kurfürstendamm sein Auto über den Gehweg steuert, so kann ich als Pastor nicht nur die Toten beerdigen und die Angehörigen trösten, ich muss hinzuspringen und den Fahrer vom Steuer reißen, wenn ich eben gerade an dieser Stelle stehe.«[63]

Die Entscheidung Bonhoeffers – und dies gilt für jeden Tyrannenmord – ist »der wagende Entschluss eines Einzelgewissens«[64]. Was Bonhoeffer in den letzten Jahren im Mittun an der Verschwörung getan hat, kann niemals ein allgemeines Vorbild ethischen Verhaltens sein. »Es handelt sich um einen Extremfall christlichen Zeugnisses.«[65]

(e) Todesstrafe

Im Unterschied zum Attentat auf den Tyrannen ist die Todesstrafe keine Notstandsmaßnahme, für die es keinen anderen Ausweg gibt.

Im Alten Testament ist die Todesstrafe legitimiert. »Mord wird durchgehend mit dem Tode bestraft.«[66] Auf vorsätzliches Ermorden stand die Todesstrafe (2. Mose 21,12; 3. Mose 24,17; 4. Mose 35,16ff.). Ferner wird im Alten Testament die Todesstrafe nicht nur bei Mord, sondern auch bei zahlreichen anderen Freveln verhängt, zum Beispiel bei Menschendiebstahl (2. Mose 21,16), bei Misshandlung und Verfluchung der Eltern (2. Mose 21,15.17), bei Unzucht mit Tieren (2. Mose 22, 18), bei Inzest, das heißt Geschlechtsverkehr zwischen Blutsverwandten (3. Mose 20,11ff.), bei Ehebruch (3. Mose 20,10), in zwei vorsätzlichen Fällen der Sabbatentheiligung (2. Mose 31,15; 4. Mose 15,32-36) oder bei der Totenbeschwörung (3. Mose 20,27). Im Alten Testament ist die Auslöschung eines Schuldiggewordenen jeweils mit dem Gedanken der Sühne (3. Mose 20,1-5; Jos 7,20.25f.) verbunden. Die Kernbotschaft des Neuen Testamentes dagegen lautet: Jesus ist für alle Sünden am Kreuz gestorben. Er hat für die Schuld aller Menschen gesühnt. Jeder, unabhängig davon, welche Schuld er auf sich geladen hat, wird bei seiner Hinkehr zu Jesus gerechtfertigt aus Gnade (Röm 3,24; Eph 2,5.8; Tit 3,5.7). Die Todesstrafe verkürzt dem Schuldiggewordenen den »Raum der Buße«[67]. Kein Mensch hat das Recht, einem anderen einen Teil seines Lebens, und sei es nur der letzte Augenblick, zu nehmen, der wie bei dem Schächer am Kreuz immer noch der Augenblick seiner möglichen Rettung sein kann (Lk 23,40-42).

Dennoch gibt es Befürworter der Todesstrafe, die sich auf Worte des Neuen Testamentes berufen. Sie sehen in der Warnung von Jesus an seine Jünger: »Wer das Schwert nimmt, der soll durchs Schwert umkommen« (Mt 26,52) einen Hinweis darauf, dass private Mordhandlungen mit der Hinrichtung durch die Obrigkeit bestraft werden.[68] Außerdem verweisen sie auf Pilatus, Paulus und Petrus.

Pilatus sagt von sich, dass er die Macht hat, »loszugeben« oder »zu kreuzigen« (Joh 19,10). ***Paulus*** spricht vom »Schwert der Obrigkeit« (Röm 13,4) und ***Petrus*** von den »Herren« und deren Befugnis »zur Bestrafung der Übeltäter« und der »Belobigung derer, die recht handeln« (1. Petr 2,13f.).

Das Wort von Jesus an Petrus im Garten Gethsemane (Mt 26,52) trennt die Einstellung von Jesus von der Haltung der Jünger. Petrus wollte mit Gewalteinsatz den Jesus vom Vater bestimmten Weg zum Kreuz verhindern. Mit seiner Warnung verweist Jesus seine Jünger auf die Bergpredigt, in der Gewaltverzicht (Mt 5,39.44; 7,1f.12) eine entscheidende Rolle spielt.[69]

Das Schwert der Obrigkeit, von dem Paulus spricht, kann nicht als Schwert des Scharfrichters gedeutet werden, es ist viel mehr ein Bild für die Strafgerichtsbarkeit überhaupt.[70] Dem entspricht auch die Aussage im Brief des Petrus (1. Petr 2,13f.).

Die genannten Stellen des Neuen Testamentes können nicht als Belege für die Legalisierung der Todesstrafe gelten. Dazu kommt, dass die Geschichte der Todesstrafe bzw. der Kriminalität durchzogen ist von nicht restlos aufgeklärten Fällen. »Die Todesstrafe ist die einzige Strafe, welche keine Möglichkeit der Korrektur eines Justizirrtums mehr zulässt.«[71]

Auch sind die Kriterien eines Vergehens, das mit dem Tod bestraft wird, in den einzelnen Staaten verschieden und in totalitären Systemen abhängig von der Willkür der Herrschenden. Im national-sozialistischen Deutschland zum Beispiel sahen im Krieg erlassene Verordnungen »unter Überschreitung des regelmäßigen Strafrahmens« die Todesstrafe vor, »wenn es die Aufrechterhaltung der Manneszucht oder die Sicherheit der Truppe erfordert«[72]. Außerdem wurden jede politische Opposition und das Abhören verbotener Sender mit dem Tod bestraft.[73]

Die Todesstrafe ist keine Notmaßnahme, für die es keinen anderen Ausweg gibt. Die Strafgerichtsbarkeit, die dem Staat obliegt, kann selbst dem Mörder die Chance einräumen, seine Tat zu bereuen und ein neues Leben zu beginnen. Der Staat kann den Mörder, und zwar unter den Bedingungen der Sicherheit, die er der Gesellschaft schuldig ist, in lebenslänglichen Gewahrsam nehmen.[74] Es gibt Fälle, zum Beispiel Mord im Zusammenhang mit Sexualdelikten an Kindern, in denen der Begriff »lebenslänglich« *ein Leben lang* beinhalten müsste.

(f) Selbstmord

Es gibt keine Stelle in der Bibel, die den Selbstmord ausdrücklich verbietet.[75] Sechs Beispiele vollendeten Selbstmordes werden berichtet:

- Der geblendete ***Simson,*** wieder im Besitz seiner Kraft, übt Rache. Er drückt beide Mittelsäulen des Tempels ein und begräbt sich und die Philister unter den Trümmern (Ri 16,27-30).
- ***Saul,*** von den Philistern besiegt, stürzt sich aus Angst vor den Bogenschützen in sein Schwert (1. Sam 31,4-6).
- Der ***Waffenträger Sauls*** folgt seinem Herrn in den Tod (1. Sam 31,5).
- ***Simri*** hatte sich selbst zum König von Tirza gemacht. Als Omri die Stadt belagerte, verzweifelte Simri angesichts der feindlichen Übermacht. Er verbrannte sich in und mit seinem Palast (1. Kön 16,15-18).
- ***Ahitofel,*** dessen Rat als göttlich galt, wurde vom Ratgeber Davids zum Verräter an David. Seinen Plan, David zu überfallen und Abschalom auf den Thron zu verhelfen, hinterbrachte Huschai dem König David. Als Ahitofel erkennen musste, dass sein Vorhaben gescheitert war, erhängte er sich (2. Sam 16,22-17,23).
- ***Judas*** ging hin und erhängte sich, als er Jesus verraten hatte (Mt 27,5; vgl. Apg 1,16-18).

Nach dem, was bisher vom Verhalten der Tiere bekannt ist, hat der Mensch als einziges Lebewesen die Fähigkeit, sich selbst umzubringen.[76] »Der Mensch hat sein Leben im Unterschied zum Tier nicht als einen Zwang, den er nicht abwerfen kann, sondern er hat sein Leben in der Freiheit, es zu bejahen oder zu vernichten.«[77]

Die Liste der Motive, wie Liebeskummer, Ehekonflikte, Familienstreitigkeiten, unheilbare Krankheit oder Tod des Ehegatten, zeigt, dass es keine Krise im Leben eines Menschen gibt, die nicht Anlass zu einer Selbstmordhandlung geben kann.[78] Da der Selbstmord eine spezifisch menschliche Tat ist, ist es nicht erstaunlich, dass er von Philosophen aller Zeiten als Recht des Menschen bezeichnet wurde.

Auf den römischen Philosophen Seneca (4 v. Chr. – 65 n. Chr.), der selbst, wenn auch nicht freiwillig, sondern auf den Befehl Neros, den Freitod wählte, geht das Wort zurück: patet exitus, übersetzt: offen steht der Ausgang (aus dem Leben).[79] Martin Heidegger spricht von der »Freiheit zum Tode«[80]. Um dem Selbstmord den Akzent der Schuld und Verwerflichkeit zu nehmen, wurde der als wertneutral aufzufassende, aus dem lateinischen abgeleitete Begriff Suizid, »Selbsttötung«, gebräuchlich.[81]

Vom rein Menschlichen her, speziell von der Freiheit des Menschen aus gesehen, kann sich der Mensch selbst das Leben nehmen. Ist sich der Mensch jedoch bewusst, dass er ein Geschöpf Gottes ist, dass er sein Leben als Gabe geschenkt bekam, »ist der Selbstmord in der Tat ein Mord, ein höchstes Unrecht gegen Gott«[82]. Schuldig wird der Selbstmörder allein vor Gott dem Schöpfer und Herren eines jeden einzelnen Lebens. »Weil ein lebendiger Gott ist, ist der Selbstmord verwerflicher als die Sünde des Unglaubens.«[83] Vom Glauben an Gott den Schöpfer und Erhalter des Lebens aus gesehen, ist Selbstmord »eine ungeheure Anmaßung, ein Aufstand des Menschen gegen seinen Schöpfer«[84].

Viel schwieriger als diese grundsätzliche Beurteilung des Selbstmordes ist das Urteil über den Einzelfall. »Da der Selbstmord eine Tat der Einsamkeit ist, bleiben die letzten entscheidenden Motive fast immer verborgen.«[85] Selbstmord kann nicht allein damit entschuldigt werden, als sei jeder Selbstmörder immer als kranker und nicht zurechnungsfähiger Mensch anzusehen.[86] Zweifellos gibt es Selbsttötungen, deren Ursachen psychopathologischer Art sind. In den meisten Fällen jedoch, in denen sich ein Christ das Leben nimmt, handelt es sich um ein Scheitern im Glauben.

Dies gilt auch für Jochen Klepper. Jochen Klepper war erst 39 Jahre alt, als er sich und mit ihm seine Frau Johanna und seine Tochter Renate entschlossen, ihrem Leben ein Ende zu setzen. Ihr Abtransport in die Konzentrationslager stand unabwendbar und unmittelbar bevor. Die Kleppers konnten nicht mehr durchhalten. Sie gingen, ehe Gott sie gerufen hatte.[87]

Kein Christ wird sich anmaßen, Jochen, Johanna und Renate Klepper zu verurteilen oder gar zu verdammen. Über das Scheitern im Glauben steht Gott allein das Urteil zu. Dies gilt für jeden Christen, der die Spannung, in die er gestellt ist, nicht mehr aushalten kann und in der er sich entschließt zu gehen, bevor sein Erlöser ihn ruft.

(g) Medizinische Sterbehilfe

Um dem Verlangen von Menschen um ärztliche Hilfe bei der Beendigung von Leben entgegenzuwirken, wurde bereits in der Antike ein ärztliches Ethos formuliert und von den Medizinern als Eid abgelegt. In dem Arzt-Eid, der dem zum Ausgang des 5. vorchristlichen Jahrhunderts lebenden griechischen Arzt Hippokrates zugeschrieben wird, heißt es: »Meine Verordnungen werde ich treffen zu Nutz und Frommen der Kranken nach bestem Vermögen und Urteil, sie schützen vor allem, was ihnen Schaden und Unrecht zufügen könnte. Nie werde ich, auch nicht auf eine Bitte hin, ein tödlich wirkendes Gift verabreichen oder auch nur einen Rat dazu erteilen. Gleicherweise werde ich niemals einer Frau ein fruchtabtreibendes Zäpfchen geben.«[88]

Heute verhallt der Ruf nach ärztlicher Hilfe bei der Beendigung des Lebens nicht in einem leeren Raum.

In der klassischen Medizin unterscheidet man drei Arten von Sterbehilfe:

- die ***aktive, direkte Sterbehilfe***, das heißt die gezielte Tötung eines Patienten durch tätiges Handeln. Nach deutschem Recht ist Tötung auf Verlangen, auch wenn der Tat ein entsprechender Wunsch des Patienten zu Grunde liegt, noch strafbar. Erfolgte die Tötung gegen den Willen des Patienten, so ist je nach Fall der Tatbestand des Totschlages oder gar des Mordes erfüllt.[89]

  Nach deutschem Recht straflos bleibt sowohl die aktive indirekte Sterbehilfe als auch die passive Sterbehilfe.
- Die als ***aktive indirekte Sterbehilfe*** bezeichnete ärztliche Handlung ist die effektive Behandlung der Schmerzen eines sterbenskranken Patienten. Sie ist in der Regel nur mit derart potenten Medikamenten möglich, dass deren Gabe mit der Gefahr einer Lebensverkürzung verbunden ist. Ethisch verantwortbar ist nur die Schmerztherapie mit dem Risiko des Todes, nicht aber die bewusste Herbeiführung des Todes eines Patienten, um seine Schmerzen zu beenden.
- Unter ***passiver Sterbehilfe*** versteht man das Sterbenlassen von todkranken Patienten. Diese passive Sterbehilfe ist nach einer Entscheidung des Bundesgerichtshofes vom 13. 09. 1994 in weitem Umfang zulässig.[90]

Es besteht ein erheblicher ethischer Unterschied zwischen einer gezielt durchgeführten Lebensbeendigung und dem Verzicht auf Lebensverlängerung. Trotz einer relativ klaren Rechtslage in Deutschland steht der behandelnde Arzt sowohl in der aktiven indirekten als auch in der passiven Sterbehilfe vor einer inneren Zerreißprobe, die ihm keiner abnehmen kann.[91]

Die medizinischen Möglichkeiten der Lebensverlängerung sind so weit fortgeschritten, dass nicht mehr jede »machbare« Lebensverlängerung dem Wohl des Menschen dient, sondern dass sie mitunter unmenschliche Folgen haben kann. Es gibt Bereiche, »in denen kraft des Vermögens heutiger Medizin der Heilauftrag des Arztes in einen Terror der Humanität, in den Frevel des Inhumanen umzuschlagen droht«[92].

(h) Pränatale Diagnostik

Unter Pränataler Diagnostik ist die Diagnostik vor der Geburt zu verstehen. Es handelt sich dabei um eine Untersuchung des einer Schwangeren entnommenen Fruchtwassers mit dem Ziel, angeborene Schäden (zum Beispiel Down-Syndrom) bereits im Mutterleib festzustellen.[93] Die anfänglich damit verbundenen Risiken für das im Mutterleib heranwachsende Kind können heute weitgehend ausgeschlossen werden.[94] Die Pränatale Diagnostik selbst ist im Unterschied zu anderen diagnostischen Verfahren der Medizin nicht wertneutral, das heißt, sie wird nicht nur angewandt, um zu helfen, sondern um gegebenenfalls zu töten. Ein negativer Befund kann zwar Eheleuten die Angst vor der Geburt eines schwer behinderten Kindes nehmen, ein pathologischer Befund aber hat in der Regel eine Abtreibung, das heißt die Tötung des Kindes im Mutterleib, zur Folge. Einer der Gründe für die Tötung eines behinderten Kindes im Mutterleib ist, dass dieses für die Eltern, die Familie und die Gesellschaft zu einer unzumutbaren Last werden muss. Es gibt die Forderung, Geburten schwer behinderter Kinder aus volkswirtschaftlichen Gründen zu verhindern.

In seiner Dissertation stellt Hans Heinrich Freiherr von Stackelberg fest: »In einer Zeit der knapper werdenden öffentlichen Mittel muss überlegt werden, ob es nicht billiger ist, das Leben behinderter Kinder zu verhindern ... Der öffentliche wie auch der private Wohlstand steigt, wenn es keine behinderten Kinder mehr gibt.«[95]

Anhand von »Kosten-Nutzen-Analysen« wird in Mark und Pfennig ermittelt, was ein behindertes Kind kostet.

Die aus biblischer Sicht problematische Begründung für die Abtreibung kranker bzw. behinderter Kinder ist, dass diese getötet werden, weil sie nicht vollwertige und daher unglückliche Menschen sind. Die Abtreibung von Kindern mit pathologischem Befund ist nichts anderes als eine Selektion und damit ein verfeinertes Euthanasiemodell. Der Jurist W. Bonhoeffer zieht in seinem Artikel »Das Monstrum ist nichtig« den Schluss, den Lebensschutz erst mit der Geburt anzusetzen.[96] Die Abtreibung eines als behindert diagnostizierten Embryos ist die Tötung eines von Gott geschaffenen Lebens.

Anders zu beurteilen sind genetische Beratungen, die mit dem Ergebnis enden, auf einen Kinderwunsch zu verzichten und sich in letzter Konsequenz für eine Sterilisation zu entscheiden.[97]

(i) Forschung an nicht einwilligungsfähigen Personen

Angesichts der nationalsozialistischen Medizin-Verbrechen wurde 1947 der so genannte Nürnberger Kodex als allgemeine und ethische Grundlage der Medizin formuliert. Nach dem Nürnberger Kodex steht der Mensch mit seinen individuellen, menschenrechtlich garantierten Grundrechten im Mittelpunkt der Medizin, *nicht* die medizinische Forschung und *nicht* der Nutzen der Gesellschaft. Jeder Behandlung, jedem Heilversuch und jeder medizinischen Forschung muss die freiwillige Einwilligung des Betroffenen nach umfassender Information vorausgehen. Eine Präzision im Blick auf nicht einwilligungsfähige Personen findet sich in der »Deklaration von Helsinki« von 1964. In ihr heißt es: Medizinische Untersuchungen, die einen Nutzen für den Betroffenen haben, sind Heilversuche und können bei nicht einwilligungsfähigen Personen ersatzweise durch die Einwilligung des gesetzlichen Vertreters legitimiert werden.[98]

Diese Basis der humanen Medizin wurde erschüttert und zumindest teilweise aufgegeben durch die im November 1996 vom Europarat verabschiedete Konvention über Menschenrechte und Biomedizin.[99]

In den als Schutzvorschriften deklarierten Passagen heißt es u. a.: Die Forschung an einwilligungsunfähigen Personen soll nur dann erlaubt sein, wenn das Risiko und die Belastung minimal sind und keine einwilligungsfähigen Personen gefunden werden können (Artikel 17). Die Entnahme regenerierbaren Gewebes für nahe Anverwandte ist bei einwilligungsunfähigen Personen ohne persönliche Zustimmung möglich (Artikel 20).[100]

Diese so genannten Schutzvorschriften lassen genügend Türen offen für den Griff nach der Würde und dem Lebensrecht nicht einwilligungsfähiger Personen. Es ist die große Gruppe der Menschen mit geistigen Behinderungen, psychischen Krankheiten, Altersgebrechlichkeiten, Hirnerkrankungen und vorübergehendem oder längerem Wachkoma.

(j) Organentnahme

Die zu Transplantationen benötigten Organe müssen einem Menschen entnommen werden, bevor Atemstillstand, Herzstillstand und das Aussetzen aller Körperfunktionen eingetreten sind. Um dies zu ermöglichen, wurde in der so genannten Harvard-Konvention die Definition des ***Hirntodes*** festgelegt, die in Folge die Transplantationsmedizin ermöglichte.[101] Nach der Definition der Bundesärztekammer ist unter Hirntod der »vollständige und irreversible Funktionsausfall von Groß- und Stammhirn nach primärer oder sekundärer Ursache«[102] zu verstehen, das heißt, nach der Hirntoddefinition ist ein Mensch dann tot, wenn die Gesamtfunktion seines Gehirns vollständig und nicht wiederherstellbar zusammengebrochen ist. Der vollständige und nicht endgültige Hirnausfall muss von zwei Ärzten festgestellt werden, wenigstens einer dieser beiden muss eine mehrjährige Erfahrung in der Intensivbehandlung haben, und keiner von ihnen darf an einer vielleicht möglichen Organtransplantation mitwirken.[103] Vor der Entnahme von Organen müssen außerdem 24 Stunden nach der Feststellung des Hirntodes vergangen sein.

Die maschinelle Dauerbeatmung ermöglicht es, noch Tage die übrigen Körperfunktionen des als hirntot Diagnostizierten weiter bestehen zu lassen. Der Mensch atmet weiter, sein Kreislauf funktioniert, seine Organe arbeiten! Die Organentnahme erfolgt bei beatmetem Zustand. Danach werden die Geräte abgeschaltet. Der Totaltod tritt ein. Die entnommenen Organe behalten in einer speziellen Konservierungslösung noch 50 Stunden ihre Funktion.

Die alles entscheidende Frage lautet: Ist der Hirntod (der Tod des Gesamthirns) mit dem »Individualtod« und damit mit dem Menschentod und dem Tod der Person gleichzusetzen? Ist der Tod des Gesamthirns gleichzeitig der Verlust der leib-seelischen Ganzheit und infolgedessen das Aufhören jeglicher Individualität? Die großen Kirchen in Deutschland haben in einer gemeinsamen Schrift festgestellt, dass sie den Hirntod als Individualtod ansehen.[104] Unklar und offen ist die Kontroverse unter den Medizinern, ob der Hirntote ein Verstorbener ist (so die Transplantationsmediziner G. Gubernatis und R. Pichelmayr)[105] oder ein Sterbender (so die Neurophysiologin Inge Gorynia[106] und der Neurochirurg Oskar Josef Beck).[107]

Da im Körper des Hirntoten unumstritten noch biologisches Leben vorhanden ist, stellen sich für Christen folgende Fragen:

Was ereignet sich zwischen dem Hirntod und dem Totaltod?
Bricht mit dem Hirntod die Geschichte Gottes mit seinem Geschöpf ab?
Habe ich ein Recht, in den Sterbevorgang einzugreifen?

Diese Fragen muss jeder einzelne Christ allein beantworten. Als Hilfen zur persönlichen Antwort können folgende Punkte genannt werden:

- Die Entscheidung auf Abbruch der intensivmedizinischen Behandlung und der Freigabe der Organe kann nur der Betreffende selbst herbeiführen. Keiner darf in einem solchen Fall für einen anderen, und sei es sein nächster Angehöriger, entscheiden.
- Die Entscheidung zur Organspende muss freiwillig sein. Sie darf nicht unter dem Druck oder in indirektem Zwang stehen, dass Organspende ein zwingendes Gebot der Nächstenliebe sei.
- Trifft ein Mensch die Entscheidung, freiwillig seine Organe solchen zu schenken, die damit weiterleben können, dann hat dies keinerlei Auswirkung auf die Auferstehung. Bereits die Geschichte der Märtyrer zeigt, dass körperliche Unversehrtheit keine Voraussetzung für die Auferstehung ist.
- Ein eindeutiger Verstoß gegen das Gebot »Du sollst (wirst) nicht morden« ist der Vorschlag des australischen Anästhesisten M. Griffith: »Die Herzen von lebenden Geisteskranken sollen dazu verwandt werden, ›wertvollere Mitglieder der Gesellschaft‹ zu retten.«[108]

(k) Manipulation von Genen

Genmanipulationen scheinen auf den ersten Blick in keinerlei Zusammenhang mit dem Tötungsverbot zu stehen. Der Griff nach den Genen ist jedoch der Versuch, Menschen zu verändern und die Schöpfung zu überbieten. So muss zumindest die Frage gestellt werden, ob das Tötungsverbot nicht auch die Personalität und die Identität des Menschen schützt. Durch die Manipulation der Gene werden sowohl die Persönlichkeitsstruktur als auch die Identität des Menschen im Namen pragmatischer Ziele verändert.[109]

4. Taten auf dem Weg zum Mord

In der Bergpredigt nennt Jesus Mord nicht nur die äußere Tat, sondern alle »Taten, die auf der Linie zum Mord liegen«[110]. Dabei hebt Jesus die buchstäbliche Geltung des Gebotes »Du sollst (wirst) nicht morden« nicht im Geringsten auf.[111] Wenn Jesus sagt: »Ihr habt gehört«, spricht er seine Hörer auf das an, was sie aus den gottesdienstlichen Lesungen der Thora wissen. Er wiederholt das Gebot (2. Mose 20,13; 5. Mose 5,17) und fasst in einem Nachsatz die im Alten Testament festgelegten Strafbestimmungen für die Übertreter der Gebote zusammen (2. Mose 21,12; 3. Mose 24,17; 4. Mose 35,30). Die zitierten Schriftstellen sind Worte des lebendigen Gottes.[112] Das, was einmal den »Alten«, das heißt »dem Geschlecht am Sinai«[113], der so genannten »Wüstengeneration«[114], gesagt wurde, behält seine volle Gültigkeit. Mit seinem »Ich aber sage euch« setzt sich Jesus nicht in Gegensatz zum Alten Testament, sondern er stellt sich als der vor, »der den göttlichen Willen durch sein eigenes Wort bezeugen kann«[115]. Das Wort von Jesus ist streng genommen kein »Gegensatzwort«, keine Antithese.[116] Jesus setzt vielmehr seine Hörer »dem neu verkündigten Gebot Gottes aus«[117]. Noch ist der Mensch – so führt Jesus in zwei Beispielen aus – auf dem Weg (Mt 5,23-26): Er hat die Möglichkeit, sich noch bevor er sich Gott naht, mit seinem Bruder zu versöhnen (Mt 5,23f.), und er kann auf dem Weg zum Rechtsstreit seinem Gegner die Hand reichen (Mt 5,25f.). »Die Gegenwart Jesu ist das ›Noch-Nicht‹, ist die Pause und der von Gott geschaffene Raum zur Umkehr.«[118] Daraus aber, dass Jesus »im Dienst der Gnade handelt, die zu vergeben vermag«, folgt noch nicht, »dass es kein Gebot Jesu, keine christliche Ethik und Verpflichtung, sondern nur eine christliche Gnadenlehre gebe«[119].

Das Neue, das Jesus zu dem Gotteswort »Du sollst (wirst) nicht morden« zu sagen hat, ist keine bloße Radikalisierung des Gebotes. Dass Gott das Herz will und dass kein Mensch vor ihm bestehen kann, ist schon im Alten Testament ausgesagt (1. Sam 16,7; Ps 139,23; 14,1-4;). Schon die alte jüdische Tradition weiß, wie verhängnisvoll sich das Fehlverhalten der Menschen auswirkt. »Harz und Pech fachen ein Feuer an, und jäher Streit bringt Blutvergießen« (Sir 28,10a). Noch deutlicher ist die Warnung: »Entfernt von euch den Geist des Neides, denn dieser macht die Seele zornig und verdirbt den Leib; er verursacht Zorn und Kampf im Geist und reizt in das Blut hinein« (Testament XII Sim 4,7.8).[120] Spätere jüdische Ausleger radikalisieren das Gebot, indem sie erklären, den andern töten heißt: nicht nur diesen zu ermorden, sondern ihn anzugreifen, anzufallen, ihn in Verlegenheit zu bringen, zu verwirren, zu beschweren, zu hindern oder ihm den Lebensunterhalt zu entziehen.[121] Das Neue im Wort von Jesus zu diesem Gebot ist nicht seine Radikalisierung, sondern der Realismus, mit dem Jesus in absoluter Selbstverständlichkeit von der Situation spricht, in der sich jeder Mensch befindet.[122]

Jesus macht das Gebot Gottes zu einem Spiegel, in dem er dem Menschen sein Leben zeigt. Der Mensch lebt von Natur aus nicht so, als ob er des andern Bruder wäre, sondern als einer, der sein Dasein durchsetzen und sich auf Kosten anderer behaupten will. Damit ist der Mensch zugleich durch die böse Tat gezeichnet, noch ehe sie geschieht. Er ist während seines ganzen Lebens gleichsam auf dem Sprung, zum Mörder zu werden.[123] Zum Mörder wird der Mensch nicht erst durch das Töten mit der Hand. Mord ist bereits der Zorn des Herzens und erst recht jedes verletzende und verurteilende Wort.[124] »Tiefer und praktischer kann Jesu Forderung nicht in unsere Lebensverhältnisse eingreifen.«[125]

(a) Der Zorn des Herzens

Zorn des Herzens ist eine feindselige Einstellung gegenüber dem andern (Aggressivität).[126] Der Zorn des Herzens sind zornige Gedanken, die sich durchaus noch hinter einem gleichgültigen oder sogar freundlichen Gesicht verbergen können.[127] Für Jesus endet die »Zollfreiheit der Gedanken an den unsichtbaren Grenzen des Gottesreiches«[128]. Nach dem Wort von Jesus ist der Mensch auch uneingeschränkt verantwortlich für seine Gedanken.[129] Zorn ist der erste Schritt auf dem Weg zum Mord.[130] Es gibt selbst – wie zum Beispiel das unwidersprochene Zusehen beim Abtransport der Juden zur Zeit des Nationalsozialismus zeigt – ein Morden durch Schweigen.[131]

(b) Das verletzende Wort

Das Aussprechen eines verletzenden Wortes ist der Übergang von Aggressivität, der feindseligen Einstellung, zur Aggression. Unter Aggression ist eine Handlung zu verstehen, durch die eine andere Person »geschädigt oder zerstört wird«[132]. Um dies zu verdeutlichen, wählt Jesus ein damals gebräuchliches Schimpfwort: »Raka«. Die Übersetzung von Raka mit »Du Dummkopf« ist nur zum Teil richtig und ist missverständlich. Raka bedeutet nicht »minderbegabt«, sondern so viel wie »Du leerer Mensch«, »Du unbedeutende Gestalt«, »Du armer Wicht«.[133]

Das nicht ins Griechische übersetzte Wort Raka ist von dem aramäischen Stamm *»rak«* (= spucken) abgeleitet. Während hitziger Auseinandersetzungen spucken Orientalen einander oft ins Gesicht. Nahezu alle Streitigkeiten beginnen mit diesem Spucken. Das Einander-ins-Gesicht-Spucken drückt die tiefste Verachtung aus.[134]

In den westlichen Ländern spucken die, die einander verachten, sich nicht ins Gesicht, aber es gibt durchaus noch den Brauch, voreinander auszuspucken. »Raka«, wie immer es auch in Wort oder Tat praktiziert wird, ist die Verachtung und Verletzung der Würde eines anderen Menschen.[135] Wer den anderen einen »leeren Menschen«, eine »arme unbedeutende Gestalt« nennt, versagt ihm das Vertrauen.[136] Die Beschimpfung »Du nichts sagender Tropf« ist nicht nur Ausdruck eines überzogenen »Bildungsdünkels«[137], sondern Rufmord[138]. Rufmord ist das Ruinieren eines Nächsten, sodass dieser vor anderen nichts mehr gilt in seiner Ehre, in seiner Menschenwürde, in seiner gesellschaftlichen Stellung. Rufmord ist Mord in höherer Potenz.[139]

(c) Das verurteilende Wort

Neben Raka gab es zur Zeit von Jesus ein weiteres gebräuchliches Schimpfwort: »Du Narr«, »Du Tor«. Narr und Tor kennzeichnen im biblischen Sprachgebrauch nicht einen Intelligenzgeminderten, auch nicht die Gestalt eines Hofnarren und schon gar nicht einen geistig Behinderten. Die Beschimpfung »Du Narr«, »Du Tor« bedeutet so viel wie »Du Gottloser«.[140] Narrheit bzw. Torheit heißt im Alten Testament nichts Geringeres als Gottlosigkeit (5. Mose 32,6; Ps 14,1; 92,8). Wer zu einem andern sagt: »Du gottloser Mensch«, »spricht dem Bruder die Gottbeziehung ab«[141]. Er gibt ihn dem ewigen Fluch preis[142] und schließt ihn aus der Gemeinschaft der Glaubenden aus.[143] Wer einen anderen einen Gottlosen schimpft, greift in Gottes Urteil ein.[144] Er erklärt den anderen für verloren und wird so zum Mörder seiner Seele. Einen Menschen dem ewigen Fluch preiszugeben, ist Mord in höchster Potenz.

In seiner Aktualisierung des Gebotes »Du sollst (wirst) nicht morden« macht sich Jesus zum Anwalt des in unserem Herzen oder mit verletzenden und verurteilenden Worten erschlagenen Bruders. »Er hört seine Stimme, er ist sein Anwalt geworden, sein Verteidiger.«[145]

Wenn Jesus sagt, der Zorn im Herzen gehört vor ein Lokalgericht (das kleine Synhedrion vor Ort hatte 23 Mitglieder), das verletzende Wort vor das oberste Gericht (das Synhedrion mit 70 Mitgliedern tagte unter der Leitung des Hohenpriesters in Jerusalem), so fordert Jesus keine Strafrechtsreform.[146] Auch jedes der damaligen Gerichte hätte eine derartige Klage als albern abgewiesen.[147] Die Erwähnung der Gerichte soll lediglich die uneingeschränkte Verantwortlichkeit des Menschen für seine Gedanken und Worte unterstreichen.[148] Gott selbst wird jeden Menschen zur Verantwortung ziehen. In dem Fall, in dem sich der Mensch anmaßt, Gott zu spielen und das Gericht Gottes selbst in die Hand zu nehmen[149], lautet das Urteil Gottes: Feuerhölle. Feuerhölle ist die Übersetzung des Begriffes

»Gehenna«. Gehenna war ein im Süden Jerusalems gelegenes Tal. Hier war in der Epoche der alten Könige eine Kultstätte für den Götzen Moloch.[150] Zur Zeit des Königs Ahas (734-728 v. Chr.) wurden dem Götzen Moloch Kinder geopfert, das heißt geschlachtet und danach in die glühenden Arme des Molochbildes gelegt und verbrannt.[151] Gehenna war bereits im Judentum zur Zeit von Jesus zum Bild geworden für die Hölle als Stätte des ewig strafenden Feuers.[152] Jesus nimmt dieses Wort und die Vorstellung seiner Zeitgenossen auf, um damit den Zustand der ewigen Gottferne (Mk 9,43) zu beschreiben.[153]

Die Kinderverbrennung in jenem im Süden Jerusalems gelegenen Tal ist eine Begebenheit, die man zweifellos als höllisch bezeichnen kann, und doch ist sie nur ein schreckliches Bild für die Möglichkeit, Gott endgültig zu verlieren. Gott hat den Menschen als freies Subjekt auf Endgültigkeit hin gewollt. In letzter Konsequenz bedeutet dies, dass Gott auch »dieses freie Subjekt seiner eigenen freien Entscheidung überlässt«[154]. Einmal tritt jeder Mensch mit seinem Tod in das ein, was nicht mehr Raum oder Zeit, sondern das ganz andere ist, nämlich Ewigkeit.[155] Ewigkeit ist kein Weitergehen von Zeit ins Unbegrenzte. Ewigkeit kann nicht verglichen werden mit einem ins Unendliche weiterlaufenden Strahl:

Ewigkeit ist Endgültigkeit, oder anders ausgedrückt: »die Bleibendheit einer Wirklichkeit«[156]. Die Zeit ist vergleichbar mit dem Verlauf einer Spirale, die in einen Punkt einmündet.

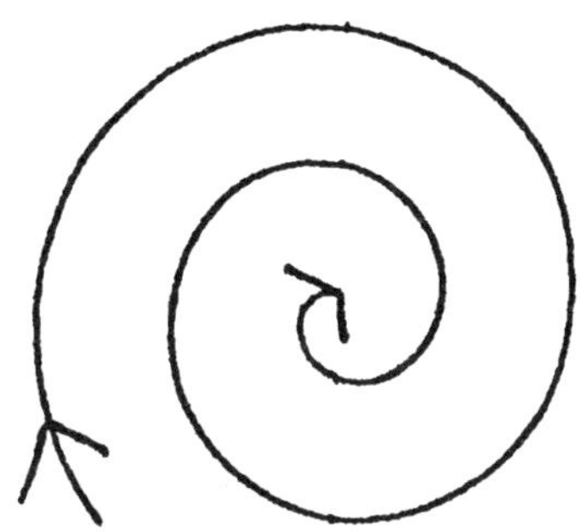

Da Ewigkeit keine weiterlaufende Zeit ist, gibt es in ihr auch keine Möglichkeit, umzukehren, zu bereuen und aus seiner Hölle einen Himmel zu machen (vgl. Lk 16,19-31). Hölle ist Endgültigkeit, das heißt »die endgültige Verlorenheit des Menschen in seiner letzten Trennung von Gott«[157]. Hölle in diesem Sinn schafft sich der Mensch selbst. Sie ist kein äußeres strafartiges Ereignis, das den Menschen gegen seinen Willen überfällt. »Das Wesen der Hölle ist das Nein zu Gott als die letzte und totale Entscheidung des Menschen gegen Gott, die letzte, vom Wesen der Freiheit selbst her nicht mehr revidierbare Entscheidung.«[158]

Das brennende Feuer, das einen Menschen verzehrt – wie ein Kind auf der glühenden Götzenstatue Molochs –, ist nur ein Bild. Es besagt: Der Mensch kann mit seinem Nein zu Gott Gott endgültig verlieren, »obwohl dieser Gott Ziel und Erfüllung seines Lebens wäre«[159].

Keiner kann das Gebot: »Du sollst (wirst) nicht morden«, wie es Jesus versteht, hören, »ohne damit und darin zum Täter zu werden«[160]. Wenn Jesus dreimal sagt: »Wer ..., der ...«, so lässt er den Namen aus, damit ihn jeder selbst in die Heimlichkeit des Gewissens einsetzen kann.«[161] Solange ein Mensch lebt, ist er auf dem Weg. Er kann in die Gegenwart von Jesus zurückkehren und dem, gegen den er seine Gedanken und Worte richtete, die Hand reichen. »Wer nicht mehr an die Möglichkeit der großen Wendung im Menschen selbst glaubt, wie kann der noch an Gottes Wunder, wie kann er noch an Jesus Christus als den Heiland der Sünder glauben.«[162]

Jesus hat das Gebot »Du sollst (wirst) nicht morden« nicht nur bestätigt, sondern die Taten auf dem Weg zum Mord bereits als Übertretung des sechsten Gebotes gekennzeichnet. Das Gebot »Du sollst (wirst) nicht morden« ist die Pforte zur zweiten Gebotsreihe. Es hat einen direkten Bezug zu dem Portal zu den Zehn Geboten, zu der großen Gotteszusage: »Ich bin Jahwe, dein Gott « (2. Mose 20,2a). Die Verbindung wird in der jüdischen Auslegung folgendermaßen hergestellt: »Jeder, der Blut vergießt, hat des Königs (Gottes) Gestalt gemindert« (1. Mose 9,6; »Ebenbildlichkeit«).[163] Das Trachten nach dem Leben eines anderen Menschen ist ein Angriff auf die jedem Menschen verliehene Gottesebenbildlichkeit.

Die Gebote der Tafel, an deren Spitze das sechste Gebot steht, können zusammengefasst werden mit dem Satz: Verdirb nicht an dem Punkt, an dem du stehst, das Leben in der Gemeinschaft.[164] Seitdem der Mensch unter die Gewalt der Sünde geraten ist, wohnt in ihm etwas Raubtierhaftes, ein unheimlicher Zerstörungswille, der sich gegen seine Mitmenschen richtet. In seiner Schrift »Zur Genealogie der Moral« vergleicht Friedrich Nietzsche die Menschen mit losgelassenen Raubtieren, mit Ungeheuern, »welche vielleicht von einer schrecklichen Abfolge von Mord, Niederbrennungen, Schändung, Folterung mit einem Übermut und seelischem Gleichgewicht davongehen, wie als ob nur ein Studentenstreich vollbracht sei, überzeugt davon, dass die Dichter für lange nun wieder etwas zu singen und zu rühmen haben.« Nietzsche nennt das Raubtierhafte im Menschen »die prachtvolle nach Beute und Sieg schweifende blonde Bestie« und fährt fort: Es bedarf von Zeit zu Zeit der Entladung, »das Tier muss wieder heraus, muss wieder in die Wildnis zurück – römischer, arabischer, germanischer, japanischer Adel, homerische Helden, skandinavische Wikinger – in diesem Bedürfnis sind sie alle gleich.«[165]

Um das Chaos zu verhindern, in dem alle gegen alle kämpfen, richtet Gott in der zweiten Tafel einen Schutzwall auf.[166] Gott schützt das Leben, die Ehe, das Eigentum, die soziale Ehre jedes Einzelnen und untersagt die Haltung des Begehrens, das heißt des Neides.[167]

Das siebte Gebot

7

VII. Gott schützt die Ehe

»Du sollst (wirst) nicht ehebrechen.« *2. Mose 20,14*

Jesus spricht:
»Amen, ich sage euch: Jeder, der eine Frau mit Begehrlichkeit ansieht, hat schon in seinem Herzen Ehebruch begangen ...
Amen, ich sage euch: Jeder, der sich von seiner Frau scheidet, außer auf Grund von Unzucht, der veranlasst sie zum Ehebruch; und wer eine geschiedene Frau heiratet, begeht Ehebruch.«
Matthäus 5,28.32

Es gibt selbst ernannte Hirtenworte, die diejenigen, an die sie gerichtet sind, Pfarrer, Pfarrerinnen und Christen in verantwortlichen Positionen, eher erschlagen als aufrichten oder einen Weg aufzeigen.

Von ganz anderer Art ist das Wort des praktischen Theologen Manfred Seitz. Es erhebt nicht den Anspruch, ein Hirtenwort zu sein, sondern ein Kommentar zu dem Thema: Wenn Pfarrer »fallen«.

Pastoren, Prediger, Seelsorger und Gemeindeleiter sind wie jeder Mensch versuchbar, verführbar, sie sündigen und »fallen« nicht immer, aber irgendwann und jeder/jede woanders. Auch wenn Letzteres für alle von Gott erlassenen Gebote gilt, so richtet sich das Augenmerk vor allem auf die, die als verantwortliche Mitarbeiterinnen und Mitarbeiter an dem Gebot »Du sollst (wirst) nicht ehebrechen« scheitern.

In seinem wegweisenden Hirtenwort rät Manfred Seitz der Gemeinde: Christen sollen keinen Schuldiggewordenen preisgeben, abschieben und verlassen.

Für den, der sich in Schuld verstrickte, zeigt Manfred Seitz Schritte auf, die dazu helfen, Schuld zu bewältigen und ein Weiterleben zu ermöglichen:

- »Fehlgänge haben zwingende Folgen, unter Umständen auch im rechtlichen Bereich, die angenommen und im Glauben als Kreuz getragen werden müssen.«
- »Gottes Gebote bleiben uneingeschränkt in Kraft, auch wenn sie von Christen nicht eingehalten oder übertreten werden.«

- »Die Härte gegen die Sünde schließt die Gnade, d. h. Gottes Freispruch des schuldbewussten und bekennenden Menschen nicht aus – ›wie auch wir vergeben unsern Schuldigern‹.«
- »Gottes vergebende Gnade wird in der Einzelbeichte erfahren, wenn das begangene Unrecht größer ist als die aufrichtende Kraft des gehörten und gebeteten Wortes, und wenn eine geheime oder öffentlich gewordene Sünde abgenommen werden muss.«
- »Auch Christen, denen der Versucher bis in den innersten Kern des Glaubens folgte, haben keine andere Wahl, als zu dem hinzufliehen, der den Versuchungen widerstand, und ihn mit den Worten zu bitten: ›Herr, kehre dich doch wieder zu uns und sei deinen Knechten gnädig‹ (Psalm 90,13).«[1]

Auch für einen Ehebrecher gibt es wie für jeden, der eines der anderen Gebote übertritt, die Möglichkeit der Umkehr und des Neuanfangs. Dies ist bereits im Alten Testament in dem Bericht von dem Ehebruch Davids mit Batseba, der Frau des Uria, aufgezeigt (2. Sam 11-12).

- ***David*** beobachtet Batseba bei der Abendtoilette. Er ist von ihrer Schönheit fasziniert. Sein »lüsterner Blick« wird zur »triebhaft unbeherrschten Gier«[2]. Er lässt Batseba in sein Haus holen und zeugt mit ihr ein Kind.
- ***David*** verschleiert seinen Ehebruch in die Ehe Batsebas und Urias. Er versucht alles, Uria so schnell wie möglich mit seiner Frau zusammenzubringen, um den Anschein einer Vaterschaft Urias herzustellen. Er holt Uria vom Krieg zurück, lädt ihn zu einem Festmahl ein, macht ihn betrunken und schickt ihn zu seiner Frau.
  Ehebruch ist seinem Ursprung nach ein »heimliches Tun, das sich der Offenkundigkeit vor Gericht entzieht«[3].
- ***Davids*** List misslingt. Uria verbringt die Nacht vor der Tür seiner Frau. David gerät in Wut. Er befiehlt den Einsatz Urias bei einem Todeskommando.
  Ehebruch zieht nicht selten andere Vergehen nach sich. Die Kette der Verschuldungen reicht von der Verlogenheit bis zum Mord.
- ***David*** heiratete Batseba, nachdem deren Trauerzeit um ihren Mann vorüber war. Sie brachte ihm den außerehelich gezeugten Sohn zur Welt.
- ***David,*** von dem Propheten Nathan überführt, erkennt sein Vergehen als ein Bündel von unmenschlichen Versündigungen. Er bekennt seine Schuld mit den Worten: »Ich habe gesündigt gegen den Herrn«

(2. Sam 12,13). Gott nimmt David nicht das Leben. Er erspart ihm jedoch auch nicht, Konsequenzen zu tragen. Sein Sohn wurde todkrank. David fastete und betete sieben Tage und Nächte. Zu den Gebeten der sieben Tage, bis sein Sohn gestorben war, gehören die Worte: »Gegen dich, Gott, allein habe ich gesündigt und habe getan, was böse in deinen Augen ist« (vgl. Ps 51,6).

➤ ***Gott*** gab David die Chance eines Neuanfangs. David spricht Batseba Trost zu. Diese gebar ihm einen Sohn, den David Salomo nannte. Ihn übergab er der Fürsorge des Propheten Nathan.

Es war keine billige Gnade, die David zuteil wurde. Es war der Freispruch des schuldbewussten und seine Schuld bekennenden Königs. Gottes Gebot »Du brichst die Ehe nicht« blieb uneingeschränkt in Kraft. In seiner Gnade jedoch ermöglichte Gott David ein Weiterleben vor seinem Angesicht und unter seinem Schutz. Gott schützt die Ehe, gleichzeitig ermöglicht er dem schuldbewussten und seine Schuld bekennenden Ehebrecher einen neuen Anfang.

Die Ehe ist ein Geschenk des Schöpfers. Sie gehört von Anfang an zum Menschsein als solchem und kann wie dieses nur »in Gott selbst ihren Grund haben«[4]. Seit der Schöpfung wohnt im Menschen die Sehnsucht nach einer personalen ganzheitlichen Beziehung zum anderen Geschlecht. Dieser Sehnsucht zeigt das siebte Gebot den Weg. »Es zeigt dem Menschen, wonach er im Grunde verlangt.«[5] Gott schenkt dem Menschen die Ehe als letztverbindliche exklusive und totale Gemeinschaft zwischen Mann und Frau.

Ehebruch raubt nicht wie der Mord dem Menschen das Leben. Er nimmt ihm aber »gleichsam ein Stück seiner selbst«[6].

Das Verbot des Ehebruchs ist das Gebot zum Schutz der Ehe.[7] Da die Ehe die totale Gemeinschaft zwischen Mann und Frau ist, liegt Ehebruch nicht erst dann vor, wenn es zwischen einem Ehepartner und einem Dritten zum Geschlechtsverkehr kommt. Ehebruch ist kein rein biologischer Akt, denn »es gibt keine rein physische Geschlechtsgemeinschaft ohne psychische Anteile; es gibt kein körperliches Zusammensein, das nicht auch eine ›geistige‹ Bedeutung für beide Partner hat«[8]. Für den Begriff »Ehe« hat das Alte Testament kein eigenes Wort.[9] Auch wird im Gebot selbst das Verb »ehebrechen« (hebräisch: *nā'ap*) nicht näher erläutert.[10] Die Richtung, die das Gebot wie ein Kompass anzeigt, weist einen Weg auf, der das gesamte Alte und Neue Testament durchzieht. Wie alle anderen Gebote ist das Gebot zum Schutz der Ehe »nicht Stacheldraht oder Stolperdraht, sondern Freiheitsregel, nicht Peitsche, sondern Kompass«[11]. Die Richtung, die das Gebot wie ein Kompass anzeigt, weist einen Weg auf. Dabei genügt es nicht, diesen Weg zu sehen, sondern es gilt, ihn zu erkunden und zu gehen.

Inhaltlich ist das Gebot »Du sollst (wirst) nicht ehebrechen« – das zeigt nicht zuletzt die Auslegung des Gebotes durch Jesus (Mt 5,28.32) – Wegweisung für den Umgang mit der Sexualität. Es wendet sich deshalb an alle Menschen:

- an Verheiratete,
- an alle, die aus freiem Entschluss oder ungewollt auf Grund einer bestimmten Lebensführung ehelos leben,
- an die, die sich auf die Ehe vorbereiten,
- an die, die nach dem Tod ihres Ehepartners allein zurückgeblieben sind,
- an Geschiedene.

Im Umgang mit der Sexualität kann nicht unterschieden werden zwischen einer Verbindlichkeit in der Ehe und einer Unverbindlichkeit außerhalb oder vor der Ehe.[12]

1. Ehebruch ist ein Verstoß gegen Gottes Ordnung

Ehebruch ist die Störung und Zerstörung der Ehe als letztverbindliche exklusive und totale Gemeinschaft zwischen Mann und Frau. »In der Ehe hat Gott zwei bestimmte Menschen zueinander geführt und zwar in einer Ausschließlichkeit des Sich-Gehörens, die die Ansprüche Dritter rigoros verwehrt.«[13]

Die sexuelle Beziehung eines Ehepartners mit einer dritten Person während bestehender Ehe steht in der Bundesrepublik Deutschland nicht mehr unter Strafe.[14] Im Verhältnis zum Ehepartner gilt der Ehebruch allenfalls nur noch als Kavaliersdelikt. Es gibt selbst in der evangelischen Eheethik Stimmen, die den so genannten »Seitensprung« nicht mehr als ehestörend oder gar als ehezerstörend bezeichnen, sondern in ihm sogar eine Chance für einen Neubeginn in der Ehe sehen. »So ereignet es sich nicht ganz selten, dass Männer bei außerehelichem Geschlechtsverkehr zu der Einsicht kommen, dass die Beziehungen zu ihren Frauen tatsächlich befriedigender sind, als es ihnen bewusst gewesen ist.«[15]

Eine derartige Bewertung außerehelicher Beziehungen steht im krassen Widerspruch zum Alten und Neuen Testament.

Im Alten Testament wird die Ehe als exklusiver, unauflöslicher Treuebund verstanden (Mal 2,14-16; 1. Mose 2,24). Die Ehe ist ein Abbild der unwiderruflichen Liebe Gottes zu Israel (Hos 1-3). Nach den Worten von Jesus ist es Gott selbst, der die beiden Ehepartner »zusammenfügt« (Mk 10,6.9).

Jeder außereheliche Verkehr eines der Ehepartner ist ein Verstoß gegen den von Gott selbst geschlossenen und besiegelten Treuebund und gilt entsprechend als Sünde (1. Kor 6,9; Gal 5,19; Eph 5,5).

(a) Ehebruch ist die Zerstörung einer von Gott gestifteten Gemeinschaft von letzter Verbindlichkeit

Die Ehe zwischen Mann und Frau ist keine menschliche, willkürliche Verbindung, »sondern das Ergebnis göttlichen Wirkens«[16]. Gott selbst handelte gleich nach der Schöpfung der Frau wie ein Brautführer (1. Mose 2,22). Gott führt die Frau dem Mann zu. Das Zusammenkommen von Mann und Frau ist nicht einfach eine private Übereinkunft. Sie ist nicht ein glücklicher oder unglücklicher Zufall. »Der Schöpfer selbst hat seine Hand im Spiel.«[17] Bei der Eheschließung tritt Gott nicht dem Menschen zur Seite als Partner, als Dritter im Bund, Gott ist der Herr, der die Ehe schließt! Die Ehe ist die Verbindung zweier Menschen »in Gott und durch Gott«[18]. Die Ehe ist eine Einheit, die aus Gott selbst stammt.[19] Von Anfang an ist das Zusammenfinden zweier Menschen zur Ehe nicht nur ein subjektives Geschehen. Bei jeder Eheschließung tritt ein »objektiver Bezug« in Kraft, der darin besteht, dass »die Ehe als Schöpfungsordnung von Gott gestiftet ist«, ganz unabhängig von der Frage, ob dieser »objektive Bezug«[20] im Glauben erkannt und akzeptiert wird.

Mann und Frau können nach freiem Entschluss eine Ehe eingehen. Das liegt in ihrer Gewalt. Sobald sie es aber tun, »knüpft sich darin eine Bindung von Gott her ... das ist der übermenschliche Charakter der Ehe«[21]. Verlässt ein Ehepartner den andern, um sich mit einem Dritten zu verbinden, oder bricht ein Dritter in eine Ehe ein, ist dies nicht nur eine Angelegenheit, die auf menschlicher Ebene mehr oder weniger gütlich gelöst werden kann. Es ist immer zugleich ein Verleugnen des Handelns Gottes beim Eheschluss und damit Schuld vor Gott.

Gott stiftet die Ehe als Gemeinschaft mit einer Verbindlichkeit, über die der Mensch keine Macht hat. Wenn einer der Ehepartner aus dieser letztverbindlichen Gemeinschaft ausbricht oder es zulässt, dass ein Dritter in sie einbrechen kann, macht er sich vor Gott des ***Ehebruchs*** schuldig.

(b) Ehebruch ist die Zerstörung einer von Gott gestifteten exklusiven Gemeinschaft

Mit einem in die Zukunft weisenden und für alle Zeiten verbindlichen Wort kennzeichnet Gott bereits bei der Stiftung der ersten Ehe die Ehe als exklusive Gemeinschaft zwischen Mann und Frau. »Der Mann verlässt Vater und Mutter und hängt seiner Frau an« (vgl. 1. Mose 2,24). Mit diesem Wort löst Gott den in jeder Ehe auftretenden Konflikt zwischen Naturrecht und Eherecht. Da ist auf der einen Seite das Recht der Familie, auf der anderen Seite das durch die Ehe begründete Recht als exklusive Gemeinschaft der Ehepartner. Nach Gottes Willen und Ordnung gehören »Mann und Frau enger zusammen als Eltern und Kinder«[22].

Das Verlassen von Vater und Mutter vonseiten des Mannes klingt im Blick auf die patriarchalischen altisraelischen Familienverhältnisse, wo das Verlassen der Eltern nur von der Ehefrau gefordert wurde, provozierend.[23] Eine Ehe ist aber nur da möglich, wo beide, Mann und Frau, aus ihren Familienverbänden ausscheiden, um ganz füreinander da zu sein. Es gehört zu den Pflichten der Eltern, ihre Kinder freizugeben für die Ehe, und zu den Pflichten der Kinder, sich von ihren Eltern zu lösen.[24] Wenn sich ein Partner nicht von seinen Eltern trennt, hat dies zerstörende Auswirkungen auf die Ehe. Es sind weit mehr Ehen, die auf Grund einer nicht gelösten Elternhausbindung scheitern und zerbrechen als infolge von Partnerkonflikten.[25]

Die Ehe als exklusive Gemeinschaft schließt jeden Anspruch Dritter aus. Dies gilt einmal für Eltern, die in einer Ehe mitbestimmen oder gar teilhaben wollen, zum andern gibt es in der Ehe keine Freundschaft zwischen den Geschlechtern, die einen der beiden Ehepartner ausschließt. Der Mann kann keine Freundin haben, die nicht zugleich ohne jeden Vorbehalt die Freundin seiner Frau ist, und umgekehrt: Eine Frau kann keine Freundschaft mit einem Mann pflegen, die den Ehepartner auch nur im Geringsten ausklammert. In zahllosen Fällen sind es gerade die besten Freunde, die für Mann und Frau Anstoß oder Anlass zu einem Ehebruch werden. Eine Freundschaft zwischen den Geschlechtern ist früher oder später immer mit sexuellen Erwartungen verbunden.[26] In einer Ehe aber ist nach dem Willen des Schöpfers die Sexualität eine exklusive Angelegenheit zwischen den beiden Ehepartnern. Der Mann »hängt« nach der Ordnung des Schöpfers an seiner Frau (1. Mose 2,24b).

Das mit »anhängen« übersetzte Wort (hebräisch: *dāḇaq*) heißt zusammenhaften, zusammenkleben. In der Beziehung zwischen Mann und Frau bedeutet zusammenhaften mehr als liebend am anderen hängen.[27] Für das »jemandem liebend anhängen« hat das Alte Testament ein eigenes Verb (hebräisch: *hašaq*).[28] Den Ausdruck »am andern festhaften« verwendet der Prophet Daniel als bedeutungsgleich mit heiraten (Dan 2,43). In einem Bildwort spricht Daniel vom politischen Heiraten zwischen verschiedenen Herrscherhäusern, die jedoch nicht wie Ehepartner »zusammenkleben«[29]. Sie vermischen sich durch Heirat (wörtlich: Mischungen von Menschensamen), doch kein Teil »bleibt an dem andern festhaften« (aramäisch: *dāḇaq*).

In der griechischen Übersetzung des Schöpferwortes in Matthäus 19,5 wird das Wort anhaften (griechisch: *kollásthai*) für den »intimen Verkehr im Sinne des Geschlechtsverkehrs gebraucht«[30]. Wie es nur das Festgeleimtwerden an den *einen* Gott gibt (5. Mose 4,4), so schafft das Aneinander-angeleimt-Werden eine exklusive Verbindung zwischen den beiden Ehepartnern.

Gott stiftet die Ehe als eine exklusive Gemeinschaft. Wer immer diese Gemeinschaft für Dritte öffnet, seien es Eltern oder Freunde, macht sich vor Gott des ***Ehebruchs*** schuldig.

(c) Ehebruch ist die Zerstörung einer von Gott gestifteten totalen Gemeinschaft

Der Bericht von der Stiftung der Ehe durch den Schöpfer gipfelt in der Aussage: Die zwei werden »*ein* Leib« sein (1. Mose 2,24c). Der hier im Alten Testament gebrauchte Begriff (hebräisch: *bāśar*) hat die beiden Hauptbedeutungen »Fleisch« und »Leib«[31]. Er kann aber auch bedeutungsgleich sein mit »Mensch« und das Leben in seiner Ganzheit bezeichnen.[32] Die Formulierung »*ein* Leib« bezeichnet die Vereinigung von Mann und Frau im Vollzug der Ehe.[33] Waren Mann und Frau vor der Eheschließung eingegliedert in die Einheit der Sippe, so tritt mit der Ehe an diese Stelle »die neue Einheit von Mann und Frau«[34]. Sie werden »*ein* Leib« bedeutet mehr als körperlich-geschlechtliche Verbindung. Wenn Mann und Frau »*ein* Leib« werden, »verbinden sich nicht nur zwei Körper, sondern zwei Menschen in ihrer Ganzheit«[35]. In der Ehe geht es um eine neue »Ganzheit des Menschen ..., von der die körperliche Einheit nur ein kleiner Aspekt ist«[36]. Das *Ein*-Leib-Sein bezeichnet »die Vereinigung je ihres totalen Seins zu totaler und unauflöslicher Gemeinschaft«[37].

Ist die Ehe die totale Gemeinschaft zwischen Mann und Frau, dann liegt Ehebruch nicht erst dann vor, wenn es zwischen einem Ehepartner und einem Dritten zum Geschlechtsverkehr kommt. Ehebruch ist die Störung bzw. die Zerstörung der totalen Gemeinschaft. Zur totalen Gemeinschaft zweier Ehepartner gehört gegenseitige Liebe im umfassenden Sinn.

In der deutschen Sprache hat der Begriff Liebe eine Variationsbreite von Bedeutungen, die von der Mutterliebe, der Liebe zu Hilflosen, der Nächstenliebe bis zur ehelichen Liebe reichen. Die griechische Sprache definiert hier genauer und sachlicher, indem sie zwischen Agape und Eros unterscheidet.

Liebe im Sinn von ***Agape*** sieht, achtet und schützt den anderen in seiner Eigentlichkeit, in seinem So-Sein und in seinem Sein vor Gott.[38] ***Eros*** ist »das Verlangen nach Liebe und Schönheit«[39]. Im Eros sieht der eine den andern in seiner »Werthaftigkeit«[40]. Zum Eros gehört »die Zärtlichkeit«[41]. Die erotische Liebe ist immer ein Stück weit verbunden mit dem »Verlangen nach vollkommener Vereinigung, nach der Einheit mit einer anderen Person«[42]. Erotische Liebe ist »die innere Existenzbewegung, mit der ein Ich auf ein Du hinstrebt«[43]. Unter diesem Aspekt gesehen, ist auch »die erotische Liebe exklusiv und nicht universal«[44].

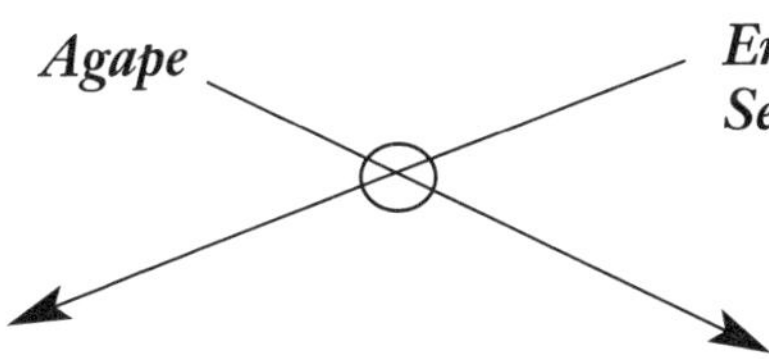

Die Geschlechtsgemeinschaft stellt den Punkt dar, an dem sich die beiden Bestrebungen ***Agape*** und ***Eros*** schneiden.[45] ***Sexualität*** ist die dritte Dimension der Liebe zwischen Mann und Frau. Der Begriff »Sexualität« ist abgeleitet von dem lateinischen Wort *sexus* bzw. *secus*, das so viel bedeutet wie Geschlecht.[46] Die Geschlechter sind von Gott geschaffen. Am Anfang schuf Gott den Menschen als Mann und als Frau (1. Mose 1; 2). »Es gibt kein Humanum, das abgesehen von dieser Differenzierung aussagbar wäre.«[47] Die Sexualität, die Geschlechtsgemeinschaft zwischen Mann und Frau, gehört zur guten Schöpfung Gottes (1. Mose 1,27ff.; 2,18ff.; Mk 10,6-9; 1. Tim 4,3.4). Es liegt keinerlei Grund vor, die Sexualität abzuwerten oder gar zu dämonisieren.[48] »Das innere Wesen und der letzte Sinn der Sexualität werden erfüllt, wenn nicht einfach zwei Körper, sondern zwei Personen sich vereinigen.«[49] Die Liebe zwischen Mann und Frau erschöpft sich nicht im Sexus. Sie steht und fällt damit, dass sich die drei Dimensionen der Liebe: **Agape, Eros und Sexus,** ergänzen und dass sich keiner dieser Grundbestandteile der Liebe verselbstständigt. »Ein Sexus, der nicht von der Agape und dem Eros durchdrungen und gebändigt wird, entartet in Oberflächlichkeit, Gewalt und Brutalität und degradiert den Partner zum Genussobjekt. Ein Eros, der sich nicht von der Agape leiten lässt, steht in Gefahr, auf dem Flugsand wechselnder Gefühle zu bauen und am Egoismus zu scheitern.«[50]

Ehebruch als Zerstörung der totalen Gemeinschaft zwischen Mann und Frau kann an ganz verschiedenen Stellen ansetzen. »Zum Ehebruch kann alles werden. Jede Schwächung der Lebensgemeinschaft der Eheleute, auch das scheinbar harmloseste Verhalten kann zu einer ›gebrochenen‹ Ehe führen.«[51]

Ehebruch ist ohne Zweifel jede intime Drittbeziehung.[52]

Es ist aber auch ***Ehebruch,*** wenn der Partner den andern nicht mehr in seiner Eigentlichkeit, in seinem So-Sein und in seinem Sein vor Gott liebt (= Agape).

Ehebruch beginnt in den alltäglichen Begegnungen, in denen das Erotische seine Bedeutung verliert. Der »völlige Eros-Zerfall«[53] ist das Ende einer Ehe.

Gott stiftet die Ehe als totale Gemeinschaft. »Als Totalakt umfasst die Liebe zwischen Mann und Frau den *ganzen* Menschen mit Leib und Seele, Gefühl und Willen.«[54] Wer diesen ganzheitlichen Akt verleugnet oder verkürzt, versündigt sich gegen Gottes Willen und Satzung.

Die Ehe gehört von Anfang an zum Menschsein als solchem und kann wie dieses nur »in Gott selbst ihren Grund haben«[55]. Die Ehe als letztverbindliche exklusive und totale Gemeinschaft zwischen Mann und Frau ist eine Ordnung des Schöpfers. Das Gebot zum Schutz der Ehe durch das Verbot des Ehebruchs legt dem Menschen nicht etwas Fremdes auf. Seit der Schöpfung wohnt im Menschen die Sehnsucht nach einer personalen ganzheitlichen Beziehung zum anderen Geschlecht. Dieser Sehnsucht zeigt das Gebot den Weg. »Es zeigt dem Menschen, wonach er im Grunde verlangt.«[56]

2. Ehebruch ist ein Vergehen gegen den Ehepartner

Ehepartner sind »zutiefst und in allem personal verbundene Partner«[57]. Die Zerstörung dieser Partnerschaft ist Ehebruch.

(a) Ehebruch ist der Ausstieg aus der partnerschaftlichen Zuordnung
Von Anfang der Schöpfung an fühlen sich Mann und Frau »mit Naturgewalt zueinander hingezogen«[58]. Dabei ist jeder für sich, Mann und Frau gleicherweise, Ebenbild Gottes (1. Mose 1,27). Die Gottebenbildlichkeit ist »gleichrangig auf Mann und Frau bezogen«[59]. Die Frau kommt im Schöpfungsbericht gegenüber dem Mann nicht im Geringsten zu kurz. Gott, der Schöpfer, ordnet Mann und Frau »gleichwertig einander zu«[60]. Ursprünglich sind Mann und Frau »gleichgeordnet, gleichgewichtig und gleichbegnadet«[61]. Gott verlangt von der Frau bei ihrer Schöpfung keinerlei Verzicht auf Recht, Würde und Ehre. »Mann und Frau sind nicht nur vor Gott, sondern, weil vor Gott, darum auch als Menschen, darum hinsichtlich des Sinnes und der Bestimmung, hinsichtlich der Gefährdung, aber auch hinsichtlich der Verheißung ihrer menschlichen Existenz völlig gleich.«[62] Nach dem Willen des Schöpfers hat der Mann der Frau gar nichts voraus. Gott selbst verleiht dem Mann keinerlei Vorsprung und Vorteil. Er ordnet Frau und Mann einander zu.

Der Begriff, der diese Zuordnung von Mann und Frau am deutlichsten beschreibt, ist der der Partnerschaft.

Partnerschaft bedeutet nicht Gleichmacherei und ist etwas völlig anderes als eine Nivellierung der Geschlechter. Die ursprüngliche Wurzel des Wortes »Partnerschaft« liegt im Lateinischen (pars = Teil). Der, der mit dem lateinischen Wort »partionarius« bezeichnet wird, ist der »Teilhaber«[63]. In seiner heutigen Form ist der Begriff »Partnerschaft« aus dem Englischen entnommen. Dort heißt »part« so viel wie Bestandteil, Aufgabe und Rolle. Auf Grund seiner Herkunft bedeutet das Wort »Partner« so viel wie Teilnehmer, Teilhaber, Gefährte.[64] Mann und Frau sind einander in gleicher Weise zugeordnet, dass jeder Einzelne seinen Part, seine Rolle, seine Aufgabe übernimmt.

Da Gott den Mann und die Frau als gleichrangige und gleichwertige Partner schuf, hat jeder der beiden, sobald sie eine Ehe eingehen, seine eigene Rolle und Aufgabe zu übernehmen.

In der Geschichte und Kirchengeschichte über den Zeitraum von Jahrtausenden beanspruchte der Mann eine Vorrangstellung über die Frau. Die klassische Stelle, auf die sich dabei der Mann berief, war das an die Frau gerichtete Gotteswort: »Der Mann soll dein Herr sein« (1. Mose 3,16). Dieses Wort ist jedoch erst gesprochen, nachdem sich der Mensch entschlossen hatte, sein Leben aus der Eigenmacht aufzubauen »und aus sich selber heraus im Eigenentwurf zu leben«[65]. Erst nach dem Sündenfall bekommt das Zusammenleben von Mann und Frau »eine fatale Schlagseite, sozusagen einen üblen Nachgeschmack«[66]. Die »urständliche Bestimmung« aber von Mann und Frau war die »Partnerschaft«[67]. Gegen die Diskriminierung der Frau durch die vom Mann beanspruchte Macht und Vorrangstellung machen die Frauen im 19. und 20. Jahrhundert mit Recht Front. Traditionsgemäß wurden die Frauen gedanklich verknüpft mit Sex, Sünde, Körper, Emotionen, die Männer mit Intellekt, Stärke, Geist und Verstand.[68]

Die populäre patriarchalische Eigenschaftsaufteilung zwischen Mann und Frau kann stichwortartig folgendermaßen wiedergegeben werden:

Mann	**Frau**
starkes Geschlecht	schwaches Geschlecht
aktiv	passiv rezeptiv
besonnen	impulsiv
intelligent	emotional
logisch	irrational
progressiv	konservativ
sexuell aktiv	sexuell passiv
schöpferisch	reproduktiv
Geist	Seele
Gerechtigkeitssinn	Ichhaftigkeit/Neid
Sachlichkeit	Subjektivismus
Reife	Infantilismus
selbstkritisch	eitel[69]

Auch innerhalb der kirchlichen Strukturen wurden die Frauen nur als Menschen zweiter Klasse betrachtet, als die, die die Küchen- und die Kinderarbeit zu besorgen haben.[70] Die Antwort der Frauen war die in der westlichen Welt an ganz verschiedenen Orten aufbrechende Frauenbewegung. Ihre Richtungen reichen von der Frauenrechtsbewegung über die Frauenbefreiung bis hin zur androgynen Richtung und zum Feminismus.[71] In der androgynen Richtung werden Frauen (*gyn* – nach dem Griechischen) und Männer (*andro* – nach dem Griechischen) in gleicher Weise als Wesen gesehen, und zwar in der Gestalt, dass alle menschlichen Wesenszüge bei beiden Geschlechtern vorkommen.[72] Die letzte Folge ist eine Nivellierung der von Gott geschaffenen Zweigeschlechtlichkeit.

Im Feminismus gibt es Vertreterinnen, die sich unzweideutig für eine Vorrangstellung der Frau stark machen und diese mit einer feministischen Interpretation der Bibel begründen.[73] In letzter Konsequenz ist dies nur mit einer anderen Verteilung der Rollen der Abbruch der partnerschaftlichen Beziehung durch die Forderung einer einseitigen Unterordnung.

Der Abbruch der partnerschaftlichen Zuordnung von Mann und Frau infolge der Beanspruchung einer Vorrangstellung eines der beiden Ehepartner ist Ehebruch oder zumindest der Beginn eines Ausstiegs aus der Ehe.

Unter Christen ist die Zahl der Männer beträchtlich hoch, die unter Berufung auf neutestamentliche Stellen (Eph 5,22-24; Kol 3,18; Tit 2,5; 1. Petr 3,1) eine Unterordnung der Frau fordern, und zwar eine Unterordnung unter den Mann im Sinne des Sich-Unterwerfens. Sie übersehen dabei bewusst oder unbewusst die Worte, die Paulus seinem großen Kapitel über die Ehe voranstellt (Eph 5,21-33). Bevor Paulus auf die Rolle von Mann und Frau in der Ehe zu sprechen kommt, schreibt er das alles Folgende bestimmende Wort: »Seid *einander* untertan« (vgl. Eph 5,21).

Das Untertansein gilt gleicherweise Mann und Frau ohne Rücksicht auf ihre geschlechtliche Differenzierung. Indem Paulus dem Begriff »untertan sein« das Wort »einander« zuordnet, zeigt er, auf welches Bedeutungsfeld des Begriffes es ihm ankommt.

»Untertan sein« (griechisch: *hypotassesthai)* bedeutet nicht nur »sich unterordnen und Befehle empfangen«, nicht nur die »Unterstellung unter eine Autorität«, sondern auch das rücksichtsvolle »Sich-Einfügen« in eine von Gott gesetzte Ordnung.[74]

Da Paulus beide, Mann und Frau, anspricht, handelt es sich in der Ehe nicht darum, dass sich einer der Vorherrschaft des andern unterwirft, sondern beide sollen sich rücksichtsvoll einfügen in eine Form gemeinsamen Lebens. Mann und Frau haben jeder für sich die Aufgabe, »sich hineinzustellen«[75] in das von ihnen beiden gewünschte und gewählte Gemeinschaftsgefüge der Ehe. Die Ermahnung, einander untertan zu sein, schließt jede Forderung nach Unterwürfigkeit und einseitigem Gehorsam aus.

»Wenn man sich gegenseitig untertan ist, dann kann es also kein Unten und Oben geben im Sinne eines Vorranges.«[76] Wenn der Mann als Haupt der Frau bezeichnet wird, dem die Frau mit Ehrfurcht begegnen soll (Eph 5,23.33), so beinhaltet auch dies keine Vorrangstellung des Mannes, sondern einen »Dienstprimat«, das heißt, der Mann geht der Frau in der »Zuordnung, Zugehörigkeit und Zuwendung« voran.[77]

Der Ausstieg aus der partnerschaftlichen Zuordnung von Mann und Frau als Folge des Verlangens einer einseitigen Unterordnung eines der beiden Ehepartner nimmt dem andern ein Stück seiner selbst und ist in diesem Sinne ***Ehebruch***.

Die Ehe, wie sie Gott gewollt und gesetzt hat, ist »Partnerschaft in der Zuordnung«[78] und gleichzeitig Partnerschaft im Sinne der Ergänzung.

(b) Ehebruch ist der Abbruch partnerschaftlicher Ergänzung

Gott hat Mann und Frau so geschaffen, »dass sie nur im Miteinander der ganze, volle Mensch sein können. Der Mann, allein genommen, ist das nicht, und die Frau ist es auch nicht.«[79] Dieses Aufeinanderangewiesensein und das Zusammensein von Mann und Frau sind »komplementäre Partnerschaft«[80], das heißt Partnerschaft als Ergänzung.

Gott beendete das Alleinsein des Mannes mit dem Entschluss, dem Mann eine »Hilfe« zu schaffen.[81]

Das Wort »Hilfe« (hebräisch: *ʿezær*) ist abgeleitet von einem Verb, das ursprünglich so viel heißt wie stark sein. Es beschreibt das gemeinsame Handeln bzw. das Zusammenwirken zweier Menschen, wenn die Kraft des Menschen nicht ausreicht.[82] Hilfe beinhaltet die Vorstellung des Schutzes.[83] Hilfe umschließt die Bedeutungsnuancen von unterstützen, zusammenhelfen, fördern, rettend beistehen.[84] Im Zusammenhang mit der Erschaffung der Frau wird das Wort »Hilfe« ergänzt durch »ihm (dem Mann) *entsprechend*«. Die substantivierte Präposition »entsprechend« (hebräisch: *nægæd*) bedeutet so viel wie »Gegenüber, Gegenstück«[85]. Gott schuf die Frau als »Entsprechung« des Mannes, als sein »Gegenstück«, das heißt »zu ihm passend«.[86] Die Frau ist nicht »Gehilfin« des Mannes im Sinne von Dienerin oder Sklavin, sie ist sein Gegenüber, seine Ergänzung, sein Schutz! Die Frau »vervollständigt« den Mann. Sie ist »das Seitenstück, das dem Manne fehlt«[87].

Eine Ehe, in der die Ehepartner sich nicht gegenseitig ergänzen, ist zum Scheitern verurteilt. Ehebruch beginnt in dem Augenblick, wenn der Mann oder die Frau in ihrem Ehepartner nicht mehr die notwendige »passende Ergänzung« von »wesentlicher Gleichheit«[88] sehen.

Gott schuf Mann und Frau »in dem Gegenüber-, Miteinander- und Füreinandersein«[89]. Gott gibt dem Mann die Frau und der Frau den Mann als Gegenüber: »Als Gegenüber, das den andern ergänzt und zu ihm passt – wie die beiden Handflächen zueinander passen. Als Gegenüber zur gegenseitigen Hilfe, Korrektur, Ermutigung und Freude.«[90]

Ehebruch ist nicht nur der Ausstieg aus der partnerschaftlichen Zuordnung und der Abbruch partnerschaftlicher Ergänzung, sondern auch die Beendigung der Partnerschaft im Einssein.

(c) Ehebruch ist die Beendigung der Partnerschaft im Einssein

Partnerschaftliches Einssein bedeutet mehr als körperlich-geschlechtliche Vereinigung.[91] Die Forderung aber nach einem grundsätzlichen Verzicht auf Geschlechtsgemeinschaft ist ein Angriff auf das Zentrum ehelicher Gemeinschaft, »nicht weil die Kohabitation dieses Zentrum wäre, sondern weil ihr grundsätzlicher Ausfall in das Ganze der Geschlechtsgemeinschaft ausstrahlt«[92]. Die bewusste und gewollte Beendigung der sexuellen Gemeinschaft der Ehepartner ist ein Vorbote, der das Ende einer Ehe anzeigt. Eine eheliche Gemeinschaft ist nicht denkbar ohne Sexualität.[93] Um die Ehe vor dem Zerbrechen zu bewahren, stellt Paulus folgende Regeln auf:

Ehepartner sind auch in der Sexualität füreinander verantwortlich.
Ein Ehepartner gehört nicht mehr sich selbst allein.
Für Ehepartner gibt es geschlechtliche Enthaltsamkeit nur auf Zeit (vgl. 1. Kor 7,3-5).

- *Ehepartner sind auch in der Sexualität füreinander verantwortlich*
  »Der Mann leiste seiner Frau die schuldige Pflicht, ebenso auch die Frau dem Mann« (vgl. 1. Kor 7,3).
  Im Unterschied zum Tier ist der Mensch in jedem Augenblick seines Daseins ein Geschlechtswesen. Anders als bei der tierischen Sexualität ist die personale dem Rhythmus der Brunstzeiten entzogen. Dies gehört zur »Auszeichnung des Menschlichen«[94]. Der den Menschen auszeichnende Geschlechtstrieb muss ernst genommen werden, das heißt für die Ehe, sie regelmäßig körperlich zu vollziehen.[95] »Wenn und wo eine Ehe besteht, besteht auch die Schuldigkeit geschlechtlicher Beziehungen.«[96] Die schuldige Pflicht, von der Paulus redet, trägt nicht den Charakter des »Müssens«, sondern denjenigen des »Dürfens«.[97] Entscheidend dabei ist, dass dies für Mann und Frau in gleicher Weise gilt.[98] Die Frau ist

für Paulus eine vollwertige Person, die auch in der Sexualität dem Mann völlig gleich gestellt ist. Wie ihre Ehe eine partnerschaftliche Beziehung ist, so ist der Geschlechtsverkehr »Ausdruck für das gegenseitige Zusammengehören von Mann und Frau, für das Einswerden in der Ehe«[99]. Ein Ehepartner, der sich seiner sexuellen Verantwortung gegenüber dem andern entzieht, tastet die »schöpfungsmäßige Geschlechtsgemeinschaft«[100] an.

- *Ehepartner gehören nicht mehr allein sich selbst*
  »Die Frau verfügt nicht über ihren Leib, sondern der Mann. Ebenso verfügt der Mann nicht über seinen Leib, sondern die Frau« (1. Kor 7,4).
  Ehepartner gehören nicht mehr sich selbst, sie gehören einander. In der Ehe gibt es ein einzigartiges Verhältnis zwischen dem Du und dem Ich. Weder Mann noch Frau haben in der Ehe das alleinige Verfügungsrecht über ihren Leib. Beide sind »in eine die Privatsphäre übergreifende Ordnung hineingestellt«[101]. Die Pfeiler dieser Ordnung sind die Hingabe- und Hinnahmebereitschaft. Das Du darf erwarten, dass sich das Ich hingibt. Gleichzeitig hat auch das Ich eine Erwartungshaltung gegenüber dem Du. Das Ich darf auch für sich fordern.[102] Damit ist sowohl der Du-Sucht als auch der Ich-Verkümmerung die Grenze gesetzt. Es gibt eine krampfhafte Du-Sucht. Ihr Nährboden sind Worte wie: »Wer in die Ehe tritt ohne den Willen nur Du – tritt neben die Ehe« oder: »Wer glücklich werden will, soll nicht heiraten; glücklich machen – da liegt es.«[103] Werden diese Forderungen nur von einem Partner verlangt, so bedeutet dies nichts anderes als Ich-Verkümmerung und Ich-Abtötung. Wer das individuelle Glücksverlangen ablehnt, nimmt auch dem Glücklichmachen seinen Sinn. Hingabe- und Hinnahmebereitschaft heißt: Jeder hat ein Recht auf sein eigenes Glück. »Genauso wenig wie eine glückliche Ehe zu Stande kommt, wenn es nur des andern Glück sucht.«[104]
  Es gibt Ehen, die nicht nur aus Ich-Sucht zerbrechen, sondern aus Ich-Verkümmerung und krankhafter Du-Sucht.

- *Für Ehepartner gibt es geschlechtliche Enthaltsamkeit nur auf Zeit*
  »Entziehe sich nicht eins dem andern, es sei denn eine Zeit lang, wenn beide es wollen, damit ihr zum Beten Ruhe habt« (1. Kor 7,5).
  Das mit Sich-einander-Entziehen übersetzte Wort (griechisch: *ápostereo*) heißt »berauben«[105]. In seiner Schrift »Vom ehelichen Leben« be-

zeichnet es Luther als »Raub«, wenn ein Ehepartner dem schöpfungsgemäßen Verlangen des anderen nicht entgegenkommt. »Wo nun eins sich sperrt und nicht will, da nimmt und *raubt* es seinen Leib, den es dem andern gegeben hat.«[106]

Der geschlechtlichen Enthaltsamkeit setzt Paulus folgende Grenzen:

- Sie darf nicht durch einseitige Laune, sondern nur in gegenseitiger Übereinstimmung geschehen.[107]
- Sie soll nur auf eine »begrenzte Zeit«[108] geschehen. Das hier gebrauchte Wort für Zeit (griechisch: *kairós*) dient im Neuen Testament u. a. auch dazu, einen kurzen Zeitraum (Lk 21,36; Eph 6,18) zu bezeichnen.[109] Auf jeden Fall sollen die Ehepartner nach dieser Zeit wieder sexuellen Kontakt aufnehmen. Eine so genannte »Josefsehe« bzw. eine »geistliche Ehe«, das heißt eine Ehe ohne leibliche Gemeinschaft, wie sie seit der Alten Kirche immer wieder gefordert wird, ist Paulus fremd.[110]
- Der einzige Grund, den Paulus für die Unterbrechung der ehelichen Gemeinschaft akzeptiert, ist das Gebet. Zu denken ist hier nicht an das tägliche Gebet, sondern an einen begrenzten (kurzen) Zeitraum, der ausschließlich dem »anhaltenden Beten«[111] gewidmet ist.

Eine unbegrenzte Enthaltsamkeit in der Ehe entspricht »einer radikalen Distanzierung von der Geschlechtsnatur«[112], die in letzter Konsequenz eine Ehe sprengt.

Wenn ein Ehepartner sich grundsätzlich einem andern verweigert, »dann ist das eigentlich gegen die Ehe, und die Ehe ist zerrissen.«[113] Ehepartner, die sich eine dauernde geschlechtliche Enthaltsamkeit abforderten, haben entweder früher oder später diese Forderung nicht mehr erfüllt, oder aber ihre Ehe ist an ihr zerbrochen.[114]

In seinen an Ehepartner gerichteten Worten schneidet Paulus die Frage der Nachkommenschaft mit keinem Wort an.[115] Für Paulus hat die Ehe neben ihrem Zweck der Fortpflanzung einen weiteren eigenen Wert: Die Hingabe- und Hinnahmebereitschaft.[116] Die Ehe ist nicht nur ein reiner Zweckverband zur Erzeugung von Nachkommen, vielmehr bekommt die Sexualität in der Ehe eine eigene Wertung.[117]

Viktor Frankl nennt es einen Missbrauch menschlicher Sexualität, »wenn sie als bloßes Mittel zum Zweck der Fortpflanzung betrachtet wird – anstatt zu bleiben, was sie ist: Ausdruck der Liebe«[118].

Die Ehepartner »wissen sich in der Ganzheit ihres Geschlechtes füreinander bestimmt und sind nicht nur eine Vorstufe der Familie«[119]. Da der

Ehe nicht nur als Hauptzweck die Erzeugung von Nachkommenschaft zugewiesen wird, gehört es zum Verantwortungsbereich der Ehepartner, empfängnisverhütende Mittel einzusetzen.[120] Eine Ehe bleibt Partnerschaft im Einssein auch dann, wenn der Kinderwunsch erfüllt oder wenn aus Alters- oder gesundheitlichen Gründen die Zeugung eines Kindes unverantwortlich ist. Die Wahl der konzeptionsverhütenden Mittel ist Sache der Ehepartner. Geschlechtliche Enthaltsamkeit aber ist eine ehezerstörende und keine empfängnisverhütende Maßnahme.

Der Ehebruch als Verstoß gegen Gottes Ordnung ist immer zugleich ein Vergehen gegen den Ehepartner. Der Begriff »Ehepartner« hat da mit Recht die alten Bezeichnungen »Ehegatten« oder »Eheleute« abgelöst[121], da Mann und Frau in der Ehe gleichwertig, gleichrangig und gleichbegnadet sind. Dies hat zur Folge, dass keiner den anderen beherrscht, demütigt oder benutzt. In der partnerschaftlichen Ehe stehen sich Mann und Frau auf dem Weg zum gemeinsamen Lebensvollzug »teilgebend und zugleich sich nicht aufgebend gegenüber«[122]. Sexualität trägt wesentlich zum individuellen Wohlbefinden und zur Lebenssteigerung bei.[123] Jede Entscheidung und Handlung, die den Ehepartner verwundet, verletzt, täuscht, betrügt und ihm damit ein Stück seiner selbst raubt, gehört in den Bereich des Ehebruchs.

3. Ehebruch hat seinen Ursprung in den Augen und im Herzen

Ehebruch ist »die Unterbrechung der leibseelischen Gemeinschaft durch ein anderes leibseelisches Erleben«[124]. Beim Ehebruch sind »nicht primär der Leib oder die Genitalien, sondern das Herz engagiert«[125].

Der Ursprung des Ehebruchs ist an keiner Stelle im Alten Testament so präzise erklärt wie bei Hiob. Die Worte Hiobs über den Ursprung des Ehebruchs finden sich wieder in der Auslegung des Gebotes durch Jesus. Jesus sagt: »Wer eine Frau ansieht, sie zu begehren, der hat schon mit ihr die Ehe gebrochen« (Mt 5,28).

(a) Am Anfang des Ehebruchs steht der begehrliche Blick

»Ich hatte einen Bund gemacht mit meinen Augen, dass ich nicht lüstern blicke auf eine Jungfrau « (Hiob 31,1).

Hiob lebte in der Einehe.[126] Da Hiob entschlossen war, die Ehe nicht zu brechen, hat er seine Augen in die Pflicht genommen.[127] Er schloss mit seinen Augen einen Bund, einen Vertrag, und zwar dergestalt, dass er seinen Augen bestimmte Verpflichtungen auferlegte.[128] Als Herr über seine Sinne versagte er seinen Augen alles »unkeusche Gaffen« und »unzüchtige Begaffen« einer anderen Frau.[129] *Das Auge* ist im Alten Testament als physisches Organ der Träger des Sehvorgangs. An den meisten Stellen jedoch begegnet uns das Auge als Sitz personaler Wahrnehmung und Erkenntnis. Unter diesem Gesichtspunkt kann das Auge auch Träger von Affekten und Emotionen, Wünschen und Begierden sein.[130] Beachtet man das Letztere, so sind die Augen auch das Einfallstor sexuellen Verlangens (Jes 3,16; Hes 23,16). Die Augen sind der Sitz des Begehrens in mannigfachen Nuancen.[131] Indem Hiob seine Augen in die Pflicht nimmt, gräbt er jedem sich anbahnenden Ehebruch die Wurzeln ab.[132] Im Talmud, der jüdischen Auslegung des Alten Testamentes, werden die Augen »Kuppler der Sünde« genannt[133], und in der rabbinischen Auslegung heißen sie »Agenten der Sünde« oder die die Sünde bewirkenden Kräfte.[134]

Wenn Jesus das Wort Hiobs vom Ansehen einer Frau, das zum Ehebruch wird, aufnimmt, sagt er nicht: Der Blick an sich ist böse. Das visuelle Wahrnehmen einer schönen Frau kann durchaus in den Lobpreis des Schöpfers einmünden.[135] Von Rabbi Gamaliel II. († vor 116 n. Chr.) ist überliefert, dass er beim Anblick einer ihm plötzlich begegnenden unverschleierten Griechin eine Doxologie, ein Gotteslob, sprach.[136]

Martin Luther wird ein Wort zugeschrieben, das die Grenzen zwischen dem Blick an sich und dem begehrlichen Blick folgendermaßen kennzeichnet: Du darfst jede Frau ansehen und dich an ihr freuen, nur nicht wie deine eigene Frau.

Es gibt jedoch einen Blick, der zum Begehren führt.[137] Ein solcher Blick entehrt die Frau.[138] Er entspricht der Tat eines Ehebruchs.[139] Es ist der Blick, der verbunden ist mit dem angestrebten Ziel[140], diese Frau zu begehren, das heißt mit ihr eine leibseelische Gemeinschaft einzugehen.[141] Ein solcher »begehrlicher Blick« ist in der Regel nicht durch Drittpersonen und Zeugen feststellbar. Er entzieht sich der Protokollierung. Er erfüllt nach dem Wort von Jesus dennoch den Tatbestand des Ehebruchs.[142] Der »lüsterne Blick«, das heißt die in ihm eingeschlossene »triebhaft unbeherrschte Gier«[143], ist nicht nur ein Schuldigwerden voreinander und miteinander, sondern Trennung von Gott (2. Petr 2,14). Der begehrliche Blick ist Ehebruch, und dieser schließt nach dem eindeutigen Urteil des Apostels Paulus vom Reich Gottes aus (vgl. 1. Kor 6,9).

In seiner Erklärung des Gebotes »Du sollst (wirst) nicht ehebrechen« sagt Jesus nicht: Reduziere dein Begehren, sondern sei im Blick auf das Begehren absolut kompromisslos.[144] Der begehrliche Blick ist identisch mit der Tat. Er ist Ehebruch.[145]

Auch für Hiob ist der Blick als solcher noch keine Sünde. Die Schuld, die Gott nicht übersieht, ist die Lust der Augen, die zu Schritten und Wegen führt (vgl. Hiob 31,4). Hiob war bereit, in all dem, was auch in ihm an Begehren und Verlangen steckte, sich »von Gott unterbrechen zu lassen«[146].

(b) Ehebruch reift im Herzen des Menschen

»Hat sich mein Herz betören lassen um eines Weibes willen und hab ich an meines Nächsten Tür gelauert ..., es ist ... eine Schuld, die vor die Richter gehört« (Hiob 31,9.11).

Hiob war entschlossen, dem Ehebruch keine Chance zu geben. Er vermeidet jede Gelegenheit, die zum Ehebruch führt. Er belauert die Tür des Nachbarn nicht. Er verbirgt sich nicht im Hinterhalt, um dort zu warten, bis sein Nachbar das Haus verlässt, damit er ungestört Zugang zu dessen Frau hat. Hiob verzichtet auf alle Heimlichkeit, die »überall das Merkmal des Ehebruchs«[147] ist. Hiob weiß um den Ort im Menschen, an dem der Ehebruch heranreift. Er wacht über sein Herz, damit in diesem der Gedanke an den Ehebruch keine Wurzeln schlagen kann.

Das Herz ist im Alten Testament nur selten die Bezeichnung für das Körperorgan, das zum Beispiel von Pfeilen durchbohrt werden kann (2. Sam 18,14; 2. Kö 9,24; Ps 37,15; 45,6). In den meisten Stellen ist Herz eine Bezeichnung, die sämtliche Schichten der Person umfasst.[148] Es ist zum einen das Organ des Denkens, Verstehens und Wollens, das heißt der Ort der Beschlüsse[149], zum andern ist das Herz der Sitz menschlicher Emotionalität (Spr 6,25; Hes 16,30) und damit auch das Zentrum des Geschlechtstriebes.[150]

- *Das Herz ist der Sitz des Begehrens*

  Im Herzen, der spontanen Urschicht des Begehrens, reifen verborgene Wünsche und Gedanken, die noch unterhalb der Willenskontrolle liegen.[151] Vor einer weltlichen Instanz sind derartige Gedanken nicht strafbar. »Fürs Denken kann man niemand henken.«[152] Wo sich aber der

Mensch vor Gott gestellt weiß, da ist er auch für den letzten Hintergrund seines Herzens verantwortlich.[153] Gottes Gericht trifft den Menschen auch in seinen Gedanken. »Wir stehen nicht nur in unseren Akten, sondern mit unserem ganzen Sein vor seinen Schranken.«[154]

- *Das Herz ist der »Tatort der Willensentschlüsse«*[155]
  Zwischen den begehrlichen Gedanken, das heißt der allen »Akten vorausgehenden Gier«[156], und der Tat liegt die Einwilligung bzw. die Zustimmung des Menschen. Schritte auf dem Weg der Einwilligung sind: Ich lasse den lustbeherrschenden Gedanken freien Lauf[157]; ich stimme ihnen zu, ich gebe ihnen mein Plazet, das heißt, ich erkläre, es gefällt mir. Von hier aus ist es nur noch ein kurzer Schritt zur Tat.
  Zwischen der Tat aber und den Gedanken, die meine Zustimmung erhalten haben, besteht vor Gott keine qualitative Verschiedenheit.[158] Vor Gott kann auch der, der die Ehe nach außen »korrekt« wahrt, zum Ehebrecher werden.[159] Vor Gott ist das, was im Herzen geschieht, das Eigentliche, das Bedeutende, das Erhebliche. Deshalb gelten alle in der Bibel über den Ehebruch gesprochenen Urteile »in Wirklichkeit schon dem, der im Herzen begehrliches Streben aufkommen lässt«[160].
  In seiner Auslegung des Gebotes »Du sollst (wirst) die Ehe nicht brechen« sagt Jesus: Ehebruch liegt nicht nur da vor, wo es »zur physischen Vollendung eines Ehebruchs«[161] kommt. Jesus sieht die vielen Gedanken, die zum Ehebruch »auf dem Sprung liegen«[162]. Dabei konzentriert sich Jesus wie Hiob auf die Punkte, an denen alle Entscheidungen getroffen werden, auf das Auge und das Herz.

(c) Das Neue im Wort von Jesus vom Ehebruch im Herzen
»Ihr habt gehört, dass gesagt ist: Du sollst (wirst) die Ehe nicht brechen. *Ich aber* sage euch: Wer eine Frau ansieht, sie zu begehren, der hat schon mit ihr die Ehe gebrochen in seinem Herzen « (Mt 5,27.28).

Das Neue, das das Wort von Jesus zum Verbot des Ehebruchs bringt, ist nicht das Fortschreiten von einer »Tat- zu einer Gesinnungsethik«[163]. Dieser Schritt ist bereits im Alten Testament und im Judentum vollzogen.

- *Die Radikalisierung des Gebotes im Alten Testament und im Judentum*
  Bereits Hiob kennt den Ehebruch mit den Augen und dem Herzen (Hiob 31,1.9). Augen und Herz, so steht es bereits im Alten Testament, können zum Treuebruch verführen (vgl. 4. Mose 15,39). Im Buch Jesus

Sirach wird es untersagt, eine Jungfrau genau zu betrachten (Sir 9,5), auf eine fremde Frau zu blicken oder eine verheiratete Frau anzusehen (Sir 41,20.22). In der rabbinischen Literatur finden sich die Worte: »Wer eine Frau mit (begehrlicher) Absicht anblickt, der gilt wie einer, der mit ihr verkehrt«, oder: »Du sollst nicht ehebrechen ..., auch nicht mit dem Auge und nicht mit dem Herzen!«[164] Außerdem sind Worte überliefert, die folgendermaßen lauten: »Du sollst nicht sagen, dass nur der, welcher mit dem Leib die Ehe bricht, ein Ehebrecher genannt wird; auch der, welcher mit seinem Auge die Ehe bricht, wird ein Ehebrecher genannt«, oder: »Wer eine Frau mit Absicht anblickt, gilt wie einer, der ihr beiwohnt.«[165]
Die Radikalisierung der Gebote in dem Sinn, »dass das Nachblicken bereits Ehebruch bedeuten kann«[166], findet sich schon im Alten Testament und im Judentum.

- *Jesus legt dem Menschen nicht ein unerträgliches Joch auf*
  Jesus geht es in seiner Auslegung des Gebotes nicht um eine »quantitative Verschärfung«, sondern um etwas »qualitativ anderes«[167]. Wenn Jesus sagt: »*Ich aber* sage euch«, so heißt das: Jetzt spricht der Messias, der »den schaffenden Gott vertritt«[168]. Jesus, der Messias, ist »der Richter und Retter zugleich«[169].

In dem Neuen, das Jesus zu dem Gottesgebot zu sagen hat, ist zwar nicht ausdrücklich von der göttlichen Gnade die Rede[170], das aber, was Jesus spricht, kann nicht losgelöst werden von seiner Person und seinem Auftrag. Der Bergprediger ist selbst der Inhalt der Bergpredigt.[171] Gott hat Jesus in diese Welt gesandt und dazu ermächtigt, »dem zum Sünder Gewordenen die Umkehr anzubieten«[172], das heißt, Jesus fordert nicht nur, »dass wir anders *handeln* sollen, sondern dass wir anders *sein* sollen.«[173] Der Weg zu diesem anderen Sein ist die *Umkehr*. Wann immer ein Ehebrecher, unabhängig davon, ob er den Ehebruch mit der Tat vollzogen oder mit den Augen und im Herzen begangen hat, seine Schuld bekennt, ist Jesus sein ***Retter***. Jesus ist für alle Schuld am Kreuz gestorben. Damit ist er von Gott, dem Schöpfer, legitimiert, alle vor ihm bekannte Schuld zu vergeben. Vergebung heißt Aufhebung und Hinwegnahme der Schuld. Vergebung ist die Wiederherbeiführung der ursprünglichen Reinheit.[174] Dieses Angebot der ewigen Gnade Gottes ist jedoch nicht gleichzusetzen mit einem ewigen Lächeln Gottes.[175] Dem Nicht-Umkehrenden zwingt Jesus die Vergebung nicht auf. Hält der Ehebrecher an seinem sündhaften Sein fest und bleibt

die Umkehr aus Prinzip aus, so ist Jesus sein ***Richter***. Einem irdischen Richter ist ein Mensch nur partiell ausgeliefert; vor Jesus ist jeder mit seinem ganzen Sein offenbar.[176]
In seiner Erklärung des Gebotes »Du sollst (wirst) nicht ehebrechen« weist Jesus unüberhörbar darauf hin, dass Gott, als er die Gebote gab, den ganzen Menschen meinte, »nicht nur eine Äußerlichkeit im Zusammenleben«[177]. In seinen Geboten beansprucht Gott den ganzen Menschen, »also sein Herz für Gott«[178]. Dies ist die eigentliche und ursprüngliche Tendenz des ersten Gebotes, das in seinem Inhalt alle anderen Gebote bestimmt.[179]

Den Ernst des Anspruchs Gottes erklärt Jesus durch zwei Beispiele, durch das Bild vom Auge und dem Bild von der Hand (Mt 5,29.30). Das Bildwort gewinnt seinen Sinn aus dem Gegensatz von einem Körperglied zum ganzen Leib.[180] Der Vergleich, den Jesus wählt, ist der der Amputation. Wenn es um Leben und Tod geht, muss sich ein Mensch zur Amputation entscheiden, um nicht in kurzer Zeit leiblich ganz zu Grunde zu gehen.[181] In seiner Erklärung des Gebotes, das den Ehebruch untersagt, fordert Jesus, die Auslöser des sexuellen Begehrens zu entfernen, weil sonst der ganze Mensch ein »Skandal« wird und in die Hölle geworfen wird.[182] Jesus fordert den Menschen dazu auf, lieber ein wertvolles Stück seines Seins, und seien es sein rechtes Auge oder seine rechte Hand, zu opfern, als in die Sünde einzuwilligen.[183] Die Begierde – und läge sie nur in einem einzigen Blick – führt in die Gottferne und trennt von der Nachfolge Jesu. »Kein Opfer, das der Nachfolgende der Freiheit von dieser Lust, die von Jesus trennt, zu bringen vermag, ist zu groß.«[184] Wie dieses Opfer aussieht, weiß jeder Betroffene nur zu gut. Sich selbst das rechte Auge auszureißen und sich selbst die rechte Hand abzuhacken, sind sprechende Bilder dafür, dass Gott den ganzen Menschen beansprucht. Die tatsächliche Amputation eines Gliedes befreit noch nicht von den im Herzen wurzelnden Begierden. Der, der kein rechtes Auge und keine rechte Hand mehr hat, kann mit dem linken Auge und mit der linken Hand ebenso gut sündigen.[185]

Das Wort von Jesus ist so ernst zu nehmen, dass, wie es Luther in diesem Zusammenhang mehrfach sagte, ausnahmslos jeder Mensch zur Hölle verurteilt wird.[186] Keines aber der Worte von Jesus, schon gar nicht die von der Hölle, die auf den Sünder wartet (Mt 5,21-26; 27f.), dürfen getrennt werden von seinem Ruf zur Umkehr und zu neuem Leben. Wie jedes Gottesgebot unter der Zusage des ersten Gebotes steht, »so steht die ganze Bergpredigt unter dem Licht der Seligpreisungen«[187].

Mit der Erklärung des Gebotes »Du sollst (wirst) nicht ehebrechen« zwingt Jesus seine Jünger nicht »in einen unmenschlichen Kampf, er verbietet ihnen nicht den Blick, aber er lenkt den Blick der Jünger auf sich und weiß, dass hier der Blick rein bleibt, auch wenn er sich nun auf die Frau richtet. So legt er seinen Jüngern nicht ein unerträgliches Joch des Gesetzes auf, sondern er hilft ihnen barmherzig durch das Evangelium«[188].

4. Ehebruch ist das Ende der Treue

Ehebruch ist ein »personaler Akt der Untreue, also die Preisgabe einer auf Treue gegründeten Gemeinschaft durch das Eingehen einer fremden Bindung«[189].

Wenn zwei Menschen zusammenfinden, kommt jeder aus einer ihm eigenen Welt. Der Entschluss, gemeinsam durchs Leben zu gehen, bedeutet jedoch noch nicht, dass die beiden von diesem Augenblick an eine deckungsgleiche Geschichte haben. »Leben« heißt auch für Ehepartner, dass jeder der beiden wächst und sich damit verändert.[190] Die Ausgangssituation, in der sich die beiden die Treue versprochen haben, kann nicht festgehalten werden. Sie ist dem Wandel unterworfen. »Auch Liebe und Liebende haben ihre Geschichte.«[191] Tief greifende Auseinandersetzungen gehören zur Geschichte der Liebe und der Liebenden. Gelingt es den Ehepartnern nicht, ihre Zuneigung und Zuwendung immer neu zu aktivieren, kommt es zum Treuekonflikt und in nicht seltenen Fällen zum Treuebruch.

(a) Der Treuekonflikt

Der Ausdruck Treuekonflikt kennzeichnet eine eheliche Partnerschaftssituation, in der die Partnerharmonie gestört ist.[192] Eine gestörte Kommunikation in einer Ehe beschränkt sich nicht auf das sexuelle Zusammensein. Sie bezieht sich auf alle Wesensbezogenheiten der beiden Ehepartner und durchdringt alle Lebensbereiche.[193]

- *Das Nebeneinanderherleben*
  Ehepartner bleiben sich die »Kommunikation äußerlich, innerlich oder in beiderlei Gestalt schuldig«[194]. Der Wille und das ständige Bemühen, das eigene Erleben mit dem Partner zu teilen, erlischt.[195] Eine der Ursa-

chen dafür ist folgende: Einer der beiden Ehepartner kommt in seinem Beruf voran, er hat Erfolg, er gewinnt Ansehen und Titel, der andere bleibt auf der alten Stufe. Beide tauschen sich nicht mehr aus. Sie haben sich nichts mehr zu sagen. Sie schweigen sich nur noch an.

- *Die Entfremdung*
  Auch wenn der Begriff »Entfremdung« in der Bibel nicht vorkommt[196], so wurde er seinem Inhalt nach bereits von Adam und Eva erlebt. Es war die listige Kreatur in Gestalt der Schlange, die durch Verdächtigungen und Halbwahrheiten den Menschen zum Widerspruch gegen Gott brachte (1. Mose 3,1). Zur Rechenschaft aufgefordert, schiebt der Mann der Frau und die Frau der Kreatur die Schuld für ihr Handeln zu (1. Mose 3,12.13). Die Entfremdung war perfekt – zwischen Mensch und Gott, zwischen Mann und Frau und zwischen Mensch und Tier.[197]
  Wenn ein Ehepartner die Geschichte des andern nicht nachvollzieht und nicht mit dem Wandel der Ausgangssituation rechnet, kommt es notgedrungen zu den erschütternden Aussagen: »Ich kenne dich gar nicht mehr!« »Früher warst du anders!« »Ich fühle mich im Stich gelassen und getäuscht!« »Ich bin bei dir nicht mehr daheim!«[198] An die Stelle der »gerne gegebenen Zuwendung treten Reserve, Abschirmung und Abkühlung. Gefühle des Missfallens und der Abneigung bekommen das Übergewicht.«[199] Der leibseelische Kontakt nimmt ab. Die Liebe erkaltet. Die Anziehung wechselt mit Abstoßung.[200]

- *Das Vergessen*
  Vergessen wird *der* Partner, mit dem man keinen Umgang mehr pflegt, von dem man sich entfernt, dem man fremd geworden ist.[201] Seinen Ehepartner vergessen heißt, von einem anderen Menschen so eingenommen zu sein, dass für den einmal Geliebten kein Raum mehr bleibt.[202] Im Vergessen zeigt sich »die Bedrohung des Menschlichen«[203]. Seinen Partner vergessen heißt nur noch an einen anderen denken, im Geheimen mit einem anderen leben und mit dem Herzen einen anderen lieben. Ein solches Vergessen kann schnell zu einem Verlassen des anderen werden.[204]
  Treuekonflikte gibt es in jeder Ehe. Ehepartner können die Treuekonflikte gemeinsam durchstehen, indem sie die Inhalte der Konflikte immer neu besprechen. So bewahren sie ihre Ehre vor einer Entleerung und Zersetzung.[205]

(b) Der Treuebruch

Der Treuebruch ist »das Siegel unter eine gescheiterte Partnerschaft«[206]. Zu einem Treuebruch kommt es in letzter Konsequenz immer dann, wenn ein Partner nicht bereit ist, auf das zu verzichten, das ihm »persönlich vorübergehend oder dauernd ein höheres Maß an Glück verspricht«[207]. Wer die Treue bricht, ist nicht mehr bereit, »die Geschichte des andern mit zu übernehmen«[208].

- *Das Aufgeben der Verantwortung*
  Bedeutet Treue, in der Verantwortung für den anderen »trotz Schaden und Gefahr fest zu bleiben«[209], so ist der Treuebruch die Rückgabe der Verantwortung für das gemeinsame Leben.[210] Verantwortung beruht auf Stellvertretung.[211] Ein Ehepartner, der sich der Verantwortung für den anderen entzieht, ist nicht mehr dessen Stellvertreter. Er tritt nicht mehr für diesen ein, wenn dieser versagt oder von anderen angegriffen wird. Er wird vielmehr zum Ankläger dessen, den er einmal geliebt hat.

- *Die Selbstaufgabe*
  Ist Treue »eine Tat des Kerns, der Person und ihres Ernstes«[212], dann gibt der, der die Treue bricht, zumindest ein Stück seiner selbst auf. Denn Treue ist nur möglich, wenn der, der die Treue versprochen hat, sich selbst treu bleibt.[213]

- *Die totale leibseelische Zuwendung zu einem Dritten*
  Eine außereheliche sexuelle Beziehung ist in der Regel der Schlusspunkt unter nichtbewältigte Treuekonflikte. Es mag offen bleiben, bis zu welchem Grad partnerschaftliche Drittbeziehungen ohne Einbeziehung der Geschlechtsgemeinschaft für das Zusammenleben von Ehepartnern förderlich sein können.[214] Eine sexuelle Beziehung ist und bleibt Treuebruch.

Treue ist die Zusage, die Verbundenheit ohne Grenzen und unabhängig von dem Wandel der Ausgangssituation walten zu lassen. Treue ist »das Hangenbleiben an der Person bei wechselnden Geschicken«[215].
Das deutsche Wort »Treue« kann zurückgeführt werden auf die indogermanische Wurzel »*deru*«, Baum. Die Grundbedeutung von treu sein heißt danach kernholzartig fest sein.[216] Angesichts der verwirrten Wirklichkeiten des Lebens erscheinen die Worte von der unerschütterlichen Treue auf der

einen Seite zu einfach und nicht mehr ganz echt, auf der anderen Seite zu groß und zu pathetisch. »Trotzdem bleibt es wahr, dass auf der Treue unser Leben ruht.«[217]

Kommt es in einer Ehe zu einem Treuebruch, muss dies noch nicht das Ende der Ehe sein. Die Voraussetzung, um auf den anderen zugehen zu können und ein neues Ja zu ihm zu finden, ist die Vergebung.[218] Die Preisgabe einer auf Treue begründeten Ehe ist Ehebruch.

5. Ehebruch ist Scheidung / Wiederheirat Geschiedener

In der Zeit des Alten Testaments ist die Scheidung und Wiederheirat Geschiedener durch genaue Anweisungen geordnet (vgl. 5. Mose 24,1-4). Im Unterschied zum Alten Testament bezeichnet Jesus sowohl die Ehescheidung als auch die Wiederheirat Geschiedener als Ehebruch (Mt 5,32; 19,9; Mk 10,11.12; Lk 16,18). Christen bekennen sich bei ihrer Trauung zur Unauflöslichkeit der Ehe. Jede Scheidung steht im Widerspruch zur Trauung.

(a) Das Versprechen der Treue und die Verbindlichkeit der Kirchlichen Trauung

Die Entschlossenheit, die Treue zu halten, bedeutet nichts anderes, als die Zukunft zu verpfänden. Der Augenblick, in dem ein unbedingtes und unbegrenztes Treueversprechen gegeben wird, »kennt keine Vergänglichkeit, er entscheidet über alle zukünftigen Augenblicke.«[219]

Das Versprechen, ein Leben lang zusammenzubleiben, »im Wissen um die möglichen Unbilden und Fährnisse des Lebens«[220], ist eine Treuebindung. Eine solche Bindung will den Partner nicht nur im jetzigen Augenblick, sondern in seiner Ganzheit, in seiner Dauer und in seinen Wandlungen.[221] »Treue ist das, was die fließende Zeit überdauert. Sie hat etwas von Ewigkeit in sich.«[222] Wenn auch bei einem Treueversprechen jeder Ehepartner in seiner Eigenverantwortlichkeit beteiligt ist, so steht das Gelingen der Ehe nicht in der Verfügbarkeit der Partner.[223] Die Kraft zur Treue empfängt der Mensch nicht allein aus dem Kern seiner Persönlichkeit. Die Treue lebt davon, dass sie ein Stück Ewigkeit in sich trägt. »Von Gott kommt die Treue in die Welt.«[224]

Das Alte Testament ist ein Abriss der Geschichte der Treue Gottes. Gott steht auch da, wo Menschen untreu werden, zu seinen Zusagen der Treue. Er schließt mit Einzelpersönlichkeiten und mit dem Volk Israel einen Bund, der ganz auf seiner ewigen Treue ruht. Seit Hosea wird der Gottesbund mit einer Ehe zwischen Jahwe und dem Volk Israel verglichen (Hos 1,2).

Indem sich das Volk den kanaanäischen Kulten zuwendet, bricht es die Ehe, es »hurt von Jahwe weg« (vgl. Hos 1,2). Jeremia redet von einem Hochzeitsschluss am Sinai (Jer 31,32). Auch Hesekiel (Hes 16,23) und Jesaja (Jes 49,14f.; 54,4ff.) verwenden dieses Bild. Auch wenn es zu einer vorübergehenden Zurücksetzung der Frau kommt, nimmt Gott die Jugendgeliebte wieder auf (Jes 54,4.8). Das Festhalten Jahwes an dem treulosen Volk übersteigt alles menschliche Maß.[225] »Gott wechselt den Partner nicht, sondern hält bei ihm aus und gibt ihm Zukunft.«[226]

Das Neue Testament zeigt, wie Gottes Treue das Unfassliche vollbringt. Durch die Menschwerdung in Jesus übernimmt Gott selbst die Verantwortung für die Schuld des Menschen. Jesus weiß sich zum Volk des Sinaibundes gesandt und hält im feindlichen Palästina aus bis zum Tod am Kreuz. »Das Leben Jesu ist eine einzige Treue«[227].

Das Verhältnis Gottes zu seinem Volk Israel wirkt auf das Verständnis der Ehe zurück.[228] Das alttestamentliche Bild vom Treuebund ist die Grundlage für das christliche Verständnis vom Ehebund.[229] Das Gleichnis von der Treue Gottes zum Menschen im Bild der Eheschließung kennzeichnet die Ehe zweier Menschen »als dauerhafte und verlässliche Beziehung durch den Widerspruch menschlicher Treulosigkeit hindurch«[230]. Wir können nur treu sein, weil Gott treu ist, »weil Er es ist, und weil Er uns, seine Ebenbilder, ihr zugeordnet hat«[231]. Als Ebenbilder Gottes können sich Mann und Frau vor Gott und vor Menschen das Versprechen der Treuebindung für ein ganzes Leben geben. Der Ort, an dem dies geschieht, ist die Kirchliche Trauung.

Von einer Trauung, wie sie zur Zeit von Jesus und davor praktiziert wurde, berichtet das apokryphe Buch Tobias: »Raguel, um dessen Tochter Sara der junge Tobias angehalten hatte, rief seine Tochter Sara, nahm ihre Hand und gab sie dem Tobias zur Frau und sprach: ›Siehe, nach dem Gesetz Moses nimm sie hin und führe sie zu deinem Vater.‹ Und er segnete sie. Und er rief seine Frau Edna. Er selbst nahm ein Schriftstück und schrieb einen Ehevertrag, und sie siegelten ihn. Dann begannen sie mit dem Mahl ... Als sie aber das Mahl beendet hatten, führten sie Tobias zu Sara in die Kammer ...«[232]

In alter Zeit war die Eheschließung Sache der Familie oder Sippe. Der Vater vollzog die Trauung, indem er die Rechte seiner Tochter in die Hand des Mannes legte und sie diesem anvertraute.[233] Der Begriff »Trauung« (von lateinisch *traditio*) bedeutet den Akt der Übergabe.[234] Die Kirche hatte durch Jahrhunderte hindurch kein eigenständiges Interesse an der Rechtsform der Eheschließung. Erst im Mittelalter wurde die Eheschließung zur Sache der Kirche. Der Priester übernahm die Rolle, eine Ehe als rechtskräftig zu erklären, und zwar mit den Worten: »Ich spreche euch zusammen.« Martin Luther unterschied zwischen der Eheschließung als einer Sache des weltlichen Rechtes und dem Gottesdienst für die Neuvermählten.[235] Die Bismarcksche Ehegesetzgebung (1875) führte in Deutschland die obligatorische Zivilehegesetzgebung ein. Für die Kirche und ihre Pfarrer bedeutete dies, die Notwendigkeit einer kirchlichen Trauung nach der standesamtlichen neu zu begründen[236] und, wie es bereits Luther forderte, zwischen der Eheschließung und dem Traugottesdienst zu unterscheiden.

Die Eheschließung ist die öffentlich-rechtliche Legitimation der Lebens- und Leibesgemeinschaft der Ehepartner. In den Bestimmungen des Bundesgesetzbuches heißt es: »Die Ehegatten sind einander zur ehelichen Lebensgemeinschaft verpflichtet.«[237]

Die Trauung ist der Gottesdienst nach der Eheschließung. Der Traugottesdienst ist »keine religiöse Dublette zur standesamtlichen Eheschließung«[238]. Im Traugottesdienst wird keine Ansprache gehalten, sondern gepredigt. Es werden keine Meditationen vorgetragen, sondern es wird gebetet. Es werden keine Glückwünsche ausgesprochen, sondern die Ehepartner empfangen den Segen Gottes.[239] Mit den Worten »Ja, mit Gottes Hilfe« versprechen die Ehepartner, dass sie sich als Ehepartner lieben und ehren und die Ehe nach Gottes Gebot und Verheißung führen – in guten und in bösen Tagen –, bis der Tod sie scheidet.[240]

Die Trauung hat den folgenden eigenen nicht hoch genug zu schätzenden Stellenwert:

- ***DieTrauung ist Berufung zur Treue. Die Trauung ist die Erfüllung dessen, was bereits das Wort Ehe besagt. Ehe heißt von seiner Wortbedeutung her: lange Dauer, »Ewe«, Ewigkeit.[241] Die Trauung ist die »Berufung zur lebensdauernden Gemeinschaft«[242].***
- ***Die Trauung ist der Ort des Handelns Gottes. Gott schafft in der Trauung aus der Liebe der Ehepartner etwas Neues (Mt 19,6; Mk 10,9). Die beiden Ehepartner leben von nun an in einem »Stand«, der sie verpflichtet![243]***

- ***Die Trauung ist die Zusage des Dabeiseins Gottes. Im Trausegen vergewissert der Dreieinige Gott die Ehepartner seiner Gegenwart in guten und in schweren Tagen, bis der Tod sie scheidet.***

Für einen Glaubenden ist die Frage nicht zweitrangig, in welcher Unmittelbarkeit der Traugottesdienst der standesamtlichen Eheschließung folgt. Für Christen ist es von hoher Bedeutung, ihre Lebens- und Leibesgemeinschaft mit dem der Eheschließung unmittelbar folgenden Gottesdienst zu beginnen.[244]

(b) Scheidung im Ausnahmefall

Zweimal spricht Jesus von einer Ehescheidung im Falle vorliegender Unzucht (Mt 5,32; 19,9).

Der Begriff Unzucht ist nicht ohne weiteres mit Ehebruch gleichzusetzen. Ein Vergleich der Stellen, in dem die Bibel von Unzucht spricht, führt zu folgendem Ergebnis:[245]

- Der Verkauf des Leibes (Prostitution).
- Gleichgeschlechtliche Beziehung (Homotropie).
  Ein praktiziertes fortdauerndes gleichgeschlechtliches Verhältnis ist mit einer Ehe unvereinbar.
- Verkehr mit Tieren.
- Die Nichtachtung der Würde des Ehepartners.
  Die Schuldskala umfasst das Aufhören des liebevollen und zärtlichen Umgangs (= Eroszerfall), das sich gegenseitige körperliche Entziehen, Quälereien, Vergewaltigung des Ehepartners bis hin zum seelischen und körperlichen Mord.
- Kindesmisshandlung.
- Fortgesetzter Ehebruch.
  Ein Ehepartner, der nicht bereit ist, den Kontakt zu einem Menschen zu brechen, mit dem er außerhalb der Ehe geschlechtlichen Kontakt unterhält, opfert seine Ehe dieser Beziehung.

Außer dem von Jesus gekennzeichneten Ausnahmefall nennt Paulus noch einen weiteren Scheidungsgrund. Besteht der nichtglaubende Partner in einer Ehe auf der Trennung, »so mag er sich trennen« (1. Kor 7,15).

Was aber geschieht, wenn eine Ehe gescheitert ist? Wie können und sollen Christen nach einer Ehescheidung mit ihrem Trauversprechen und dem Handeln Gottes in der Trauung umgehen? Es gibt Christen, die nach dem Scheitern ihrer Ehe »auf eine neue eheliche Beziehung verzichten und damit ein Zeugnis ihrer Ehrfurcht vor der Ehe als Zeichen Gottes geben«[246]. Vielen jedoch auch unter den Christen wird es zu schwer, nach dem Scheitern ihrer Ehe allein zu bleiben.

Kommen diese zu der Überzeugung, dass sie eine neue Beziehung als Geschenk Gottes annehmen dürfen, so steht jeder Christ und im Besonderen der Seelsorger vor einer fast unlöslichen Frage:

- Kein Mensch darf und kann trennen, was Gott verbunden hat.[247]
- Jeder Christ lebt von der Vergebung und hat den Auftrag, »Versöhnung zu leben und den Menschen Barmherzigkeit widerfahren zu lassen«.[248]

(c) Wiederheirat und zweite Trauung

Paulus schreibt von einem Fall der Trennung, bei der der Geschiedene nicht mehr sklavisch an seinen Partner gebunden, sondern zu einem Leben in Frieden berufen ist (vgl. 1. Kor 7,12-15). Ein Leben in Frieden ist ein Leben von der Vergebung.

Hat ein Seelsorger einem Geschiedenen nach dessen Beichte die Vergebung zugesprochen, ist es nicht mehr seine Aufgabe, dem Geschiedenen weitere Lasten aufzubürden. Es bleiben auch so noch genug Lasten, die ein Geschiedener zu tragen hat, da ihn die inneren und äußeren Zeichen seiner Scheidung in seinem Leben nie mehr verlassen.

Kommt ein Seelsorger zu der Entscheidung, Geschiedene wieder zu trauen, so darf er auch im Traugottesdienst die Weisungen von Jesus nicht übergehen. Die Kirchliche Trauung Geschiedener spricht deshalb einen so genannten »Vorhalt«[249] aus.

Der »Vorhalt« nimmt Bezug auf das unter dem Beichtsiegel geführte Traugespräch. Die vor den Traualtar Tretenden werden so nicht beschämt, und die anwesenden Gemeindeglieder werden nicht zu Richtern aufgerufen. Die Schuld, durch die die erste Ehe zerbrochen ist, bleibt Beichtgeheimnis.

In der Trauung Geschiedener haben die Stille Beichte, der öffentliche Zuspruch der Vergebung für die bekannte und bereute Schuld sowie der Empfang des Heiligen Abendmahls die zentrale Stellung schlechthin. In diesem Teil des Traugottesdienstes wird ausdrücklich darauf hingewiesen, dass es für die Vergebung keine Ausnahmeklausel gibt.

Mitte der Verkündigung ist die Botschaft zur Befreiung und zu einem Leben in Frieden.

Nach dem Lesen der Texte zur Trauung wird folgender Abschnitt eingefügt:

»Die Ehe ist also nach Jesu Wort unauflöslich. Wo auch Christen an dieser Ordnung schuldig geworden sind, müssen wir (!) uns vor Gott beugen. ›Wenn du, Herr, Sünden anrechnen willst, Herr, wer will vor dir bestehen?‹ Gottes Vergebung aber kann uns einen Neuanfang unter seiner guten Lebensordnung schenken. Dazu verhelfe euch Gott.«[250]

Die Traufragen beginnen mit den Worten:

»Ihr habt im Namen Gottes die Vergebung empfangen. Gott hat euch einen Neuanfang ermöglicht.«

Ein Seelsorger, der eine solche Trauung Geschiedener vollzieht, tut dies nicht auf Grund einer direkten Weisung oder eines Gebotes von Jesus. Er tut es allein in der Hoffnung auf Gottes Barmherzigkeit und in der Gewissheit, dass Gottes Vergeben ein neuschaffendes Handeln ist.

Der Seelsorger bleibt dabei in der Zerreißprobe, sowohl dem Wort von Jesus über die Ehe treu zu bleiben als auch seiner Sendung, Versöhnung zu leben und zu schenken!

6. Der Umgang mit der Sexualität ohne ihre Einbindung in die Ehe

Die Ehe, in der Mann und Frau sich als Partner auf Dauer aneinander binden, ist die »Basis allen Gemeinschaftslebens«[251]. Sie ist die Art der menschlichen Kommunikation, in der die Geschlechtsgemeinschaft ihren Raum hat. Obgleich Mann und Frau füreinander geschaffen sind, sind der ehelose Mann und die unverheiratete Frau jeder für sich ein ganzer, ein in sich abgeschlossener Mensch[252] mit einer ihm vom Schöpfer verliehenen Sexualität (vgl. 1. Mose 1,27).

»Der Mensch ist bis in die sublimste Spiritualität hinein ein leibhaftes Wesen«[253], das heißt, er bleibt auch bei der höchsten Form der Sublimierung seines Geschlechtstriebes Mann und Frau. Es gilt deshalb, Möglichkeiten und Grenzen für die Sexualität Eheloser aufzuzeigen.

(a) Sexualität und Ehelosigkeit

Im Alten Testament findet sich an keiner Stelle der Rat, ehelos zu bleiben.[254] Paulus dagegen spricht davon, dass es ein Vorteil sein kann, nicht bzw. nicht wieder zu heiraten (1. Kor 7,8). Paulus geht es dabei nicht nur um Ledige, sondern, wie die gesonderte Erwähnung der Witwen zeigt, um alle, »die faktisch ohne Ehepartner leben«[255]. Mit dieser Empfehlung verbindet Paulus mit keinem Wort die Forderung, jede sexuelle Regung abzutöten oder zu unterdrücken. Er sagt mit aller wünschenswerten Klarheit, dass das Unverheiratetsein oder -bleiben keineswegs so vorteilhaft ist, dass man ein »Brennen« in Kauf nehmen sollte. Es ist besser, zu heiraten als in Begierde zu brennen (vgl. 1. Kor 7,9). Für Paulus ist es in keiner Weise selbstverständlich, dass es einem Mann oder einer Frau möglich ist, ohne Ehepartner zu leben. Paulus weiß um die schöpfungsgemäße Sexualität.

Die Sexualität des Alleinstehenden braucht einen Raum, in dem diese sich entfalten kann, unabhängig davon, ob der Einzelne in einer unfreiwilligen oder in einer gewollten Ehelosigkeit lebt oder ob er bewusst auf die Ehe verzichtet:

- ***Bei einer unfreiwilligen Ehelosigkeit*** ist und war die Bereitschaft zur Ehe vorhanden. Lebensführungen oder widrige Umstände verhinderten es jedoch, den Partner fürs Leben zu finden. Bei der unfreiwilligen Ehelosigkeit ist jeder billige Trost fehl am Platz. »Er hilft nicht, sondern verstärkt in der Regel die innere Angst, Einsamkeit und Verbitterung.«[256]
- ***Die gewollte Ehelosigkeit*** hat mannigfache Gründe. Manche Menschen verachten die Ehe. Andere fürchten sich vor der Ehe und haben nicht den Mut, das Wagnis der Ehe auf sich zu nehmen, andere wieder finden keinen Zugang zum anderen Geschlecht.
- ***Beim bewussten Verzicht auf die Ehe*** sind alle Voraussetzungen für eine vollwertige Ehe gegeben. Der freiwillige Verzicht geschieht um einer bestimmten Aufgabe willen. Es ist der Verzicht ohne Ablenkung durch die Familie, ganz dem Beruf oder einer Aufgabe leben zu können.

In nicht wenigen Fällen ist aus einer zunächst unfreiwilligen Ehelosigkeit ein bewusster Verzicht geworden.

Die Forderung nach einer »Partnerschaft auf Zeit« als einer »legalen Ausdrucksform des Zusammenlebens« für solche, »die nicht die Fähigkeit oder Berufung haben, lebenslang allein oder lebenslang verheiratet zu sein«[257], ist mit dem Gebot Gottes zum Schutz der Ehe nicht in Einklang zu bringen.

- *Gegenseitige Bejahung von Ehelosen und Verheirateten*
  - Jeder genießt die Vorzüge seiner Lebensform und übernimmt die Verantwortung für sie.
  - Die in unterschiedlichen Lebensformen Lebenden erkennen einander an. Sie achten sich in der ihnen jeweils abverlangten Verantwortung.

In der Bewegung der so genannten keltischen Spiritualität gab es kommunitäre Zusammenschlüsse, in der Mönche und Verheiratete mit Kindern gemeinsam lebten. Es war eine Gemeinschaft, in der es jedem erlaubt war zu sein, wer er selbst ist.[258]

- *Natürliche Beziehungen zum anderen Geschlecht*
  Der Mensch wurde als Mann und Frau geschaffen, darum darf sich das Menschsein niemals auf die Männlichkeit oder die Weiblichkeit beschränken. »Der ehelose Christ muss deshalb die Möglichkeit natürlicher und brüderlicher Beziehungen zur Frau haben.«[259] Frau und Mann in ihrer je konkreten Gestalt können einander Partner sein, wie Arbeitskollegen, Bekannte und Freunde dies auch für einen durch Liebe und Ehe Gebundenen sein können.[260] Die dabei zu beachtende Grenze ist das Vermeiden jeglicher Art eines sexuellen Abenteuers.

- *Enthaltsamkeit*
  Akzeptiert der Ehelose, dass außereheliche Beziehungen im Widerspruch zu Gottes Gebot: »Du sollst (wirst) nicht ehebrechen« stehen, so bleibt ihm das Einswerden mit einer anderen Person versagt.

  Enthaltsamkeit ist der bewusste Verzicht auf folgende Angebote:
  ➤ Helfer bzw. Therapeut eines unglücklichen Ehepartners zu sein.[261]
  ➤ Partnerschaft auf Zeit.[262]
  ➤ Homotropie.

Das intime Zusammenleben zweier Menschen ist für das Menschsein nicht elementar. Paulus und viele Männer und Frauen nach ihm waren und sind ledig, und doch in ihrem Menschsein vollkommen.

(b) Vorehelicher Verkehr
Untersagt das Gebot »Du sollst (wirst) nicht ehebrechen« jede außereheliche Geschlechtsgemeinschaft, so hat dieses Gotteswort auch eine Bedeutung für den Umgang mit der Sexualität vor der Ehe. »Gerade in einer Gesellschaft, in der Ehen eine oft lange Vorgeschichte haben, kann nicht getrennt werden zwischen einer Unverbindlichkeit vor der Ehe und einer Verbindlichkeit durch die Ehe.«[263]

Voreheliche Beziehungen sind im Unterschied zur außerehelichen Geschlechtsgemeinschaft mit dem Ziel der Ehe verbunden.[264] Immer mehr

befreundete und verlobte Paare empfinden auf Grund ihrer Erziehung und Umwelt voreheliche Intimbeziehungen nicht mehr als ein Problem.[265] Suchen sie nach Argumenten, um ihr Verhalten vor sich und vor anderen zu verteidigen, so finden sie diese bei den Ethikern, die den vorehelichen Verkehr unter rein mitmenschlichen Gesichtspunkten, das heißt auf der horizontalen Ebene, verteidigen und begründen.
Es sind im wesentlichen drei Argumentationsweisen:

- Das »stufenweise Hineinwachsen in die volle eheliche Gemeinschaft, einschließlich einer Aufnahme der Geschlechtsgemeinschaft im rechten Augenblick, stellt eine bessere Voraussetzung für den späteren Verlauf der Ehe dar als die mechanische Koppelung des ersten Koitus an die Hochzeitsnacht, die nicht selten einer Vergewaltigung nahe kommt«[266].
- »Der voreheliche Verkehr ist eine Kostümprobe für die totale dauernde Lebensgemeinschaft der Ehe, nicht ihre Vorwegnahme. Es muss sich bei dieser Kostümprobe für die Ehe freilich um ernsthafte Beziehungen handeln, nicht um ein verobjektivierendes Ausprobieren des Partners«[267].
- Voreheliche Beziehungen sind nicht »als solche falsch oder Sünde, sondern nur, wenn sie gegen die Liebe verstoßen, denn nichts ist vorgeschrieben – außer Liebe«[268].

Zur Begründung ihrer Positionen berufen sich Ethiker, die rein von der mitmenschlichen Beziehung her argumentieren, darauf, dass das Neue Testament sich nicht ausdrücklich zu vorehelichen Beziehungen äußert. Sie übergehen dabei bewusst oder unbewusst, dass die Verhaltensregeln des Alten Testamentes für Verlobte und die jüdische Auslegung der betreffenden, zur Zeit des Neuen Testamentes jedem bekannt waren und an keiner Stelle des Neuen Testamentes für ungültig erklärt wurden. Für verlobte Paare im Alten Testament gab es ganz konkrete Verhaltensanweisungen, die die Verlobung als einen »Wartestand in der Vorerfüllung«[269] kennzeichnen. So durfte ein Mädchen, das einem Mann verlobt war, diesem nicht unverschleiert begegnen. Sie hatte bis zur Heirat, der Heimführung in das eigene Zelt, die Distanz zu wahren.[270] Als Elieser auf die Frage Rebekkas: »Wer ist der Mann?« antwortete:

»Das ist mein Herr«, nahm Rebekka augenblicklich den Schleier und verhüllte sich (1. Mose 24,65).

Das Alte Testament befürwortet an keiner Stelle eine Vorwegnahme der

Ehe. Eine »gleitende Ehe« oder gar eine »Probier- bzw. Testehe« ist ihm völlig fremd.

Wenn sich Paulus im Brief an die Korinther gegen jede mögliche Ganzhingabe außerhalb der Ehe wendet[271], so liegt kein Grund dafür vor, voreheliche Beziehungen als einen Ausnahmefall oder als eine notwendige Vorstufe der Ehe zu deklarieren. Für Paulus ist keine Ganzhingabe denkbar außer der der Ehepartner.

Eine verbindliche, auf eine Ehe zielende Freundschaft und Verlobung ist die Zeit der Bewährung voreinander und füreinander[272] Der Vorgriff auf die Ehe ist ein »Spiel« mit der von Gott gestifteten Ordnung. »Geschlechtsverkehr ist Ehe ... Mit der Verlobung ist keine Erlaubnis zum Geschlechtsverkehr gegeben.«[273] Die Entscheidung für eine gleitende Ehe ist ein Mangel an Selbstständigkeit im Denken und in der Reife. »Gestattet etwa das junge Mädchen dem Verlobten willfährig den Vorgriff in die Ehe, so beweist es damit, dass es die notwendige Selbstständigkeit des Denkens und der Haltung einer Partnerin noch nicht meistert. Versagt sie sich und droht ihr der Partner, sein vermeintliches Glück woanders zu suchen, so wird sie ihre Reife als Partnerin unter Umständen mit der Aufforderung beweisen müssen, dann möge er seiner Wege gehen. Im gleichen Sinne fehlt es aber auch an der Selbstständigkeit im Denken und Handeln des jungen Mannes, wenn er in sich die Rücksicht auf seine Partnerin als zukünftige Gattin nicht genügend weckt, nicht zu üben bereit ist und beiseite schiebt.«[274]

Befreundete und verlobte Paare, die entschlossen sind, sich einmal das Eheversprechen zu geben, bis der Tod sie scheidet, können in dieser Phase ihrer Beziehung Zärtlichkeit und Sexualität als gute Gabe Gottes in einer Vorstufe erleben, die einmal die Erfüllung in ihrer Ehe findet.[275] Für die Intensität, in der sie Zärtlichkeit und Sexualität ohne die vollkommene geschlechtliche Vereinigung erleben, gibt es keine für alle verbindlichen Regeln außer der Empfehlung: »Geh, so weit du kannst, und weiter, wenn du kannst!«

(c) Sexuelle Anarchie

Zu allen Zeiten gab es Tendenzen zur sexuellen Anarchie, das heißt zu einer sexuellen Freizügigkeit, in der jeder mit jedem seine sexuellen Wünsche erfüllen konnte.

Zur Zeit des Apostels Paulus war im griechisch sprechenden Raum eines der allgemein bekannten Sprichwörter: »Alles ist erlaubt« (vgl. 1. Kor

6,12; 10,23). Mit dieser Parole rechtfertigten die Korinther eine in der Stadt herrschende Anarchie auf sexuellem Gebiet, die gewissen Strömungen in unserer Zeit in keiner Weise nachstand.

In der Hafenstadt Korinth gab es für damalige Verhältnisse einen riesigen Fremdenverkehr. Die Stadt lag an einer Landenge, die die Verbindung zwischen Italien und dem Osten vermittelte. Hier stand der Haupttempel der Aphrodite Urania. Von ihm berichtet Strabo (etwa 63 v. bis 26 n. Chr.): »Der Tempel der Aphrodite war so reich, dass er mehr als 1000 dem Tempeldienst gewidmete Dirnen hatte.«[276] Wenn auch dieser Haupttempel zu Paulus' Zeiten zerstört und nicht wieder aufgebaut war, so blühte die Prostitution sowohl in den Hafenvierteln als auch in den zahlreichen kleineren Heiligtümern. Die Bezeichnung »korinthische Mädchen« hatte eine ganz bestimmte Bedeutung bekommen. Sexuelle Ausschweifungen hatten in Korinth die Oberhand gewonnen. Auf den Theaterbühnen waren sie Gegenstand des Lachens. Auch wenn viele geistige Führer dieses Treiben nicht direkt gut hießen, so hatten sie es doch wenigstens übersehen und entschuldigt.[277] Der sexuelle Verkehr mit den »korinthischen Mädchen« galt für die Bewohner und für die Fremden, die nicht zuletzt deshalb nach Korinth kamen, als etwas Belangloses ohne irgendwelche Folgen. Die Griechen hatten im Allgemeinen an dem körperlichen Verkehr mit weiblichen oder männlichen Personen nichts auszusetzen. Ein geflügeltes Wort der griechischen Popularphilosophie lautete: Die Befriedigung geschlechtlicher Begierden ist etwas so Natürliches wie Essen und Trinken, darum brauche sich dessen niemand und vor niemandem zu schämen.[278]

Es ist, als ob sich die korinthischen Zustände in unserer Zeit mit fast den gleichen Begründungen geradezu wiederholen. Nach Sigmund Freud wirkt sich das sexuelle Verlangen in ähnlicher Weise aus wie Hunger und Durst, wenn dem Organismus zu wenig Nahrung zugeführt wird. Der Sexualtrieb ist nach dieser Auffassung vergleichbar mit einer Art Juckreiz. Die sexuelle Befriedigung ist nichts anderes als die Beseitigung dieses Juckreizes. Freud sieht in der Sexualität eine im Körper auf chemischem Wege erzeugte Spannung, die schmerzhaft empfunden wird und daher nach Entspannung sucht. Danach ist die sexuelle Befriedigung nichts anderes als die Beseitigung dieser Spannung.[279] Die alte griechische Gleichsetzung der Befriedigung geschlechtlicher Begierde mit Essen und Trinken findet sich auch in der Gegenwart.

So schreiben Bertrand Russell 1929: »Die Sexualität ist ein natürliches Bedürfnis wie Essen und Trinken«[280], und Alex Comfort 1964: »Keuschheit ist genauso wenig eine Tugend wie ›Unterernähung‹.«[281] In den Medien wird zum Beispiel in der James-Bond-Moral die sexuelle Vereinigung zur »bloßen Drüsensekretion und zum Konsumgut degradiert«[282].

Die Christen in Korinth blieben genauso wenig wie die Christen heute von diesen Lehren unbeeinflusst. Die Korinther hielten den sexuellen Verkehr für eine Verhaltensweise außerhalb von Gut und Böse, das heißt für eine Sache, die mit ihrem Glauben an Jesus Christus nichts zu tun hat. Wer diese Meinung in irgendeiner Abwandlung vertritt, tut gut daran, auf das zu hören, was Paulus den Korinthern schreibt:

- *Bauch und Leib können nicht miteinander verglichen werden.*
  Bauch und Speisen gehören in den Bereich der Vergänglichkeiten. »Gott wird das eine wie das andere zunichte machen« (1. Kor 6,13a). *Der Leib* aber ist nicht vergänglich, »der Leib gehört dem Herrn« (vgl. 1. Kor 6,13b). Der Leib (griechisch: *soma*) ist nicht einfach Fleisch (griechisch: *sarx*). Leib ist bedeutungsgleich mit dem »Leib-seelischen Ich«[283] des Menschen. Die Bedeutungsnuancen von Leib reichen vom Leib als Sitz des sexuellen Lebens bis zur Person als solcher.[284] »Der Geschlechtsverkehr gehört zu den Handlungen, die die ganze Person betreffen.«[285] Wahlloser sexueller Verkehr ist ein Einbruch in das Personzentrum des Menschen.[286] Er ist ein Vergehen gegen den eigenen Leib (vgl. 1. Kor 6,18b).

- *Jede Geschlechtsgemeinschaft schafft Verbindlichkeiten*
  Auf die Einrede der Korinther, der Verkehr mit »korinthischen Mädchen« ergebe nur eine flüchtige Begegnung, antwortet Paulus mit dem Wort von Gottes Stiftung der Ehe, mit dem Jesus die Ehe unauflöslich gemacht hat. Es ist das Wort »aneinander hängen« (hebräisch: *dabaq*, vgl. 1. Mose 2,24), das im Neuen Testament übertragen wird mit von Gott zusammengefügt sein (griechisch: *kollasthai*, vgl. Mt 19,5).[287] Das sexuelle Zusammensein ist kein Adiaphoron[288], das heißt keine wertneutrale Handlung, die allein in den persönlichen Freiraum fällt. Selbst der Verkehr mit der Dirne schafft ein spezifisch menschliches Verhältnis, »eine starke bleibende Gemeinschaft«[289].
  Für Paulus gibt es keinen Geschlechtsverkehr, der nicht mit ein und demselben Wort beschrieben wird wie die körperliche Vereinigung zweier Ehepartner. Wo »zwei ein Fleisch werden«, vereinigen sich nicht nur zwei Körper, sondern es geschieht eine wesenhafte Verbindung.

- *Durch außerehelichen Geschlechtsverkehr entreißt man sich der Zugehörigkeit zum Leib Christi*[290]
  Paulus fordert die Christen in Korinth dazu auf, den Verkehr mit den so genannten »korinthischen Mädchen« zu meiden, da ihr Leib »der Tempel des heiligen Geistes ist« (1. Kor 6,19).[291] Freiheit – so argumentiert Paulus gegen die Freiheitsapostel von Korinth – ist nicht Willkür. »Freiheit ist die Bewegung *innerhalb* der Wirklichkeit, in die hinein wir versetzt sind.«[292] Die Wirklichkeit der Christen ist die Zugehörigkeit zum Leib Christi.
  Was für die Gemeinde als Ganze gilt, dass sie ein Tempel Gottes ist und dass der Geist Gottes in ihr wohnt (1. Kor 3,16), überträgt Paulus auf den Einzelnen.[293] »Die Übertragung der Tempeltheologie auf die Leibsphäre des Christen«[294] besagt: Gott will im Leib eines Christen wohnen, nicht wie in einem profanen Raum, sondern als in seinem ihm geweihten Tempel. Darum ist sexueller Verkehr nicht eine Angelegenheit, die in der Beliebigkeit des Menschen steht und nur diesen trifft, sondern immer zugleich »ein Akt der Gotteslästerung und Gottesschändung«[295]. Christen gehören nicht sich selbst. Sie gehören dem Herrn, der sie am Kreuz »zu seinem Eigentum erkauft hat«[296] (vgl. 1. Kor 7,23; Gal 3,13; 4,5). In seinem Handeln ist der Christ nicht nur sich selbst und seinem Handeln verantwortlich, sondern immer zugleich Gott, seinem Schöpfer, und Jesus, seinem Herrn. Der Maßstab für alle ethischen Entscheidungen ist nicht die jeweils besondere Situation, auch nicht die Frage, ob sein Handeln mit mitmenschlicher Liebe übereinstimmt, sondern es sind Gottes Gebote und ihre Auslegung durch Jesus. So genannte Situationsethiker wie Robinson und Fletcher behaupten dagegen, dass nichts vorgeschrieben ist außer der Liebe.

- *Jede Art von außerehelichem Verkehr ist sachlich gleichbedeutend mit Unzucht*
  Paulus wendet sich in seinem Brief an die Korinther nicht nur gegen die dort herrschende sexuelle Anarchie, sondern auch gegen den von Griechen den verheirateten Männern erlaubten sexuellen Verkehr mit freien, unverheirateten Frauen (Hetären). Sein Appell lautet: »Fliehet die Unzucht!« (1. Kor 6,18a). Zur Unzucht zählt u. a. fortgesetzter Ehebruch. Dem verheirateten Mann in der griechischen Gesellschaft war es nicht verwehrt, mit einer unverheirateten Frau geschlechtlichen Umgang zu haben. Nach dem griechischen Recht war ihm nur der Ehebruch (griechisch; *moicheiá*) verboten, das heißt der heimliche Geschlechtsverkehr

mit einer verheirateten Frau ohne Zustimmung ihres Ehepartners.[297] Für Paulus war Ehebruch (griechisch: *moicheiá*) wie für das Judentum in der Zeit zwischen dem Alten und Neuen Testament sachlich gleichbedeutend mit »Unzucht« (griechisch: *porneía*).[298] Der Unzuchttreibende wird charakterisiert als einer, dem in seiner geschlechtlichen Unersättlichkeit jedes Brot gut schmeckt (Sir 23,17) und der meint, im Schutz der Dunkelheit ungestraft sündigen zu können (Sir 23,18-21).

Was Paulus Unzucht (griechisch: *porneía*) nennt, war für den Griechen ein legales und salonfähiges Handeln. Dem griechischen Mann, auch dem verheirateten, war beliebiger außerehelicher Geschlechtsverkehr erlaubt, sofern er nicht eine bürgerliche Ehe verletzte. Den Männern standen dafür käufliche Dirnen, gekaufte Sklavinnen zur Verfügung oder aber die so genannten Tempeldirnen (Hirodulen), deren Erlös der Göttin ihres Tempels zufiel. Außerdem war in der griechischen Gesellschaft die »Freundin« (Hetäre) eine geläufige Gestalt. Die Hetären waren ledige Frauen, die selbstständig ihren Lebensunterhalt verdienten. Dabei war der Kreis der gebildeten und hochstehenden Hetären sehr klein. In den meisten Fällen wurden die Hetären wegen der sinnlichen Lust begehrt.[299] Paulus nennt diesen freizügigen Umgang mit dem andern Geschlecht Unzucht. Das geschlechtliche Einswerden von Mann und Frau ist für Paulus weit mehr als ein »verwesendes Etwas«[300]. Gott wird den Leib, das »Personzentrum«[301] des Menschen, nicht vernichten, sondern auferwecken, wie er Jesus auferweckt hat (1. Kor 6,14). Unzucht ist deshalb für Paulus Schuld, »die die Wurzel der menschlichen Personalität, die zur Auferstehung bestimmt ist, angreift«[302].

Für Paulus ist jede Art von außerehelichem Verkehr sowohl mit der käuflichen als auch mit einer freien unverheirateten Frau ein Verstoß gegen das Gottesgebot: Du brichst die Ehe nicht!

(d) Freie Lebensgemeinschaften

In den 80er-Jahren waren es bereits mehr als ein Drittel der Bevölkerung der Bundesrepublik, die die Ehe als eine auf Lebenszeit geschlossene Ehe nicht mehr bejahten. Sie halten eine vorbehaltlose und zeitlich unbefristete Eheschließung »für geschichtlich und kulturell überholt«[303]. Bereits in den 70er-Jahren lebten in der Bundesrepublik ca. 1 Million Paare ohne förmliche Eheschließung in nichtehelicher Gemeinschaft. Ein Drittel der jungen Menschen dachte nicht an Heirat. Als Gründe wurden angegeben: »psychisches und finanzielles Scheidungsrisiko; Gefahr persönlicher Unfreiheit; Sorge, die Verrechtlichung störe Zuneigung und Liebe; Überforderung, sich auf so lange Zeit zu binden; Gemeinschaft ohne Kinder als Vorstufe der Ehe.«[304] Freie Lebensgemeinschaften mit einer derartigen Begründung können nicht als »Gewissensehen« bezeichnet werden. Zu Gewissensehen kam es in der Geschichte in Konflikt- und Ausnahmesituationen, die zu einer Pflichtenkollision führten.[305] Zu denken ist hier zum Beispiel an Ehen, die wegen einer bestehenden Rassengesetzgebung nicht gültig geschlossen werden konnten.[306] Freie Lebensgemeinschaften sind keine Gewissensehen, sondern eine bewusst gewählte Alternative zur Ehe.[307]

Diese alternativen Eheformen können als Konkubinat bezeichnet werden, wobei Konkubinat so viel bedeutet wie das Zusammenleben zweier Personen verschiedenen Geschlechtes über längere Zeit hinweg ohne förmliche Eheschließung und kirchliche Trauung.

Dabei ist zwischen drei Formen des Konkubinats zu unterscheiden:[308]

- *Jugendkonkubinat*
  Einer der Hauptgründe der Jugendlichen, die sich zu einer freien Lebensgemeinschaft entschließen, ist die Scheu, es bedingungslos mit einem Ehepartner zu wagen. Auch wenn sie es sich in dieser Deutlichkeit nicht zugestehen, so ist doch ihre Verbindung ein Ausprobieren des anderen und ein Sich-Offenhalten einer Hintertür.[309] Sie haben das Bedürfnis, in einer Partnerschaft zuerst Erfahrungen zu sammeln und zu experimentieren, »bevor sie sich festlegen«[310]. Das Jugendkonkubinat ist im besten Fall eine »Probe-, Probier- und Testehe«[311].

- *Protestkonkubinat*
  »Wo heute eine Ehe ohne Trauschein diskutiert und praktiziert wird, geschieht dies zumeist wegen eines generellen Vorbehaltes gegenüber Institutionen, im Kern aus einem Vorbehalt gegenüber der geforderten Anerkennung überindividueller sozialer Verbindlichkeiten. Darin tritt immer auch eine Weigerung hervor, die eigene Lebenspraxis als Moment einer sozialen Verantwortung zu leben.«[312]
  Im engen Zusammenhang mit der Institutionenfeindlichkeit stehen Enttäuschungen über eine gescheiterte Ehe, Vermeiden der Rechtsfolgen und Kosten einer Scheidung, Bindungsscheu und Individualismus.[313]
  Die am weitesten gehenden Argumente für ein Protestkonkubinat finden sich bei Arno Plack, dem Vordenker und Sprachrohr der sexuellen

Revolution der sechziger Jahre. Er nennt die Ehe das »Grab der Liebe«, denn »das jederzeit Verfügbare verliert seinen Reiz.«[314]. Die Dauer eines Protestkonkubinats ist in der Regel davon abhängig, wie lange die sexuelle Faszination anhält.[315]

- *Pensionierungskonkubinat*
  Das Grundmotiv in dieser Form des Konkubinats ist eine fragwürdige Gesetzgebung. Sie hält die an sich Ehewilligen von einer offiziellen Ehe und damit von einer Kürzung der Rente bzw. der Pension zurück.[316] Es handelt sich zum Beispiel um folgende Situation: Eine verwitwete Frau verliert bei einer erneuten Eheschließung die von ihrem Mann erworbenen Pensionsbezüge zumindest teilweise. Derartige Fälle können mit Recht als »grausamer Notstand«[317] bezeichnet werden. Die bloße Ungerechtigkeit und Unvollkommenheit einer staatlichen Ordnung ist jedoch noch keine Rechtfertigung eines Pensionierungskonkubinats.[318]
  Das Konkubinat kann je nach seiner Begründung beurteilt werden als:
  - »Individualismus zu zweit«[319]. Es ist der bewusste Verzicht auf die transzendente Dimension der Ehe.[320]
  - »Egoismus zu zweit«.[321] Dies ist immer dann der Fall, wenn Lebenspartner bzw. die Lebensabschnittspartner überhaupt nicht damit rechnen, dass »ihrem Einswerden der Segen der Erzeugung neuen Lebens verheißen ist«[322].

  Angesichts der zunehmenden Zahl der Konkubinate bleibt die Aufgabe der Christen die, denen, die im Konkubinat leben, mit ihrem Dienst nahe zu sein, ohne das Konkubinat selbst zu akzeptieren und dieses »schon gar nicht mit der Ehe auf einer Linie zu sehen«[323].

(e) Gleichgeschlechtliche Zuneigung (Homotropie)

Gleichgeschlechtliche Beziehungen hat es zu allen Zeiten gegeben. Der Begriff Homosexualität ist vermutlich zuerst von dem ungarischen Arzt K. M. Benkert im Jahr 1869 in die Diskussion eingeführt worden.[324] Er wurde in verschiedenen Veröffentlichungen durch die Begriffe Homophilie oder Homoerotik ergänzt. Gegen die letzteren beiden Begriffe wenden sich vor allem Betroffene, da durch sie der Eindruck erweckt wird, als spiele die Sexualität bei gleichgeschlechtlichen Partnern keine Rolle. Beim Begriff Homosexualität dagegen hat es den Anschein, als ob die gleichgeschlechtliche Veranlagung bloß eine Frage des Sexualverhaltens sei. Einen Ausweg aus dem Ringen um eine angemessene Begrifflichkeit fand Herman van de

Spijker mit seiner Wortbildung »Homotropie«. Das aus dem Griechischen abgeleitete Wort bedeutet ganz allgemein »auf das gleiche gerichtet« (griechisch: *homoion* = das Gleiche; *tropon* = das Gerichtetsein). Entsprechend wird die geschlechtliche Zuneigung zwischen den Geschlechtern als »Heterotropie« bezeichnet (griechisch: *heteron* = das Andere). Sowohl die homotrope als auch die heterotrope Zuneigung umfasst drei Ebenen: die personale, die erotische und die sexuelle. In der Homotropie ist die Homophilie die personale, die Homoerotik die erotische und die Homosexualität die sexuelle Ebene.[325]

Homotropie »schließt nichts aus, sondern alles ein«[326]. Dabei spielt es keine Rolle, ob im konkreten Fall diese Beziehung zwei Männer oder zwei Frauen miteinander eingehen. Der Begriff Homotropie wird nur da mit Recht gebraucht, wo der sexuelle Aspekt nicht ausgeklammert ist. Homophilie und Homoerotik kann es auch ohne Sexualität geben. Bei Homosexualität liegt der Schwerpunkt der gleichgeschlechtlichen Zuneigung auf dem Gebiet der Sexualität.[327] »Das Wort ›homosexuell‹ wird also nur dort gebraucht, wo tatsächlich die spezifisch sexuelle Ebene dieser allgemeinen Homotropie gemeint ist.«[328]

Die Differenzierung der Begriffe ist keine Wortklauberei, sondern die notwendige Voraussetzung für die Beurteilung all der Bibelstellen, die homotrop veranlagte Männer und Frauen anführen, um Homotropie biblisch zu rechtfertigen.

- *Versuchte biblische Rechtfertigung der Homotropie*

  Homotrope Theologen gestehen zwar ein, dass es negative Aussagen über Homosexualität in der Bibel gibt. Gleichzeitig ist es ihre Grundüberzeugung, dass Homosexualität nicht der Schöpfungsordnung Gottes widerspricht und dass in Liebe gelebte Homosexualität nicht verdammungswürdig ist. »Als homosexuelle Christen können wir in Liebe gelebte Sexualität nicht schlechter als die Heterosexualität bewerten.«[329] In ihrer Begründung gehen sie davon aus, dass es in der Bibel gleichgeschlechtliche Beziehungen gibt, die die Sexualität mit einbeziehen.

  ➤ ***Freundschaft und Liebe***

  In seiner Totenklage um Jonatan sagte David: »Mächtiger war mir deine Liebe als Frauenliebe« (vgl. 2. Sam 1,26). Die Freundschaft zwischen David und Jonatan war »höchstens eine jugendliche Homoerotik«[330]. Weder das Leben Davids noch irgendeine biblische Aussage lässt den Schluss zu, dass ihre Freundschaft homotrop war, das heißt sich auch auf sexuelle Weise geäußert hat.

Die Stellen, in denen Paulus auf seine Ehelosigkeit hinweist (1. Kor 7,1.2.7), oder die Erwähnung seiner Liebe zu Philemon und Onesimus (Phlm 7.13.16), können nur mit einer reichen und ausschmückenden Fantasie als latente Homotropie gedeutet werden. Gleiches gilt für Johannes, den Lieblingsjünger von Jesus, unter Bezug auf seine Worte von der Bruderliebe (1. Joh 3,14; 4,20).

- ***Familiäre Beziehungen***

  In der Liebe, die Rut und Naomi verbindet (Rut 1,8-18), ist keine Spur einer homotropen Verbindung. Beide Frauen waren verheiratet, und Rut heiratete zum zweiten Mal.

  Die Auslegung, dass der Hauptmann von Kapernaum in einem homotropen Verhältnis lebte, stützt sich darauf, dass das Wort für Sohn und Knecht (griechisch: *pais*) auch »Lustknabe« bedeuten kann. Indem Jesus den Liebling des Hauptmanns heilte, erwies sich Jesus nach homotroper Auslegung als mild und gut gegenüber Homotropen. Es gehört schon viel Unverfrorenheit und Kühnheit dazu, mit einer solchen »unwahren Exegese«[331] Homotropie zu rechtfertigen.

- ***Kollegialität und gegenseitige Hilfe***

  Für Homotrope schließen sich Kollegialität und sexuelle Akte, die aus gleichgeschlechtlichem Zusammensein entspringen, nicht aus. Als Hauptbeleg führen diese dabei eine Stelle aus dem Buch des Predigers an, in der es heißt: »Legen zwei zusammen sich nieder, wird ihnen warm« (vgl. Pred 4,11). Der Kontext, in dem diese Stelle steht, spricht von Reisenden auf einem einsamen Handelsweg, die sich gegenseitig vor Gefahren und Überfällen schützen. Bei kalter Nacht im Freien liegen sie zusammen. Sie decken sich gemeinsam mit ihren Obergewändern zu und wärmen sich so gegenseitig.

  Das Zusammenliegen spielt nicht auf die Ehe[332] an und ist alles andere als »eine mögliche Rechtfertigung für eine biblische Weihe der homophilen Ehe«[333].

Der Versuch, Homotropie mit biblischen Texten zu erweisen und zu fundieren, ist unwahr! Es werden Vorstellungen und Wünsche in die Texte hineingelesen und hineininterpretiert, für die es vom Zusammenhang und dem Wortbestand der Bibelstellen her keinerlei Anlass gibt. Auch für Homotrope unübersehbar- und unüberhörbar ist eine Fülle von Bibeltexten, die speziell die homosexuelle Komponente der Homotropie abweisen und verurteilen.

- *Texte, die eindeutig jede Art von Homosexualität abweisen und verurteilen*
  Die in der Umwelt des Alten Testamentes verbreitete Homosexualität hat immer wieder Eingang in die Sitten kanaanäischer und israelitischer Städte und Dörfer gefunden.[334] Ein Zeitgenosse des Apostels Paulus mit Namen Petronius fand die Päderastie, die Homosexualität zwischen einem erwachsenen Mann und einem Jugendlichen, nicht unzüchtig.[335] In den Heiligtümern Griechenlands gab es sowohl gleichgeschlechtliche Beziehungen zwischen Männern als auch zwischen Frauen. Die Texte des Alten und Neuen Testamentes, die die Homosexualität eindeutig zurückweisen, beziehen sich auf jede Art der in ihrer Umwelt üblichen homosexuellen Praktiken.[336] Dabei erwähnt Paulus ausdrücklich die sexuellen Handlungen zwischen Frauen (Röm 1,24-32).
  Im Wesentlichen sind vier Gruppen von Texten zu unterscheiden:
  - ***Gesetzliche Stellen***
    Zwei Stellen im 3. Buch Mose sprechen deutlich über homosexuelle Akte. Sie bezeichnen diese als Greueltat, auf die nach damaligem Recht die Todesstrafe stand (3. Mose 18,22; 20,13). »Beide Stellen sind eingegliedert in einen Kontext, der auf die Reinheit und den Schutz der Ehe und Familie abzielt.«[337]
  - ***Kultische Stellen***
    Im Alten Testament wenden sich acht Stellen gegen homosexuelle Handlungen im Zusammenhang mit dem Kult in Heiligtümern (5. Mose 23,18.19; 1. Kön 14,24; 15,12; 22,47; 2. Kön 23,7; Hiob 36,14; Hos 4,14; Weish 14,26).
  - ***Geschichtliche Stellen***
    Zu erwähnen sind hier vor allem die Ereignisse in Sodom (1. Mose 19,1-11.24-29) und in Gibea (Ri 19,14-30). In beiden Fällen handelt es sich um die Verletzung des Gastrechtes, die eindeutig mit einer homosexuellen Absicht verbunden war. Sowohl die Leute von Sodom als auch von Gibea hatten es auf gleichgeschlechtliche Beziehungen abgesehen. Sie waren entschlossen, »sich an Männer heranzumachen« (hebräisch: *jadaᶜ*), das heißt, mit diesen geschlechtlichen Umgang zu haben (1. Mose 19,5; Ri 19,22). In seiner Erwähnung von Sodom hebt Jesus auf die Verletzung des Gastrechts ab (Mt 10,15; 11,23.24; Lk 10,12; 17,29). Dabei wird von Jesus das beabsichtigte homosexuelle Vergehen mit keinem Wort entschuldigt. Jesus gibt »keinen Freibrief zu homosexuellen Handlungen«[338]. Das Sodommotiv wird von Petrus (2. Petr 2,6-8) und Judas (Jud 6.7) aufgenommen und mit der Sünde in 1. Mose 6,2 verbunden.

- *Thesen zum Umgang mit Homotropen in der christlichen Gemeinde*
  Homosexualität hat innerhalb der möglichen Schuldverkettungen eines Menschen »keinesweg den Akzent besonderer Schrecklichkeit«[339]. Die Heilige Schrift missbilligt und bestraft sexuelle Akte, die aus gleichgeschlechtlicher Zuneigung entspringen, nicht strenger und nicht schärfer als zum Beispiel Ehebruch (vgl. 3. Mose 20,10.13).
  Wo immer im Alten und Neuen Testament von Homosexualität die Rede ist, wird diese mit keinem Wort gerechtfertigt oder gar entschuldigt, sondern abgewiesen und verurteilt. Gleichgeschlechtliche Beziehungen stehen im Widerspruch zur Schöpfungsordnung Gottes, auch wenn sie Ausdruck eines homotropen Ich-Du-Verhältnisses sind.[340]
  - Zur Aufgabe christlicher Seelsorge gehört es, homotropen Menschen ohne »Diffamierung« und ohne »Diskriminierung«[341], aber auch ohne Verwischung und Einnivellierung der biblischen Aussagen zu helfen. Der Homotrope kann in der Begegnung mit Gott, dem Schöpfer, und Jesus, seinem Erlöser, zu einer heterosexuellen Beziehung finden.[342]
  - Bekennt ein Homotroper seine sexuellen Handlungen als Schuld, so wird er genauso wenig wie der, der sich heterosexuell versündigte, von Jesus zurückgestoßen. Auch ihm gilt das befreiende Wort von Jesus: »Geh hin und sündige hinfort nicht mehr« (Joh 8,11).
  - Der Homotrope, der nicht zu einer heterosexuellen Beziehung findet, bleibt wie der Ehelose mit seiner Sexualität allein. Er steht vor der ständigen Herausforderung, auf sexuelle Akte, die aus gleichgeschlechtlicher Zuneigung entspringen, bewusst zu verzichten. Seine Kontakte zum gleichen Geschlecht beschränken sich – wie bei David und Jonatan – auf eine »liebreiche Freundschaft« (Homoerotik).[343]
  - Die von Gott gesegnete Lebensform ist die Ehe zwischen Mann und Frau. Das Neue Testament bezeichnet daneben die Ehelosigkeit als eine ebenfalls unter dem Segen Gottes stehende alternative Lebensform zur Ehe. Die Gemeinde Gottes kann nur segnen, was Gott und Jesus Christus gesegnet hat. »Wer also homosexuelle Partnerschaft segnet, der segnet die Sünde. Wer aber die Sünde segnet, der frevelt gegen Gottes Segen und macht Gottes Segenswort zum ›Schanddeckel der Bosheit‹ (1. Petr 2,16), das heißt, er vertuscht die Sünde, erklärt sie für rechtens, verleugnet Gottes Wort und macht so Gott zum Lügner, der in seinem Wort Homosexualität Sünde und Gräuel nennt.«[344]

Das achte Gebot

8

VIII. Gott schützt das Eigentum

»Du sollst (wirst) nicht stehlen.« *2. Mose 20,15*

»Der Dieb stehle fortan nicht mehr, sondern arbeite vielmehr angestrengt und erwerbe mit seiner Hände Arbeit das Erforderliche, damit er im Stande ist, den Notleidenden zu unterstützen.«

Epheser 4,28 (nach Menge)

Es war auf unserer zweiten Reise nach Damaskus. Begleitet wurden meine Frau und ich von einer guten Bekannten. Sie lebt im Vorderen Orient und besucht in regelmäßigen Abständen Damaskus, um dort im Gästehaus eines Klosters Ruhe und Stille zu finden.

Das eigentliche Leben von Damaskus beginnt bei Einbruch der Dunkelheit. So waren wir einige Tage bis tief in die Nacht unterwegs. An einem der Abende stießen wir auf eine christliche Prozession auf der Straße, die in der Bibel »die Gerade« heißt (vgl. Apg 9,11). Die Christen der dort ansässigen Kirche begingen mit Fanfaren und Trompeten den Tag des Josef. Um einige Impressionen zu sammeln, entnahm ich aus der Tasche meiner zum Teil geliehenen Fotoausrüstung den Apparat mit dem lichtempfindlichsten Film. Ich verfolgte die Prozession bis in den Innenhof der Kirche und nahm teil an dem kleinen Empfang, den u. a. Nonnen aus dem Orden Mutter Teresas ausrichteten. Mitten im Gewühl fiel mir plötzlich meine Fototasche mit Videokamera und vielem Zubehör ein. Ich hatte sie auf der Straße, »der Geraden«, stehen lassen. Ich hatte keine Hoffnung, sie je wieder zu finden. Sie stand jedoch unberührt, ohne dass ein einziges Stück fehlte, an dem Bordstein, an dem ich sie abgestellt hatte.

Unsere Bekannte erklärte uns: In Damaskus wurde ich noch nie bestohlen. Jeder beobachtet den andern. Wer beim Diebstahl erwischt wird, kommt vor Gericht. Das Urteil steht fest: Abhacken der Hand! Vollstreckt wird das Urteil zur Abschreckung nicht selten öffentlich.

Es ist ein brutaler Weg, das Eigentum zu schützen und dem Verbot des Diebstahls Geltung zu verschaffen.

Das Gottesgebot »Du sollst (wirst) nicht stehlen« zeigt einen anderen Weg. Er ruht nicht auf dem Sockel der Abschreckung und Brutalität, sondern auf der Basis aller Gebote: »Ich bin der Herr, dein Gott.« Und dies bedeutet für den Dieb: Am Eigentum deines Nächsten vergreifst du dich nicht!

Das Gebot zum Schutz all dessen, was der Mensch braucht, um bestehen zu können, durch das Verbot des Diebstahls besteht wie die beiden vorausgehenden Gebote im Hebräischen nur aus zwei Worten. Es hat mit diesen die absolute Form gemeinsam, das heißt, es fehlt jeder Zusatz, jede Erklärung und jede Wertung. Es werden keine einzelnen Bedingungen oder Umstände genannt, die Ausnahmen zulassen. Wörtlich übersetzt lautet das achte Gebot: »Du stiehlst nicht.«

Von dem hebräischen Wort für stehlen (*gānab̲*) ist das aus dem Jiddischen in die deutsche Sprache übernommene Wort Ganove abgeleitet.[1] Es hat jedoch im Hebräischen eine umfangreichere Bedeutung als das deutsche Stehlen. »Es deckt den ganzen Bereich von ›entführen – rauben – stehlen – täuschen‹ ab.«[2]

Weder das Wortfeld für »stehlen« noch die 55 Stellen im Alten Testament, in denen von Stehlen und Diebstahl die Rede ist, lassen eine Eingrenzung des Gebotes auf Menschendiebstahl zu.[3] Gleicherweise lässt sich das Gebot nicht auf Sachdiebstahl eingrenzen. Es untersagt jede Antastung des Nächsten, die Minderung seines Bestehen-Könnens sowie den Griff nach dessen Eigentum.[4]

1. Die Antastung des Nächsten

Das erste Rechtsgut, das durch das Gebot »Du stiehlst nicht« geschützt wird, ist »die Freiheit der Person«[5]. Es wendet sich gegen »den heimlichen Diebstahl des freien Mannes«[6].

(a) Personendiebstahl

Das sprechendste Beispiel für Menschendiebstahl in der Bibel ist Josef. Das ihm widerfahrene Unrecht fasst Josef in die Worte: »Gestohlen, gestohlen bin ich aus dem Land der Hebräer« (vgl. 1. Mose 40,15). Seine Brüder hatten ihn dadurch, dass sie ihn an die Midianiter verkauften, widerrechtlich zur Seite geschafft. Auf derartigen Menschendiebstahl stand im Alten Testament die Todesstrafe (2. Mose 21,16; 5. Mose 24,7). Allerdings wurde der, der einen Menschen gestohlen hatte, um ihn als Sklaven zu verkaufen, nur dann mit dem Tod bestraft, wenn er auf frischer Tat ertappt wurde. Wird er erst später ermittelt und erfasst, darf er nicht mehr getötet werden, sondern wird zu Ersatzleistungen verurteilt.[7] Im Gegensatz zur außerbiblischen und altorientalischen Gesetzgebung gab es die Todesstrafe nur für Menschendiebstahl wie in dem erwähnten Fall. »Höchsten rechtlichen Schutz genoss nur die Person, nicht die Sache.«[8]

(b) Kidnapping / Geiselnahme

Der Personendiebstahl war mit dem Verbot des Sklavenhandels nicht aus der Welt geschafft. Kidnapping – die Freiheitsberaubung und Entführung eines Menschen – mit dem Zweck, ein Lösegeld zu erpressen, ist eine moderne Form des Personendiebstahls. Beim Kidnapping wird ein Mensch nicht nur aus seiner Familie und seinem Lebens- und Wirkungskreis weggestohlen, gestohlen werden ihm auch seine Freiheit und seine Würde.

Personendiebstahl ist auch das Verschleppen von Menschen aus politischen oder Glaubensgründen. Die in die Konzentrationslager, in den Archipel Gulag oder in die chinesischen Umerziehungslager Verschleppten sind gestohlene Menschen!

Das Gebot »Du sollst (wirst) nicht stehlen« will dem Menschen ein Leben in Freiheit garantieren.[9]

(c) Den Menschen zur Ware machen

Zum Personendiebstahl sind all die Fälle zu rechnen, in denen ein Mensch seinen Mitmenschen zur Ware oder zum Opfer seiner Geschäftstüchtigkeit macht.[10] Zu denken ist hier an die Kinderarbeit, den Verkauf von Mädchen in die Prostitution oder gar den Verkauf von gesunden Kindern zur Organentnahme. Einen Menschen als bloße Arbeitskraft zu missbrauchen oder seine Organe zu verkaufen, ist Personendiebstahl. Das Gebot »Du stiehlst nicht« kann übersetzt werden mit: »Du sollst keinen Menschen zur Ware machen und dir aneignen.«[11]

2. Die Minderung des Bestehen-Könnens

Diebstahl tangiert nicht nur das Eigentum des Nächsten, sondern ihn selbst.[12] Das Gebot wendet sich gegen all die, »die mit ihrer Macht die Lebensgrundlage anderer beeinträchtigen oder gar nehmen«[13]. Der Verletzung des Gebotes macht sich der schuldig, der das Bestehen-Können seines Nächsten mindert. Zum Bestehen-Können braucht ein Mensch nicht nur Wasser und Brot, das heißt nicht nur physische Lebensmittel (vgl. Mt 4,4), sondern die Chance, sich zu entfalten und einen Raum aufzubauen, in dem sein Leben Sinn und Ziel hat. Der Mensch braucht zum Leben mehr als »die Grenze des Elementaren«[14].

(a) Das Ausschalten eines Rivalen

Nach der rabbinischen Auslegung des achten Gebotes lautet die erste Frage, die einem Menschen vor dem Richterstuhl Gottes gestellt wird: War dein Geschäftsgebaren ehrlich?[15] Es ist die Frage nach geschäftlichen Taktiken, die juristisch nicht einklagbar sind, die aber einem Konkurrenten empfindlich schaden, mit dem Ziel, ihn als Rivalen auszuschalten.[16] Im Ringen um Positionen, Karriere und Gehaltsstufe kann Mitbewerbern die Chancengleichheit genommen werden. Schwachstellen im Lebenslauf werden aufgespürt und aufgedeckt. Die Bewältigung und Bereinigung des einmal Geschehenen wird bewusst im Dunkeln gehalten.

Für das gezielte Ausbooten des Mitbewerbers oder eines Arbeitskollegen gibt es einen ganzen Katalog von Spielregeln, die unter dem Begriff Mobbing zusammengefasst werden. Mobbing ist aus dem Englischen abgeleitet, und zwar von »to mob« (anpöbeln). Man versteht darunter vielfältige und regelmäßige gegen eine Person gerichtete Aktionen am Arbeitsplatz, »die den Betroffenen in seinen Sozialbeziehungen, seinem Ansehen, seinem Selbstwertgefühl und in seiner Gesundheit schädigen können«[17]. Ziel des Mobbings ist es, eine Person systematisch auszugrenzen. Da jeder Arbeitgeber in der Personalpolitik darauf aus ist, Risiken zu vermeiden, kommt ein durch Mobbing Ausgegrenzter als Mitbewerber nicht mehr in Frage.

(b) Die Schmälerung des Lohnes

Der Bereich des Bestehen-Könnens eines Menschen wird in allen Fällen eingeschränkt, in denen Arbeitgeber den verdienten Lohn zurückhalten oder nur teilweise auszahlen.[18] Bereits im Alten Testament wird das Behalten des Lohnes über Nacht als Diebstahl bezeichnet; ferner heißt es: Wer nicht am selben Tag den Lohn auszahlt, bedrückt den Tagelöhner (5. Mose 24,14f.); und jeder, der seinen Nächsten ohne Lohn arbeiten lässt, muss dies vor Gott verantworten (Jer 22,13). Im Neuen Testament steht der lapidare Satz: Keiner darf dem Arbeiter seinen Lohn vorenthalten (Jak 5,4). Zum Lohn eines Arbeitnehmers gehören heute die Beiträge zur Kranken- und Rentenversicherung und im Öffentlichen Dienst die so genannte Zusatzversorgung für den dritten Lebensabschnitt. Es gibt verschiedene Wege, einem Arbeitnehmer die vollen Bezüge und Versorgungsansprüche zu schmälern. Eine Leihfirma gibt nur einen gewissen Anteil des Lohnes an den Arbeitenden weiter. Die Arbeitsverträge, die unterhalb der gesamten Abgabepflichten liegen, benachteiligen den Arbeitenden in seinen Versorgungsbezügen. Solche und ähnliche Fälle, die die Gesetzgebung ermöglicht, nützen dem Arbeitgeber und schmälern den Lohn des Arbeitnehmers. Sie sind ein Verstoß gegen das Gebot: «Du sollst (wirst) nicht stehlen.«

(c) Der Abbau des sozialen Netzes

Das so genannte soziale Netz setzt sich aus verschiedenen Institutionen für solidarische Sicherung im Alter oder in Situationen der Krankheit, der Hilflosigkeit und der Arbeitslosigkeit zusammen.[19] Es sind nur wenige, die ihre Altersversorgung, die Kosten für das Gesundheitswesen und die Pflegesätze für eine Heimunterbringung aus dem ihnen zur Verfügung stehenden Vermögen begleichen können. Die Mehrzahl ist auf Institutionen angewiesen, die auf der Basis der solidarischen Sicherung arbeiten.

Ein besonderer Härtefall ist die Arbeitslosigkeit. Sie verletzt fast immer die Würde dessen, den sie trifft. Arbeitslosigkeit droht das Leben der Betroffenen aus dem Gleichgewicht zu bringen. Außer dem Schaden, den der Arbeitslose persönlich erleidet, bringt Arbeitslosigkeit auch zahlreiche Gefahren für dessen Familie mit sich.[20] Die Arbeitslosenunterstützung ist eine notwendige Voraussetzung dafür, Zeiträume zu überbrücken und neu Fuß fassen zu können.

Wer Institutionen, die das so genannte soziale Netz ausmachen, zur eigenen Bereicherung missbraucht, stiehlt einem Menschen die letzte Möglichkeit, bestehen zu können. Der Abbau des sozialen Netzes kann Menschen in Situationen bringen, in denen sie aus Not die Grenze zum Eigentum des Nächsten überschreiten, um ihr Existenzminimum zu sichern.[21] Ein ausgewogenes und ausreichendes soziales Netz ist eine entscheidende Voraussetzung dafür, das Gebot »Du stiehlst nicht« erfüllen zu können.

(d) Gaben der Barmherzigkeit

Da es überall und zu jeder Zeit Arme geben wird, verpflichtet das Alte Testament den Menschen dazu, dem Notleidenden die Hand zu öffnen

(5. Mose 15,11). Im Neuen Testament ist es sogar einer der Beweggründe zu arbeiten und zu verdienen, damit dem Notleidenden davon gegeben werden kann (vgl. Eph 4,28). Der Kirchenvater Johannes Chrysostomos bringt diese Pflicht in Zusammenhang mit dem achten Gebot, wenn er sagt: »Den Armen nicht an seinen Gütern teilhaben zu lassen heißt, sie *bestehlen* und ihnen das Leben nehmen.«[22]

Es gehört jedoch auch in den Bereich des Diebstahls, wenn Menschen entschlossen sind oder gar von religiösen Gemeinschaften dazu gezwungen werden, ihren gesamten Besitz und Verdienst für »gute Zwecke« abzugeben. Sie bestehlen dadurch ihre Eltern, ihre Ehepartner, ihre Kinder und die Gesellschaft, auf deren Kosten sie danach als Sozialfall leben. Um diesem vorzubeugen, begrenzt das Alte Testament die Abgaben für das religiöse Gemeinwesen auf den Zehnten.[23] Jesus untersagt es in aller Form, den alternden Eltern ihr Leben und Bestehen-Können dadurch zu mindern, indem die Mittel für die diesen zustehende Versorgung zu religiösen Opfern deklariert werden (Korban: Mk 7,11). Grundregel in allen solchen Fällen sollte auch für Christen die rabbinische Verpflichtung sein, den Umfang der Opfergaben nur im gegenseitigen Einverständnis mit all denen, die zu meinem Lebens- und Verantwortungskreis gehören, festzulegen.[24] Religiöse Gemeinschaften und Jugendsekten, die das gesamte Vermögen ihrer Mitglieder einziehen und dadurch das Bestehen-Können von deren Angehörigen mindern, verstoßen gegen das Gebot: »Du sollst (wirst) nicht stehlen.«

3. Der Schutz des Eigentums

Die Parole »Eigentum ist Diebstahl« konstatiert: »Nicht der Dieb, sondern der Besitzer ist schuldig.«[25] Damit wird das Gebot zum Schutz des Eigentums auf den Kopf gestellt. Die Parole »Eigentum ist Diebstahl« verdreht die Inhalte des Alten und Neuen Testamentes.[26]

- **Im Alten Testament** steht das rechtlich erworbene Eigentum unter dem Schutz Gottes.[27] Das Alte Testament ist grundsätzlich eigentumsfreundlich. Es sieht im Eigentum Segensanteile aus Gottes Hand und beurteilt dieses durchgehend positiv.[28] Deshalb rät der Prediger: »Iss dein Brot mit Freuden , trink deinen Wein mit frohem Mut« (Pred 9,7). Entscheidend ist jedoch, dass das Eigentum als Leihgabe von Gott, dem

Schöpfer und Landgeber, betrachtet wird. Deshalb wenden sich die Propheten (Jes 5,8; Am 6,1ff.; 8,4ff.) gegen eine »eigennützige Ausnutzung des Besitzes: in seiner Verprassung und in dem Versuch, ihn zum Druckmittel gegenüber dem Schwächeren und Armen zu machen«[29]. Eigentum ist Gabe des Schöpfers, das der Mensch verantwortlich zu verwalten hat. Mit Hilfe des Eigentums gewinnt der Mensch eine gewisse Unabhängigkeit von anderen. Er kann für seinen eigenen Bedarf aufkommen und ist nicht auf die Fürsorge anderer angewiesen.[30] Die Übertretung des Gebotes »Du sollst (wirst) nicht stehlen« ist ein Angriff auf die Freiheit des Menschen und damit auf seine Persönlichkeit.[31]

- **Im Neuen Testament** wird das Eigentum als eine Schöpfungsgabe vorausgesetzt (Lk 16,8ff.) und anerkannt (Lk 8,3). Der Mensch kann über sein Eigentum verfügen. Er darf es genießen (1. Tim 6,17). Er kann es wie im Gleichnis von den anvertrauten Pfunden (Mt 25,14ff.; Lk 19,11f.) zum weiteren Erwerb benutzen. In demselben Gleichnis werden sogar produktive Anlagen von Geldeigentum im Bankgeschäft als selbstverständlich vorausgesetzt (Lk 19,23). Eltern sammeln Eigentum für ihre Kinder (2. Kor 12,14). Ja, es wird von Formen des Großeigentums berichtet, das durch Verwalter betreut wird (Mt 24,45; 25,21; Lk 16,1; Gal 4,2). Die neutestamentliche Kritik am Eigentum setzt immer dann ein, wenn es dazu kommt, »dass der Mensch nicht sein Eigentum besitzt, sondern dass das Eigentum *ihn* besitzt und dass er von diesem Herrn verlassen und preisgegeben wird, wenn er sterben muss und sich vor das Angesicht Gottes entboten sieht.«[32] Ein treffendes Beispiel dafür ist der reiche Kornbauer (Lk 12,16-21). Bei ihm spielt der Reichtum die Rolle eines Ersatz-Gottes. Er wird maßlos und wiegt sich in falscher Sicherheit. Er vollzieht einen Herrenwechsel. Er wird Sklave des Eigentums und verliert darüber *den Herrn*, der ihm allein ewiges Leben geben kann. So froh und weltoffen Jesus war, »die versklavende Anhänglichkeit an Geld war ihm zutiefst gottwidrig und menschenunwürdig zugleich«[33]. Dennoch hat Jesus keine – auch nicht in der Auseinandersetzung mit dem reichen Jüngling (Mt 19,16-22) – gesetzliche Neuregelung der Eigentumsverhältnisse beabsichtigt. Wenn Jesus in einem Bußruf den rechtschaffenen und gesetzestreuen jungen Mann zur Eigentumsentledigung auffordert, dann stellt Jesus nicht den Besitz als solchen, sondern das Verhältnis dieses Mannes zu seinem Besitz in Frage. Durch die Antwort von Jesus provoziert, stellte sich beim reichen Jüngling heraus, dass die Bindung an sein Eigentum stärker war als sein

Wunsch nach ewigem Leben.[34] Beim reichen Jüngling war »das Halten der Gebote von Jugend auf« (vgl. Mk 10,20) »kein Gehorsam gegen Gott gewesen, sondern ein Absehen von dem lebendigen Gott mitten in der Wahrung der so genannten göttlichen Ordnungen«[35]. Jesus fordert nicht die Aufgabe des Eigentums generell, sondern eine »Haltung der Distanz gegenüber meinem Eigentum«[36]. In diesem Sinn hat Paulus für das christliche Besitzen die Formel vom Haben, als hätte man nicht (1. Kor 7,29ff.), geprägt. Diese »gelockerte Beziehung zum Eigentum«[37] eröffnete der Urgemeinde und in ihrer Nachfolge den Orden und Kommunitäten die Möglichkeit, auf Privateigentum zu verzichten und alles gemeinsam zu haben (vgl. Apg 2,44f.). Der Verzicht auf Privateigentum war von Anfang an ein freiwilliger und ist in keiner Weise eine Bedingung, um als Christ zu leben. »Wo immer im Glauben an Gott die Ordnung des Eigentums bejaht und verantwortet wird, dort geschieht nichts anderes, als wo im Glauben an Gott auf das Eigentum Verzicht geleistet wird.«[38] Der alles entscheidende Punkt ist das Verhältnis des Menschen zu seinem Eigentum, »um sein Besitzen oder Besessenwerden, um seine Freiheit und seine Knechtschaft, kurz: um das Eigentum, sofern es ein Mittel ist, durch das ich mein Verhältnis zum Reiche Gottes vollziehe – oder verrate«[39].

Nach der von Paulus geprägten Wendung »haben, als hätte man nicht«, ist nicht das Eigentum Diebstahl, sondern die »Haben-Haltung«. Diesem Urteil muss sich jeder stellen: derjenige, der Privateigentum besitzt, und derjenige, der vom Eigentum einer Gemeinschaft lebt. Eine Haben-Haltung gibt es nicht nur im individuellen Bereich, sondern auch in Gesellschaften, die das Eigentum anderer verwalten oder gar einziehen. Die Haben-Haltung findet sich nicht nur im Kapitalismus, sondern ebenso im Sozialismus und im Kommunismus.[40]

Das Gebot »Du sollst (wirst) nicht stehlen« ist sowohl an Einzelne als auch an jede Gemeinschafts- und Gesellschaftsform gerichtet. Es ist ein Schutzgebot für das Eigentum und kann übertragen werden: »Respektiere das Eigentum als notwendiges Instrumentarium der Freiheit und (relativen) Unabhängigkeit.«[41]

4. Der Griff nach dem Eigentum des Nächsten

Anders als in der außerbiblischen altorientalischen Gesetzgebung wird der Diebstahl von Eigentum im Alten Testament ***nicht*** mit der Todesstrafe geahndet. Der Dieb hatte jedoch mit einer angemessenen Bestrafung in Form einer mehrfachen Entschädigung zu rechnen (2. Mose 21,37; 22,3; 2. Sam 12,6). Hinter der Androhung der Todesstrafe bei Diebstahl (1. Mose 31,32; 44,9; 2. Sam 12,5) steht keine alttestamentliche Rechtspraxis. Es handelt sich daher um eine aus der Situation heraus verständliche »überschwengliche emotionale Rede«[42]. Großzügig sind die Bestimmungen, dass der unmittelbare Mundraub in fremden Weinbergen und Getreidefeldern kein Diebstahl ist (5. Mose 23,25f). In diesen Zusammenhang gehört auch das Ährenraufen der Jünger (Mt 12,1; Mk 2,23; Lk 6,1). Eindeutig verboten jedoch ist das Wegschleppen von Früchten in Behältnissen (5. Mose 23,25f.).

(a) Sachdiebstahl

Von Sachdiebstählen berichtet das Alte Testament an verschiedenen Stellen. Rahel hat die Hausgötter (Terafim) ihres Vaters gestohlen (1. Mose 31,19.30.32). Den Brüdern Josefs wird vorgeworfen, sie hätten den Silberbecher gestohlen (1. Mose 44,5). Zu den Sachdiebstählen rechnet das Alte Testament nicht nur das Entwenden von Geld oder Wertsachen (2. Mose 22,6-8), sondern auch das Stehlen von Vieh (2. Mose 21,37). Da das rechtmäßig erworbene Eigentum unter dem Schutz Gottes steht[43], ist Sachdiebstahl nicht nur ein Vergehen gegen den Menschen, sondern auch gegen Gott.

- Gott, der das Eigentum schützt, akzeptiert nach rabbinischer Auslegung kein Gebet eines Diebes. Er beantwortet es auch nicht. Da sich der Dieb mit seinem Handeln gegen Gott wandte, bleibt er von der zukünftigen Welt ausgeschlossen. Solange das Diebesgut in seinem Besitz ist, darf – so die rabbinische Festlegung – dem Dieb trotz Reue keine Vergebung zugesprochen werden.[44]
- Das Eigentum ist eine Frucht der Arbeit und des Verstandes des Menschen. Deshalb ist jeder Griff nach dem Eigentum des andern ein Angriff auf dessen Persönlichkeit.[45]

Im Neuen Testament besteht nicht der geringste Zweifel an der uneingeschränkten Verbindlichkeit des Gebotes: »Du sollst (wirst) nicht stehlen« (Mt 19,18; Mk 10,19; Lk 18,20; Röm 13,9). Anders ist dies in einem Teil der griechischen Welt. Bei Homer (8. Jh. v. Chr.) wird das Stehlen nicht nur nicht getadelt, sondern sogar gefeiert, und zwar wegen der dabei zu beweisenden Schlauheit und Geschicklichkeit.[46] Deshalb stehlen in gleicher Weise Götter, Halbgötter und Helden.

Epikur – er lebte 341-271 v. Chr. – lehrte, dass Stehlen durchaus erlaubt ist, wenn es nur »listig und geheim« geschieht.[47]

Im rabbinischen Judentum dagegen ist Gottes Gebot: »Du stiehlst nicht« bereits dann übertreten, wenn einer dem anderen etwas wegnimmt, das so viel wert ist wie ein Pfennig.[48]

Sachdiebstahl ist aber nicht nur das heimliche oder öffentliche Entwenden des Eigentums des anderen, sondern auch jede Form des Betruges und der Hehlerei.[49]

(b) Betrug und Hehlerei

Einen Menschen betrügen heißt ihn irreführen, täuschen und dabei übervorteilen. Am Anfang steht das Wecken eines falschen Eindrucks mit Worten oder mit Taten; am Ende die Bereicherung auf Kosten des anderen. Betrug ist ein Griff nach dem Eigentum des anderen durch Fälschung und Täuschung. In der rabbinischen Auslegung findet sich eine Reihe von Beispielen, die in abgewandelter Form in allen Gesellschaftssystemen heute noch aktuell sind[50]:

- der Verkauf einer Fälschung als Original;
- das Austauschen eines intakten Gewichtes gegen ein mangelhaftes (falsches);
- das Vermischen des bereits verkauften Weins mit Wasser;
- das Nicht- oder nur teilweise Bezahlen eines ausgehandelten Betrages;
- das Versprechen von Liebesgaben, ohne sie zu geben;
- das Schweigen zum Betrug, ohne den Übeltäter zurückzuhalten;
- das Aufdrängen eines Geschenks, um den anderen zu verpflichten.

Das Sprichwort »Hehlen ist so schlimm als stehlen«[51] hat einen tiefen Wahrheitsgehalt. Der Hehler kauft dem Dieb die Ware ab. Dem Bestohlenen gegenüber macht er sich mitschuldig. Gleichzeitig ermutigt der Hehler den Dieb zu neuen Taten. Da er für das Diebesgut üblicherweise weniger bezahlt als den Handelswert, bereichert er sich unrechtmäßig. Der Hehler, das heißt ein Mensch, der sich an der Verteilung der Beute beteiligt, ist ein Mittäter. Vor Gott steht er auf einer Stufe mit dem Dieb. Von ihm heißt es: Er »hasst sein Leben« (Spr 29,24), »zu dessen vermeintlicher Förderung er zum Mittäter geworden ist«[52].

In den Bereich des Betrugs und der Hehlerei gehört es, wenn ein Mensch einem Kind oder einem nicht entscheidungsfähigen Menschen Wertgegenstände abkauft.[53]

Eine weit verbreitete, aber oft nicht ernst genommene Spielart des Diebstahls ist der geistige Diebstahl.

(c) Geistiger Diebstahl

Zu den Kennzeichen der falschen Propheten im Alten Testament gehört es, dass diese von den wahren Propheten echte Gottesworte stehlen (Jer 23,30) und diese als ihre eigenen ausgeben. Der Diebstahl besteht darin, dass die falschen Propheten die echten aushorchen und »das so Erlauschte als eigenen geistigen, durch Offenbarung gewonnenen Besitz«[54] weitergeben.

Nach jüdischer Tradition ist es Diebstahl, wenn jemand dem Menschengeist etwas zuschreibt, was Gottes Werk ist.[55] Für einen derartigen Diebstahl gibt es keine Ahndung durch eine menschliche Gesetzgebung.

Anders ist dies bei Werken, die persönliche geistige Schöpfungen eines Menschen sind, und zwar aus dem Bereich der Literatur, Wissenschaft und Kunst. Sie sind durch das so genannte Urheberrecht geschützt.[56]

Zu den geschützten Werken gehören:

- Sprachwerke, wie Schriftwerke, Reden und Computerprogramme;
- Werke der Musik;
- pantomimische Werke einschließlich der Werke der Tanzkunst;
- Werke der bildenden Künste einschließlich der Werke der Baukunst und der angewandten Kunst und Entwürfe solcher Werke;
- Lichtbildwerke einschließlich der Werke, die ähnlich wie Lichtbildwerke geschaffen werden;
- Filmwerke einschließlich der Werke, die ähnlich wie Filmwerke geschaffen werden;
- Darstellungen wissenschaftlicher oder technischer Art, wie Zeichnungen, Pläne, Karten, Skizzen, Tabellen und plastische Darstellungen.[57]

Eine Vervielfältigung dieser Werke – auch in Ausschnitten – ist nur mit Zustimmung des Urhebers nach Einigung über die einem Urheber zustehende Vergütungshöhe und unter dem Namen des Urhebers erlaubt. Jeder Verstoß gegen diese Grundsätze fällt in den Bereich des Diebstahls.

Zitate aus dem Werk eines Urhebers müssen als solche gekennzeichnet sein und innerhalb eines durch den Zweck gebotenen Umfanges bleiben.[58]

Das Gebot »Du sollst (wirst) nicht stehlen« schützt nicht nur den Nächsten selbst, sein Bestehen-Können und sein persönliches Eigentum, sondern es ist gleichzeitig ein Schutzgebot für das Gemeineigentum.

5. Diebstahl von Gemeineigentum

Eigentum kommt im unmittelbaren Sinn dem einzelnen Menschen zu (= Privateigentum). Daneben gibt es auch Eigentum von Familien, Gesellschaften, Vereinen, Körperschaften des Öffentlichen Rechts, Stiftungen usw. Davon zu unterscheiden ist das öffentliche Eigentum. Dazu zählt alles, was dem Staat, dem Land, dem Regierungsbezirk oder der kommunalen Gemeinde gehört.[59]

Zu den häufigsten Fällen von Diebstahl am Gemeineigentum zählen Steuerhinterziehung und Veruntreuung.

(a) Steuerhinterziehung

Allgemeine Steuern sind »die materiellen Erfordernisse für die Staatsfürsorge«[60], zum Beispiel für die Bereiche, die unter dem Begriff »soziales Netz« zusammengefasst sind. Mit der zunehmenden Soziallast eines Staates ist zugleich eine entsprechende Steuerlast verbunden.[61] Da die Steuererhebung nach dem Freiwilligkeitsprinzip ohne den notwendigen Erfolg bleibt, ist eine Steuergesetzgebung unvermeidlich.

Es wird jedoch immer wieder Situationen geben, in denen der einzelne Besteuerte die Steuerordnung als ungerecht empfindet und erlebt. Dies berechtigt ihn jedoch noch nicht dazu, zur Selbsthilfe zu greifen, »das heißt zu indirekten Hinterziehungen und der damit gegebenen Irreführung in der Steuererklärung«[62].

Die Einführung der römischen Kopfsteuer im Jahre 7 n. Chr.[63] führte zur Zeit von Jesus zu einer kontroversen Diskussion. Die Pharisäer beugten sich dem Anspruch der Fremdherrschaft, die Zeloten lehnten eine Steuerzahlung strikt ab und riefen zur Steuerverweigerung auf.

Um Jesus eine Falle zu stellen, beauftragten die Pharisäer Parteigänger des Herodes (vgl. Mt 22,16), die Fangfrage zu stellen: »Ist es erlaubt, dem Kaiser Kopfsteuer zu geben oder nicht?« (Mt 22,17) Jesus redete weder einer blinden Staatstreue das Wort noch trat er auf die Seite der Steuerverweigerer. Er sagte: Gesteht dem Erdenherrscher das zu, was ihm gehört[64], vergesst dabei aber nicht, dass ihr Gott gehört (vgl. Mt 22,21)! Damit sagt

Jesus: Es gibt weltliche Dinge, und die sind »nach irdisch-rechtlichen Maßstäben zu regeln«[65].

Dieses Wort von Jesus lässt keinen Raum für irgendeine Form von Steuerhinterziehung:

- für Besitzverheimlichungen,
- für Abgabe-Frisuren,
- für den Einkauf auf dem Schwarzen Markt,
- für das sich in illegaler Weise Verschaffen von Steuervorteilen[66] oder
- für das Kaschieren eines Etats.

(b) Veruntreuung

Jede Berührung mit öffentlichem Eigentum oder dem Eigentum von Gesellschaften, Vereinen und Körperschaften des Öffentlichen Rechts ist eine Herausforderung zu dem verantwortlichen Umgang mit Gemeineigentum.

Gemeineigentum im Alten Testament ist das Eigentum eines Hauses mit den dazugehörenden Ländereien. Ein Hausherr konnte eine Person seines Vertrauens als Hausvogt oder als Schatzmeister einsetzen. So setzte Potifar Josef als Sohn seines Hauses (hebräisch: *ben bajith*) ein (1. Mose 39,4).

Die Könige des alten Israels hatten Verwalter, denen ihr Haus unterstand (1. Kön 4,6; 16,9; 18,3; 2. Kön 18,18.37; 19,2; Jes 3,22; 37,2). In seinen Gleichnissen spricht Jesus von einem treuen und besonnenen Hausverwalter (Lk 12,42), den er in anderem Zusammenhang auch den treuen Knecht des Hauses nennen konnte (Mt 24,45). Es handelte sich um einen Hausvogt aus dem Sklavenstand, der dem ganzen Hausgesinde und dem Anwesen des Herrn vorstand.[67] Hausverwalter (griechisch: *oikonomos*) kann auch die Bezeichnung für einen freien Schatzmeister sein (vgl. Lk 16,1.8). Von einem treuen und besonnenen Hausverwalter erwartet Jesus nicht nur, dass dieser nichts veruntreut, sondern dass er den Besitz seines Herrn vermehrt (vgl. Lk 19,23).

Veruntreuungen, die in jedem Fall in den Bereich des Diebstahls gehören, liegen vor:

- bei Unterschlagung[68],
- bei Beschädigung des Gemeineigentums und
- bei »Beeinträchtigung desselben durch Fahrlässigkeit oder Gleichgültigkeit«[69].

Durch die Missachtung des Gemeineigentums – ob durch Steuerhinterziehung oder Veruntreuung – wird das achte Gebot »tausendfach übertreten«[70].

Das neunte Gebot

9

IX. Gott schützt die Ehre

»Du sollst (wirst) gegen deinen Nächsten nicht als Zeuge der Lüge antworten.« *2. Mose 20,16*

»Darum legt die Lüge ab und ›redet die Wahrheit, ein jeder mit seinem Nächsten‹ (Sach 8,16).« *Epheser 4,25*

Es war am Rio das Cobras, einem Indianerreservat von 18 000 ha. In diesem Reservat im Süden Brasiliens wohnen dreitausend Indianer, ein Drittel aus dem Stamm der Guaraní, zwei Drittel aus dem der Kaingang. Der Rio das Cobras ist das ursprüngliche Gebiet der Kaingang-Indianer. In dieses Reservat begleitet wurden meine Frau und ich von Freunden, die Jahrzehnte unter Indianern lebten und arbeiteten und dadurch das Vertrauen der Indianer gewonnen haben. Wie bei jeder Fahrt in ein Reservat, so war auch hier der Besuch des Häuptlings oberstes Gebot. Erst nach dem Einverständnis des Häuptlings durften wir uns im Reservat aufhalten.

Jose, der Häuptling der Kaingang-Indianer am Rio das Cobras, hatte sein kleines Büro in einem Holzhaus der Indianerschutzbehörde. Stolz berichtete er, dass er seit zehn Jahren Häuptling sei und über die Einhaltung der Stammesregeln wache. Neben seinem Büro stand ein halb verrosteter Container. Es war das Gefängnis. Der Container war in einem unsagbaren Zustand. Das einzige Inventar waren einige Seile oder Gurte. In der Mitte des Containers war in den Boden ein Loch geschnitten zur Verrichtung der Notdurft. Das Schlimmste jedoch für einen inhaftierten Indianer ist eine Nacht in diesem Container. Für einen Indianer gibt es keine größere Strafe und Qual, als eine Nacht ohne Feuer verbringen zu müssen, das sonst in jeder Hütte brennt, um die Geister zu vertreiben.

Einer der Hauptverstöße gegen die Stammesregeln, die mit Gefängnis bestraft werden, ist die Verleumdung bzw. das falsche Zeugnis. Besonders geahndet wird die üble Nachrede gegenüber Autoritäten.

Von Jose, dem Häuptling, ist bekannt, dass er selbst seine Frau in den Container sperren ließ, da sie Schlechtes über ihn verbreitet hatte.

Hat ein Kaingang-Indianer seine Strafe verbüßt, dann darf über diese Angelegenheit nicht mehr gesprochen werden. Es gilt der Grundsatz:

Wer über eine Sache spricht, für die ein anderer im Gefängnis war, wird behandelt, als ob er es getan hätte, und wird entsprechend mit Gefängnis bestraft.

Diese streng überwachte Stammesregel der Kaingang-Indianer war für mich eine konsequente Auslegung und Anwendung des Gebotes: ***»Du sollst (wirst) gegen deinen Nächsten nicht als Zeuge der Lüge antworten.«*** Es ist das Gebot zum Schutz der sozialen Ehre durch das Verbot der Lüge.

Im Raum der Gemeinschaft, im Neben- und Miteinander von Menschen, sind es vier Werte, die je von einem Gebot geschützt werden:

- das Leben,
- die Ehe,
- das Eigentum und
- die soziale Ehre.

Es sind die »vier Grundgüter und Grundrechte der persönlichen Existenz«[1]. Ihre Verletzung steht im krassen Gegensatz zu der jedem einzelnen Menschen geltenden Zusage: »Ich bin Jahwe, dein Gott« (2. Mose 20,2).

Das vierte, jeder menschlichen Person zustehende Grundrecht, die soziale Ehre, wird durch die Lüge untergraben, ausgehöhlt und schließlich zerstört. Lüge ist das Schlüsselwort zum Verständnis des neunten Gebotes.

Lüge (hebräisch: *šæqær*) ist mehr als eine Wortlüge im Sinne von Unwahrheit und Unstimmigkeit.[2] Wenn es darum geht, eine Wortlüge auszusprechen, die Unwahrheit zu sagen oder etwas den Tatsachen nicht Entsprechendes zu behaupten, wird dies im Alten Testament mit einem anderen Verb bezeichnet (hebräisch: *kzb*).[3] Lüge (hebräisch: *'ed šæqær*) ist die »aggressive, auf Schädigung des Nächsten zielende Täuschung, Untreue, Perfidie (Treuebruch, Verrat), auch da, wo diese bloß in Worten daherkommt«[4].

Bei der im neunten Gebot erwähnten Lüge handelt es sich nicht bloß um eine Diskrepanz zwischen Aussage und Sachverhalt oder zwischen Zusage und Folgeleistung, sondern um einen »aggressiven, auf Schädigung des Nächsten bedachten Treuebruch«[5].

Der mit dem Begriff Lüge gekennzeichnete Zeuge ist der »aggressive Schädiger des Nächsten«[6]. Vom Zeugen der Lüge (hebräisch: *šæqær*) heißt es: »Er gleicht einem Hammer, einem Schwert und einem spitzen Pfeil« (Spr 25,18). Hammer als Waffe im Sinn einer Steinkeule, Schwert und Pfeil sind Bilder einer drohenden Vernichtung. »Eine ähnlich wirksame Vernichtungswaffe liegt in der falschen Zeugenaussage.«[7] Indem der Zeuge der Lüge rechtswidrig gegen seinen Nächsten auftritt, vernichtet er dessen soziale Ehre und damit den vierten Grundpfeiler seiner persönlichen Existenz! Das genaue Gegenteil vom Zeugen der Lüge ist der Zeuge der Wahrheit (hebräisch: *ʿēd ʾᵉmæt*).Von ihm heißt es, dass er »Leben rettet« (Spr 14,25). Charakterisiert Lüge die »Falschheit«[8] der Person eines Zeugen, so kennzeichnet der Begriff Wahrheit einen Zeugen als treu und zuverlässig. Der treue und zuverlässige Zeuge ist der Mensch, auf dessen Aussage man sich verlassen kann. Er sagt die Wahrheit und rettet das Leben.[9] Dem Zeugen der Lüge geht es darum, die soziale Ehre des anderen zu vernichten. Das Ziel des wahrhaftigen und treuen Zeugen ist es, jeder Verleumdung, jeder Schmähung und jeder Missdeutung der Tat seines Nächsten entgegen zu treten[10] und damit dessen soziale Ehre zu retten.

Das Gebot, gegen den Nächsten nicht als Zeuge der Lüge aufzutreten, gilt zweifellos zunächst für Aussagen vor Gericht. Es ist jedoch nicht auf das gerichtliche Zeugnis beschränkt.[11] Es wendet sich gegen jede Lüge, die zum Schaden des Nächsten ist.[12]

1. Lügen vor Gericht

Das neunte Gebot bezieht sich zunächst auf die öffentlichen Vorgänge in der Rechtsgemeinde. Der Gerichtsort war in alttestamentlicher Zeit der Innenraum eines Stadttorgebäudes, das stadtaus- und stadteinwärts durch je ein Tor geschlossen werden konnte. Deshalb kann der Prophet Amos ausrufen: »Stell das Recht ins Tor« (vgl. Am 5,15).

In frühen Zeiten war die Hauptform des Richtens das Schiedsgericht, bei dem jede Partei ihre Zeugen als Rechtshelfer mitbrachte. Später entwickelten sich auch Formen des Gerichts, wie man sie bis heute kennt.[13]

Die Formulierung »Du sollst (wirst) nicht als Zeuge der Lüge antworten« weist darauf hin, dass es sich um eine veranlasste Rede handelt, das heißt um ein Reden, das durch einen Vorgang veranlasst ist.[14] Ein solcher Vorgang ist immer dann gegeben, wenn es zu einem Bruch eines vertraglich geregelten Vertrauensverhältnisses gekommen ist.[15] In solchen Fällen ist ein Gericht einzuberufen, das den »Freiheits- und Lebensraum des Einzelnen im Rechtsbereich«[16] schützt. Ein Zeuge der Lüge innerhalb eines Rechtsstreites ist ein »Vergewaltiger des Rechtes«[17]. Richter, Angeklagte, Kläger, Verteidiger und Zeugen sind hier in gleicher Weise betroffen.[18] Nach einer alten Prozessordnung nahmen Verurteilte und Richter zusammen das Abendmahl, bevor das Urteil vollstreckt wurde. Damit wird angedeutet, dass nicht nur der Verurteilte, sondern auch der Richter der Vergebung bedarf.[19]

- Der **Richter** handelt im Auftrag einer Rechtsgemeinschaft. Er ist der Wahrer der Gesetze und hat im Rahmen der Gesetze sein Urteil zu sprechen und dieses zu begründen.[20] Zu einem Vergewaltiger des Rechtes wird der Richter dann, wenn er das Recht beugt,
  - ➤ indem er aus Mitleid einen Geringeren oder Armen bevorzugt,
  - ➤ indem er um eines Vorteils willen auf die Seite des Vornehmeren oder Reichen tritt,
  - ➤ indem er aus Angst um seine Popularität der Mehrzahl folgt bzw. einer Mehrheit nachgibt.[21]

- Der **Angeklagte** steht genau wie sein Richter »unter dem sie gemeinsam bindenden Gesetz, der eine als Rechtswahrer dieses Gesetzes, der andere als (wirklicher oder verdächtigter) Rechtsbrecher«[22]. Zum Zeugen der Lüge wird ein Angeklagter dann, wenn er ein tatsächlich begangenes Unrecht leugnet, Tatbestände verdreht, seine Tat verschleiert oder vertuscht.[23]

- Der **Kläger** legt den Sachverhalt des Rechtsbruchs offen und wirft dem Rechtsbrecher gleichzeitig einen Verstoß gegen die hinter dem Gesetz stehende Werteordnung vor.[24] Ein Vergewaltiger des Rechtes ist der Kläger, der durch Lügen den Ruf, die Ehre und damit die ganze Existenz des Nächsten gefährdet.[25]

- Der **Verteidiger** ist verpflichtet, für den ihm anvertrauten Angeklagten einzutreten, ohne die Wahrheit zu verletzen. Er stellt sich vor den anderen bei voller Wahrung des sittlichen Urteils. Ein Zeuge der Lüge im Sinne eines Vergewaltigers des Rechtes ist der Verteidiger dann, wenn er nicht den Angeklagten, sondern das begangene Unrecht verteidigt.[26]

- Dem **Zeugen** kam im Alten Testament auf Grund der beschränkten Untersuchungsmöglichkeiten vor Gericht die entscheidende Rolle zu.[27] Ein Zeuge ist die Person, die eine Tat gesehen hat[28] oder einem Vorgang beiwohnte und auf diesem Hintergrund das Geschehene vor Gericht bestätigen kann.[29] Seine Zeugenaussage gründet auf tatsächlich Erfahrenem, Wahrgenommenem und Geschehenem.[30] Nur die eigene Wahrnehmung macht einen Menschen zum Zeugen.[31] Nach rabbinischer Auslegung darf ein Nichtaugenzeuge vor Gericht nicht als Zeuge zugelassen werden. Wenn ein Mensch etwas bezeugt, was er nur vom Hörensagen weiß, ist er als falscher Zeuge zu betrachten, der sowohl in dieser als auch in der zukünftigen Welt bestraft wird.[32] Falsches Zeugnis, aber auch unterlassene Zeugnisabgabe (vgl. Spr 24,12) kann zu einem ungerechten Urteil führen und in einzelnen Fällen sogar den Ausschlag für ein Todesurteil geben.[33] Deshalb warnt Gott jeden Zeugen, sich vom Tatbestand der Lüge fern zu halten und den Unschuldigen, der Recht hat, nicht umzubringen (vgl. 2. Mose 23,7).[34] Um den Angeklagten zu schützen, untersagt das Alte Testament die Hinrichtung eines Totschlägers auf die Aussage nur eines Zeugen (vgl. 4. Mose 35,30). Wenn es um Leben und Tod eines Angeklagten geht, darf dieser nur auf die Aussagen von zwei oder drei Zeugen hin zum Tod verurteilt werden (vgl. 5. Mose 17,6). Die Zeugen mussten auf Zeit, Ort und Nebenumstände hin getrennt voneinander befragt werden.[35]

Jesus, der auf das Gebot, das sich gegen die Zeugen der Lüge wendet, zweimal Bezug nimmt (Mt 15,19; 19,18), wurde in seinem Prozess vor dem Hohen Rat mit vielen Zeugen der Lüge konfrontiert (Mk 14,56).

Jesus wurde zum Tod verurteilt, obwohl das Verhör der gegen ihn aufgestellten Zeugen nach dem damals geltenden Recht ergebnislos verlaufen war.[36] Schließlich fanden sich zwei Zeugen, die übereinstimmend das Wort von Jesus von seiner Macht, den Tempel niederzureißen und in drei Tagen wieder aufzubauen, bezeugen konnten (Mt 26,60). Danach wurde Jesus juristisch korrekt um seine Stellungnahme befragt[37]; Jesus aber schwieg! Auf die Frage, ob er der Christus, der Sohn Gottes, sei, antwortete Jesus dem Hohenpriester: »Du sagst es« (Mt 26,64). Nun konnte der Hohepriester alle Umstehenden zu »ordentlichen« Zeugen erklären, und zwar dafür, dass hier eine Gotteslästerung geschehen sei. Auf Gotteslästerung aber stand die Todesstrafe (3. Mose 24,10-16; 4. Mose 15,30).

Die Zeugen der Lüge im Prozess gegen Stephanus (Apg 6,13) gaben den Tatbestand dessen, was Stephanus predigte, wieder. Wenn Stephanus Christus verkündigte, dann war seine Botschaft die, dass in diesem allein Heil und Rettung ist, also nicht im Tempel, nicht in den Opfern und nicht im Gesetz! Dies brachte ihm die Anklage auf Gotteslästerung ein. »Falsch war das Zeugnis der Ankläger nur vom Standort des Christusglaubens, also von der Wahrheit her.«[38]

Der Prozess von Jesus und der Musterprozess gegen Stephanus zeigen, dass das Bezeugen eines Tatbestandes nicht ohne weiteres gleich gesetzt werden kann mit dem Bezeugen der Wahrheit. Die Wahrheit ist umfassender als das nackte Wiederholen von etwas Gesagtem oder Geschehenem!

Vor Gericht nicht zu lügen, sondern für die Wahrheit einzutreten, heißt, »um das Recht des Nächsten besorgt sein«[39]. Das neunte Gebot hat ursprünglich zum Ziel, dass jeder Mensch vor Gericht sein Recht bekommt. Es ist das »Fundament, um in der Wahrhaftigkeit vor Gericht ein Rechtsgut zu sichern, das gleich bedeutsam für das Ganze wie für den Einzelnen«[40] ist.

Das neunte Gebot gilt aber nicht nur für Aussagen im Rahmen eines Gerichtsprozesses. Es wendet sich gegen jede Art von Lüge, die zum Schaden des Nächsten wird.[41]

2. Lügen im Alltag

Die meisten Gespräche, die wir führen, befassen sich mit dem anderen Menschen. Sie betreffen seine Ehre, sie können seinen Ruf bessern oder schädigen.[42] Das neunte Gebot untersagt alles Reden, das ***gegen*** den Nächsten gerichtet ist. Unter dem Nächsten versteht das Alte Testament nicht nur den Nachbarn, den Volksgenossen oder den Freund (2. Mose 11,2; Sach 3,8), sondern auch ganz allgemein den anderen (Spr 18,17; Jes 34,14). Dies wird besonders deutlich in der Formulierung, »einer sagt zum andern« (wörtlich: einer sagt zu seinem Nächsten).[43] Der Nächste ist »der, mit dem man durch die Lebensumstände zusammengeführt ist und mit dem man zusammenlebt[44]«. Dabei ist auch der Fremde mit eingeschlossen.[45]

Unter dem Begriff »Nächster« ist aber nicht nur der Einzelne gemeint, sondern auch Gruppen, Völker, Rassen, Glaubensgemeinschaften und Religionen.[46] Das Gebot »Du sollst (wirst) gegen deinen Nächsten nicht als Zeuge der Lüge antworten« hat den Schutz der »sozialen Ehre des Nächsten«[47] zum Ziel. Es ist nicht nur ein Schuldigwerden am Nächsten, sondern Sünde gegen Gott, wenn wir durch unser Wort dem Nächsten die Ehre mindern.[48] Gott selbst schützt die Ehre jedes Menschen. Er schützt den Menschen durch das neunte Gebot davor, »dass nicht seine sämtlichen menschlichen Beziehungen, die privaten und die öffentlichen, durch das Reden der Mitmenschen vergiftet und zerstört werden und seine Existenz der Bosheit und der Lüge ausgeliefert wird«[49].

In der Auslegung des neunten Gebots zum Schutz der sozialen Ehre durch das Verbot der Lüge sagt Martin Luther: Wir sollen unseren Nächsten »nicht fälschlich belügen, verraten, afterreden oder bösen Leumund machen, sondern sollen ihn entschuldigen, Gutes von ihm reden und alles zum Besten kehren«[50].

(a) Lüge und das Prinzip der Wahrhaftigkeit

Seinen Nächsten »fälschlich belügen« heißt, dem, mit dem ich durch Lebensumstände zusammengeführt bin, Schaden zuzufügen. Dies kann einmal durch Lüge geschehen, zum andern durch das bloße Prinzip der Wahrhaftigkeit.

- **Lüge** ist die Verleugnung der Wahrheit aus egoistischen Gründen. »Sie bedeutet also, dass man die Wahrheitsfrage dem Interesse unterordnet.«[51] Der Lügner sieht nur sich und sein Wohl. Um von sich selbst Makel oder Nachteile abzuwenden, greift er zur Lüge. Dies geschieht in der Regel auf Kosten des Wohls des anderen. Seine Lüge nützt ihm selbst und fügt dem andern Schaden zu.
- Das reine **Prinzip der Wahrhaftigkeit** kann dem anderen mit und neben mir erheblichen Schaden zufügen, ja sogar seine Existenz aufs Spiel setzen. Dies wiederholt sich zu unendlichen Malen in jedem totalitären System. Hier kommt es zu dem Konflikt zwischen der Wahrhaftigkeit der Einzelaussage und der Liebe zu denen, die man durch eine solche Aussage gefährdet.[52]

Schaden wird dem Nächsten durch das Prinzip der Wahrhaftigkeit immer dann zugefügt, wenn das neunte Gebot als »abstrakte Wertordnung eines ›Wahrheitsabsolutismus‹«[53] verstanden wird. Ein solcher wird bis heute von Anhängern Immanuel Kants als Spitze humaner Tugend und Ehrenhaftigkeit bezeichnet. In seinem Werk über das vermeintliche Recht, aus Menschenliebe zu lügen, schreibt Kant: »So soll man einem Mörder, der uns fragt, ob unser von ihm verfolgter Freund sich nicht in unser Haus geflüchtet, ›ehrlicherweise‹ mit Ja antworten.«[54] Eine derartige Antwort aus dem Prinzip der Wahrhaftigkeit heraus ist das Mitschuldigwerden an der Ermordung des Freundes. Dies kann ich nur so umgehen, dass ich am Prinzip der Wahrhaftigkeit schuldig werde, indem ich mich dazu entschließe, »um meines Freundes willen kräftig zu lügen«[55]. Diese von Dietrich Bonhoeffer in zugespitzter Form gekennzeichnete Lüge in einer notvollen Situation, in der es um Leben und Tod des Nächsten geht, kann ebenso wenig als Lüge im strengen Sinn des Wortes bezeichnet werden, wie man eine in Notwehr erfolgte Tötung nicht Mord nennen kann.[56] Man spricht in diesem Fall von Notlüge oder von Schadenslüge.

- **Notlügen** sind Lügen, »durch die man von anderen oder von sich selbst ungerechten Schaden fern halten möchte«[57]. In der Notlüge geht es nicht um den eigenen Vorteil, sondern um die Abwendung von Zerstörung. Notlüge heißt jedoch nicht, dass man in jeder beliebigen Notlage zur Lüge greifen kann. Mit einer solchen Begründung kann man letzten Endes jede Lüge rechtfertigen. Der Begriff »Notlüge« sollte nie gebraucht werden, um irgendeine Verwendung der Lüge im eigenen Interesse zu rechtfertigen, sondern höchstens um die Abwendung einer Gefahr, in der es um die Existenz, um Tod und Leben, geht. In diesem Fall ist eine Notlüge die »bewusste Täuschung des Feindes«[58].
- **»Schadenslügen«**[59] dienen der Abwendung von Schaden, besonders innerhalb eines totalitären Systems. »Ich ringe als jemand, der das System der Wahrheit will, mit einem andern, der der Vertreter des Systems der Unwahrheit ist, um Sein oder Nichtsein.«[60]

Für eine Schadenslüge in diesem Sinn hat sich in einer besonders schwierigen Situation der Prophet Jeremia entschieden. Er hat das mit dem König Zedekia geführte Gespräch nicht nur geheim gehalten, sondern er hat eine Information weitergegeben, um die es in diesem Gespräch überhaupt nicht ging (vgl. Jer 38,24-27). Wie der sonst »gerade im Punkt der Wahrhaftigkeit besonders feinfühlige Jeremia«[61] die Lüge, um Schaden abzuwenden, mit seinem Gewissen vereinbarte, wird nicht berichtet.

Dietrich Bonhoeffer spricht in vergleichbarem Zusammenhang von der Notwendigkeit »eines verantwortlichen Aufsichnehmens von Schuld«[62]. Es gibt Situationen, in denen es darum geht, Schuld zu tragen aus Nächstenliebe. In eigener Betroffenheit nennt Bonhoeffer folgendes Beispiel: »Bei Verhören durch die nationalsozialistischen Machthaber bedeutete jemand, der nicht im Stande war, ›kräftig zu lügen‹, für den Mitkonspiratoren Lebensgefahr.«[63] In dem Gewissenskonflikt, sich einer Schadenslüge schuldig zu machen, kann folgende Feststellung die Entscheidung erleichtern:

Nur wenn der nach einem Tatbestand Fragende ein Frage-Recht hat, »besteht eine Antwortpflicht im Sinne der Wahrhaftigkeit«[64]. Dennoch ist und bleibt in jedem Fall die Schadenslüge ein Unrecht, wenn auch im Sinn der kleineren Schuld, die ein Mensch bereit ist, auf sich zu nehmen, um größere Schuld zu vermeiden.

Da das neunte Gebot die Beziehung zum Nächsten regelt, ist bei dem Verbot der Lüge nicht an die abstrakte Lüge gedacht, »d. h. an eine Aussage, bei der von der Beziehung zum Mitmenschen ganz abgesehen und nur die Frage gestellt wird, ob sie einer Wirklichkeit entspricht oder nicht«[65]. Es gibt Konflikte zwischen der Pflicht, die Wahrheit zu sagen, und der Liebe, die den andern vor einer zerstörerischen Wahrheit verschont.[66]

(b) Verrat

Verraten heißt etwas tun, was dem anderen zum Verderben gereicht.[67] Die Palette all dessen, was unter Verrat zu verstehen ist, zeigen die verschiedenen Begriffe für verraten im Alten Testament. Am häufigsten wird Verrat mit einem Zeitwort gekennzeichnet, das so viel bedeutet wie täuschen, betrügen (hebräisch: *ramāh*). So betrügt zum Beispiel Laban Jakob (1. Mose 29,25), und Saul wird von seiner Tochter Michal betrogen (1. Sam 19,17). Um ein Verraten im Sinne von »verpetzen« und »anzeigen« handelt es sich bei Rahab in Jericho (Jos 2,14) und Saul in Nob (1. Sam 22,22). Im hebräischen Text steht hier die Wendung »etwas weitersagen«.

In der Weisheitsliteratur heißt verraten (hebräisch: *pātah*) unbedacht schwatzen und unfähig sein, Geheimnisse zu bewahren (Spr 11,13; 20,19; 25,9). Interessant ist, dass verraten auch so viel bedeuten kann wie »aufdecken« und »entblößen« (hebräisch: *gālāh*).[68] So heißt es zum Beispiel: Den Flüchtling verrate nicht, das heißt, deck sein Versteck nicht auf (Jes 16,3). Es gibt ein Enthüllen von Geheimnissen, ein Ausplaudern, das nichts anderes ist als Verrat.[69]

Es ist eine Form von Verrat und damit ein Verstoß gegen das neunte Gebot, den Nächsten in der Öffentlichkeit bloßzustellen und vorzuführen. Hinter einem solchen Vorgehen steckt ein Doppelspiel:

- Man gewinnt das Vertrauen des Nächsten und damit Einblick in seine sonst verschlossenen Lebensgebiete.
- Das auf diesem Weg Erfahrene wird danach an andere oder gar an seine Gegner weitergegeben, dem Nächsten zum Spott, Hohn und Schaden.[70]

Es ist Verrat am Nächsten, *ohne Not* einfach alles zu sagen und zu veröffentlichen, wovon man sichere Kenntnis hat.[71] Es ist ein Verstoß gegen den Nächsten, »wenn man dessen verborgene Schwächen oder Verfehlungen ohne wichtigen Grund anderen Menschen oder gar der Öffentlichkeit preisgibt«[72].

Auf diesem Hintergrund sind die Kommunikationsmethoden der heutigen Massenmedien zu hinterfragen.[73] Heißt es im Blick auf das letzte Gericht Gottes, »es ist schrecklich, in die Hände des lebendigen Gottes zu fallen« (vgl. Hebr 10,31), so gilt in zahlreichen Fällen, was die Massenmedien anbetrifft: »Es ist schrecklich, in die Hände von Menschen zu fallen!« In den Massenmedien werden täglich mit Vorliebe Menschen, die im öffentlichen Leben eine Rolle spielen oder Verantwortung tragen, abgeurteilt. Die Versäumnisse oder die Schuld einer einflussreichen Persönlichkeit werden ans Licht gezerrt und ihre Blöße aufgedeckt.[74] Wer sich an Gottes Gebot orientiert, ist an dieser Stelle herausgefordert, andere Wege zu gehen. Der Weg, den das Gebot zum Schutz der Ehre zeigt, ist folgender:

- Dem viel zitierten Grundsatz: »Was wahr ist, darf man weitersagen«, ist entgegenzuhalten: Darin, dass wir etwas Wahres über den Nächsten erfahren haben, liegt noch lange nicht das Recht, es weiterzusagen. »Es gibt eine Privatsphäre, in die einzudringen der andere nicht befugt ist.«[75]
- Der Forderung, über alles informiert sein zu müssen, ist entgegenzuhalten: Auch der verfehlt sich gegen seinen Nächsten, der dessen »Bloßstellungen begierig und unkritisch aufnimmt«[76]. Die Verantwortung des Einzelnen beginnt bereits bei der Auswahl der Medien, deren er sich für seine Informationen bedient.
- Martin Luther kennzeichnet u. a. einen Christen als einen Menschen, der des anderen »Schanddeckel« sei; er deckt nicht auf, er verschleiert freilich auch nicht, sondern er tritt vor die Blöße des andern.«[77]

Die Medien haben in unserer Gesellschaft nicht nur eine große Macht, sondern innerhalb der Demokratie eine wichtige kritische Funktion. Gleichzeitig aber müssen sie die Grenze zur öffentlichen Bloßstellung des Menschen achten.[78] Das ohne zwingenden Grund Alles-an-die-Öffentlichkeit-Zerren ist die Sünde, die das Vertrauen an der Wurzel zerstört. Sie ist auch allem gemeinschaftsbildenden Vertrauen »diametral entgegengesetzt«[79].

(c) Afterreden und böser Leumund

Eine Lüge zum Schaden des Nächsten ist jede Art von »Ehrabschneidung«[80]. Die Ehre gehört zur menschlichen Existenz. Wird der Ruf eines Menschen zerstört, so wird das Leben in der Gemeinschaft unmöglich. Unser Zusammenleben hängt davon ab, was wir voneinander denken und reden.[81] Deshalb mahnt Petrus: »Tut Ehre jedermann« (vgl. 1. Petr 2,17). Die häufigste Form von Ehrabschneidung im Alltag sind das Afterreden und der böse Leumund.

- *Afterreden*
  Das Afterreden ist ein Reden über den Nächsten hinter dessen Rücken. Für alles Afterreden trifft das Sprichwort zu: »Je feiger Herz, je größer Zunge.«[82] Das Hinter-dem-Rücken-eines-anderen-Reden ist die Sünde der Schwachen, die sich scheuen, dem Nächsten Auge in Auge gegenüberzutreten und mit ihm über seine Verfehlungen zu sprechen. Es ist die verbreitetste Sünde in unseren Unterhaltungen und ist »nur scheinbar harmloser als der Verrat«[83]. Das Kolportieren der verborgenen Fehltaten von Mitmenschen »kann vor Gott schlimmer wiegen als die Verfehlungen selbst«[84].
  Eine besonders heimtückische Form des Afterredens ist der Klatsch in Gestalt des »christlich ›betulichen‹ Redens, das unter dem Mantel brüderlicher Besorgtheit sich über den Nächsten mit dem Mit-Bruder austauscht«[85]. Im Letzten gründet das Hervorheben der Schuld des anderen in dem Bestreben, »dem eigenen schuldbeladenen Gewissen durch Hinweis auf fremde Schuld Erleichterung zu verschaffen«[86].
  Das Herabsetzen des Nächsten dient der Mehrung der eigenen Ehre.[87]
- *Böser Leumund*
  Unter bösem Leumund versteht man die Schädigung des Rufes durch wahrheitswidrige Aussagen.[88] Die lügenhafte Nachrede braucht jedoch nicht in jedem Fall in einer falschen, nicht zutreffenden Aussage zu bestehen. »Sie kann im Ton und in der Nuance liegen, die die Bedeutung des Gesagten nach der einen oder anderen Richtung hin verändert.«[89] Am Anfang des bösen Leumunds steht die Aufgabe des Respekts und der Diskretion gegenüber der Person des Mitmenschen.[90] Ihr Ende ist »die volle Zerstörung des Rufes des Nächsten«[91]. Wenn ein Mensch – so heißt es zutreffend in einem Sprichwort – »einmal in den Mund der Leute kommt, der kommt selten heraus«[92]. Der gute Name eines Menschen ist das zerbrechlichste Ding in dieser Welt.
  Ihn zu zerstören, ist kein Kunststück! Ist der gute Ruf des Nächsten einmal zerstört, so ist es sehr schwer, ihn wieder aufzubauen. Deshalb ist in allen Gesprächen über andere äußerste Zurückhaltung geboten. In der Regel ist es besser, das Wort auch dann zurückzuhalten, wenn die Aussagen den Tatsachen entsprechen würden.[93] Martin Luther hat den

Rat gegeben: »Lass die Sache lieber auf sich beruhen, als dass du durch eine Anzeige den guten Namen des Betreffenden beeinträchtigst. Ein solch unersetzlicher Wert ist der gute Name deines Nächsten! Wenn du aber meinst, jenes heimliche Vergehen aufdecken zu müssen, dann gibt es nur eine Stelle, bei der das geschehen darf: die Polizei bzw. das Gericht. Ist die Sache, die du entdeckt hast, nicht derart, dass sie amtlich vor den Amtspersonen angezeigt werden muss, dann schweige stille!«[94]

Der Afterrede und des bösen Leumunds macht sich nicht allein der schuldig, der seine Zunge nicht zähmen kann, sondern auch der, der geradezu darauf aus ist, Nachteiliges über seinen Nächsten zu hören. Vom Boshaften heißt es, »er beachtet aufmerksam unheilvolle Lippe«, und vom Lügner, »er hört auf frevelhafte Zunge« (Spr 17,4). Der, der von Lüge (hebräisch: *šæqær*) beherrscht ist, hat »ein Gespür für Reden, die Böses im Sinn haben«[95]. Für den Fall, dass gegen unseren Willen üble Nachrede gegen unseren Nächsten unser Ohr erreicht, versteht Martin Luther das neunte Gebot als Aufforderung, »die Ohren ein Grab sein zu lassen«[96]. In seiner Erklärung des neunten Gebots fordert Luther jeden dazu auf, für seinen Nächsten einzutreten und einen guten Ruf in Bewegung zu setzen. »Wir sollen ... Gutes von ihm reden und alles zum Besten kehren.«[97]

Das neunte Gebot wendet sich gegen die Lüge in all ihren Variationen. Lüge ist nicht von Gott. Sie ist mit dem Glauben an Jesus unvereinbar. Jesus nennt Satan den Vater der Lüge (Joh 8,44). Paulus mahnt zur Wahrhaftigkeit (Eph 4,25; Kol 3,9), und Johannes sieht die Lügner dem ewigen Tod preisgegeben, da sie nicht im Lebensbuch des Lammes verzeichnet sind (Offb 21,8.27).

Es gibt eine kleine Beispielerzählung, die zu den wenigen gehört, die ich in meinem Konfirmandenunterricht gehört und nie vergessen habe. Dass diese Geschichte sich mir unvergesslich einprägte, hat folgenden Hintergrund: Ich wuchs in einem kleinen Dorf auf. Eine in der Öffentlichkeit stehende Persönlichkeit wurde eines Treuebruchs bezichtigt, den keiner nachweisen konnte, aber über den in jedem Haus geredet wurde. Mein Konfirmator nahm darauf Bezug, indem er den folgenden Vergleich wählte: Ein Gerücht zu verbreiten, das einem andern zum Schaden gereicht, gleicht einem Menschen, der auf einem hohen Kirchturm ein Federbett aufschlitzt. Der Wind treibt die Federn in alle Himmelsrichtungen. Auch wenn er die allergrößten Anstrengungen unternähme, das Gerücht richtig zu stellen, die Federn kann er nie wieder einsammeln.

Das zehnte Gebot

10

X. Gott schützt das Glück vor dem Gift des Neides

»Du sollst (wirst) nicht begehren das Haus deines Nächsten. Du sollst (wirst) nicht begehren die Frau deines Nächsten, nicht seinen Knecht und seine Magd, nicht seinen Ochsen und seinen Esel, nichts von all dem, was dein Nächster hat.« *2. Mose 20,17*

In seinem Gleichnis von den Arbeitern im Weinberg, in dem jeder unabhängig davon, zu welcher Stunde er die Arbeit aufnahm, denselben Lohn erhielt, tritt Jesus den Neidern entgegen mit dem Wort: »Siehst du so neidisch dazu, dass ich so wohltuend bin?«

Matthäus 20,15

Es war auf einer meiner ersten Reisen in ein Land, in dem der Islam die Hauptreligion war. Der Taxifahrer, der mich vom Flughafen in mein Quartier brachte, hatte auf seinem Armaturenbrett verschiedene Symbole angebracht, die ein Auge oder die Pupille eines Auges darstellten. Es war zum Beispiel ein Auge in der Hand, die die Hand der Fatima, der jüngsten Tochter Mohammeds, darstellte, oder aber ein blauer Kreis auf einer weißen Kugel. Diese Symbole – so erklärte mir der Taxifahrer – wehren den bösen Blick ab. Dahinter steht der von vielen Völkern geteilte Glaube an die verheerende Kraft des Neides, an die unheilvolle Magie des bösen Blickes. Dieser Glaube an die verhexende Kraft des bösen Blickes ist verbreitet bei afrikanischen Stämmen, bei den Jivao-Indianern, bei den Animisten in Papua-Neuguinea, bei den Berbern, aber auch bei christlichen Nubiern. Um sich vor dem Neidzauber zu schützen, werden ganz verschiedene Vorkehrungen getroffen. Katholische Mexikaner und muslimische Marokkanerinnen kleiden ihre Kinder in Lumpen und beschmieren sie mit Lehm, um den Neid der Teufel und Dämonen nicht zu reizen. Voodoo-Priester fertigen Holzfiguren als Blitzableiter für den Neid an, um den bösen Blick von einem Opfer abzulenken.[1]

Unmittelbar und direkt erlebten meine Frau und ich den Abwehrzauber gegen den Neid bei einer Einladung in das Haus einer sehr einflussreichen und wohlhabenden Persönlichkeit. Auf den Hausherrn war ein Attentat geplant. Da er zu dieser Zeit wider Erwarten nicht in seinen Büroräumen war, erschossen die Attentäter wahllos drei Personen. Irgendwelche Forderungen wurden nie gestellt. Es war ein Akt des puren Neides. Vermutlich war es dieses Erleben, das den Überlebenden veranlasste, für Freunde und Ehrengäste ein kostbares Schmuckstück anfertigen zu lassen, in das ein Ornament zum Schutz gegen den Neid eingearbeitet war. Es hat die Gestalt eines Auges zum Schutz gegen den bösen Blick.

Als er meiner Frau dieses Schmuckstück feierlich überreichte, betonte er nachdrücklich, dass er die Expertise dazu selbst verfasst habe. In ihr heißt es: Das Ziel des Steines mit dem blauen Auge ist es, den bösen Blick abzuwehren. Dahinter steht die Überzeugung, dass die Ursache des bösen Blickes der Neid ist. Der Glaube an das böse Auge und der Gebrauch eines Steines mit einem Augensymbol gegen das böse Auge gehen in die älteste Zeit zurück. Der Verfasser der Expertise nennt in seinen Ausführungen den im Alten Ägypten bereits gebräuchlichen Talisman das Auge der Götter, des Osiris und Horus, zur Abwehr des bösen Auges. Im Weiteren führt er aus, dass es bis in die Moderne in allen Religionen der Welt einen Abwehrzauber gegen Neid und Schaden gibt. Er schließt seine Expertise mit den Worten: »Ich hoffe und glaube, dass die Ihnen überreichte Kugel gegen das böse Auge Sie vor allem Bösen beschützen möge.«

Der Gastfreundschaft entsprechend höflich, im Innersten jedoch betroffen, nahm meine Frau das Geschenk entgegen. Vom ersten Augenblick an wusste sie jedoch, dass sie den Stein, dem eine derartige Kraft zugedacht ist, nie tragen würde.

Neid kann durchaus mit dem Bildwort »das böse Auge« gekennzeichnet werden. Einen Stein, der den Neid abwehrt, gibt es nicht. Gott, der Alleinige und Allmächtige, aber schließt die Reihe seiner zehn Schutzgebote mit dem Gebot zum Schutz des persönlichen Glückes durch das Verbot des Neides.

Es gibt eine Haltung, die Gemeinschaft zerstört, auch wenn sie sich nicht in Handlungen umsetzt, »es ist die Haltung des Neides«[2].

Die Wurzel des Neides ist die »Gleichheitsideologie«[3], das heißt die Behauptung, jeder Mensch habe von Geburt an die gleichen Gaben, personalen Werte und Chancen. Jeder habe deshalb ein Recht auf eine allen vergleichbare soziale Stellung und den Anspruch auf dieselben materiellen Vorteile. Das Glück im Leben, in der Liebe und in der Ehe muss dem des andern entsprechen. Die Wucherung dieser »selbstmörderischen Geisteshaltung«[4] ist der Neid.

- ***Neid*** ist etwas anderes als Eifersucht. Die Empfindung des Neidischen dreht sich mehr um den *Besitz*, die des Eifersüchtigen um den *Besitzer*. »Man kann den Ruhm jemandes beneiden, auch wenn man selbst nicht den geringsten Anspruch auf Ruhm hat; man ist aber auf ihn eifersüchtig, wenn man der Meinung ist, ihn ebenso und eher zu verdienen als jener.«[5]

- ***Neid*** ist eines der letzten Tabus. Wo Neid auftaucht, wird er verschwiegen oder umgedeutet. »Nichts ist blamabler, als beim Neiden erwischt zu werden, nichts eine drastischere Selbsterniedrigung, als sich zu seinem Neid zu bekennen.«[6] Selbst in christlicher Umgebung wird die Mahnung vor Neid immer schwächer.[7]

- ***Neid*** ist nicht in jedem Fall etwas Negatives. Deshalb ist deutlich zu unterscheiden zwischen dem zerstörerischen Neid (Destruktivneid) auf der einen und dem Verwirklichungs- und Entrüstungsneid auf der anderen Seite.[8]
  - Ein vom *Zerstörungsneid* erfasster Mensch erträgt es nicht, dass ein anderer etwas genießt. Er legt es darauf an, dass ihm der beneidete Wert genommen oder zerschlagen wird, auch wenn er selbst diesen gar nicht haben möchte oder genießen könnte.[9]
  - *Verwirklichungsneid* hat nicht die Absicht, die am anderen beneideten Werte zu zerstören. Er wird vielmehr zum Anlass dafür, »eigene bislang ruhende Möglichkeiten zu entfalten und sich selbst um eine Bereicherung des Lebens zu bemühen«[10].
  - *Entrüstungsneid* klagt Werte ein, die zwar in einer Gesellschaft theoretisch gelten, aber praktisch verhindert werden, zum Beispiel die Gleichberechtigung der Frauen oder die Menschenwürde der Farbigen und Ausländer.[11]

Der biblische Begriff, der allen Zerstörungsneid untersagt, ist der des »Begehrens« (hebräisch: *ḥāmaḏ*).

Grundsätzlich gehört das Begehren »zu einem lebendigen Leben«[12]. »Du sollst (wirst) nicht begehren« fordert nicht das Auslöschen jeglicher Bewegung des Herzens oder gar die absolute Wunschlosigkeit bis hin zum Abstumpfen und Ersterben. Derartiges wird nur in einem Teilbereich der griechischen Philosophie, in der Stoa, und im Buddhismus angestrebt. Nach den Worten des Alten und Neuen Testaments geht es nicht um das

Ausmerzen jeden Begehrens. Gottes Ziel ist es, dass der Mensch mit seinem Begehren unter die Herrschaft Gottes kommt.[13] Das Gebot zum Schutz des Glückes vor dem Gift des Neides untersagt nicht jegliche Art des Begehrens, sondern nur das »neidische, missgünstige und zerstörerische Begehren, das die wohlwollende Beziehung zum Nächsten verdirbt«[14].

Das zerstörerische Begehren hat wie der Zerstörungsneid drei wesentliche Erscheinungsweisen:

- *Das vergleichende Begehren*
  Neid »entsteht immer dann, wenn zwei sich vergleichen«[15]. Den Neider schmerzt es, wenn es dem anderen besser geht als ihm selbst.[16] Der andere hat in seinen Augen mehr Talent, die schönere Frau, die bessere Gesundheit, die dickere Brieftasche. Die Mechanik des Neides ist »der ewige Komperativ«[17], das unaufhörliche Sich-Vergleichen! Das Sich-Vergleichen weckt das Begehren, das heißt das Verlangen und die Sehnsucht, etwas haben zu wollen, worüber bereits ein anderer verfügt.[18] Zugespitzt formuliert kommt aller Neid aus dem Vergleichen! In dem Moment, in dem aus einem ruhigen und zufriedenen Menschen ein Vergleicher wird, beginnt der Neid ihn zu zernagen. Der Neid ist das Echo des vergleichenden Begehrens. Dem aus dem vergleichenden Begehren entspringenden Neid kann nur Einhalt geboten werden durch *Zufriedenheit.*[19]
  Zufriedenheit beruht auf der Einsicht, dass es letztlich keine Gleichheit der Chancen gibt. Nicht jeder kann in äußerlich ähnlichen Umständen dasselbe Ziel erreichen. Zufriedenheit setzt die Einsicht voraus, dass man nicht dem Glück der anderen nachträumt oder nachjagt.[20]

- *Das ungeordnete Begehren*
  Neid und uneingeschränktes Begehren sind komplementär, das heißt, sie ergänzen sich gegenseitig. Neid kann als »die unersättliche Sucht dessen, der hat und besitzt, nach dem Gute des andern«[21] verstanden werden. In diesem Fall handelt es sich um den Zerstörungsneid auf der Basis des ungeordneten Begehrens.
  Es gibt ein gutes Begehren, ein Streben und Verlangen, das wie gewisse Erscheinungsformen des Neides zur menschlichen Existenz gehört.[22] Das gute Begehren ist für die Glaubenden das »Hungern und Dürsten nach Gerechtigkeit« (Mt 5,6). Es ist das Verlangen danach, »dass Got-

tes Wille ganz zum Durchbruch kommt auf unserer Erde«[23]. Dem guten Begehren steht das ungeordnete Begehren gegenüber.

Ungeordnetes Begehren ist Begehren, das zur Gier wird, zu unmäßigem, maßlosem und leidenschaftlichem Verlangen.[24] Der einzige Ausweg aus dem Bann des ungeordneten Begehrens ist das vor Gott abgelegte aufrichtige Beichtbekenntnis: »Ich bin schuldig des ungeordneten Begehrens.«[25] Ein derartiges Schuldbekenntnis hat zwei Voraussetzungen, die Selbstkontrolle[26] und das Wissen, dass das Verlangen ein Gott verantwortungspflichtiges Verhalten ist.[27]

- *Das falsche Begehren*

  Falsches Begehren ist wie der Zerstörungsneid ein Aggressionsgefühl. Man nimmt peinvoll die Wohlfahrt und die Vorzüge anderer wahr. Man missgönnt den anderen ihre persönlichen und materiellen Werte und ist stärker daran interessiert, sie zu vernichten als sie zu erwerben. Gleichzeitig zerstört das Aggressionsgefühl den Neider selbst. Es macht ihn gehässig und missvergnügt.[28] Falsches Begehren ist ein Wollen, Streben und Verlangen, das sich auf etwas richtet, das dem Nächsten gehört. Alles aber, über das der verfügt, der in meiner unmittelbaren Nähe lebt, ist meinem Zugriff bereits entzogen.[29] Die Folge des falschen Begehrens ist der hinterlistige oder offene Versuch, etwas einem andern Gehörendes an sich zu bringen[30] oder zu zerstören. In jedem Fall soll der Beneidete eines Gutes beraubt werden, sodass er sich nicht mehr an dem, was er als Vorzug oder Wert besitzt, freuen kann.[31] Ein von falschem Begehren und zerstörerischem Neid bestimmter Mensch will sich durch das Vorhandensein des Nächsten nicht begrenzen lassen.[32]

  Falsches Begehren und zerstörerischer Neid können von der Dankbarkeit abgelöst werden.[33] Undankbarkeit gehört wie Schadenfreude zur Familie des Neides.[34] Dankbarkeit überwindet den Neid und ist ein Weg zum Glück. Falsche Begehrlichkeit verschwindet, wenn der Grundsatz gilt: »Wer ist reich? – Wer sich an seinem Teil freut!«[35]

Zerstörerisches Begehren ist »eine von Neid und Habsucht angefressene Kritik an der göttlichen Verleihung des Besitzes, vor allem aber eine Missachtung des Segens Gottes, wie er im eigenen Besitztum des Begehrens spürbar wird, an dem sich der Betreffende nicht genügen lässt«[36]. Das zerstörerische Begehren wird durch etwas geweckt, das um seiner Gestalt oder um seines Glanzes willen begehrens- und erlangenswert ist.[37] Die Entscheidungen, etwas zu begehren, über das bereits ein anderer verfügt, fallen im Herzen (vgl. Spr 6,25), das heißt im »personalen Kern des Menschen«[38]. Die Voraussetzung für das Begehren ist eine gesellschaftliche, das heißt, es müssen zwei oder mehr Individuen da sein, die sich miteinander vergleichen können. Deshalb heißt es im zehnten Gebot: Du sollst nichts von all dem begehren, was deinem Nächsten gehört!

An erster Stelle wird das *Haus* genannt.

Im Hebräischen ist – wie in allen verwandten Sprachen – Haus nicht nur der umschlossene Raum (vgl. Spr 3,10), sondern alles, was sich im Haus befindet (vgl. 1. Mose 15,2), namentlich die im Haus lebende Hausgemeinschaft (vgl. Jos 24,15).

Haus bedeutet so viel wie Familie, Sippe, Geschlecht und Nachkommenschaft und bei Herrschern und Königen so viel wie (Königs)-Hof oder Dynastie.[39] Pharao setzte Josef über sein ganzes Haus (1. Mose 39,4.5), und Ester erhielt nach dem Tod Hamans dessen ganzes Haus, das heißt den gesamten Nachlass (Est 8,1).

Haus bedeutet sowohl die Familie als auch den Besitz des freien Mannes.[40] Von den ägyptischen Hebammen, die aus Gottesfurcht die jüdischen Jungen nicht umgebracht haben, heißt es: Gott schaffte ihnen Häuser, das heißt Familien (vgl. 2. Mose 1,21). Menge überträgt die Stelle: »Gott verlieh ihnen reichen Kindersegen.«[41] Ihre Familien werden von Gott gebaut und bewahrt.[42]

Haus ist im Hebräischen ein Begriff, der den Hausstand, den Besitz und das Ansehen eines Mannes beschreibt. Haus bedeutet so viel wie »der Bestand des persönlichen Lebens überhaupt«[43].

Die nun folgende Aufzählung sind die Eckpfeiler dessen, was das Haus, das heißt das persönliche Leben eines Menschen, ausmacht.[44] In den folgenden Sätzen handelt es sich demnach nicht um ein neues Gebot, sondern um erläuternde Ausführungen.[45] Die Wiederholung »Du sollst (wirst) nicht begehren« zu Beginn der Mosaikteile, die das persönliche Leben kennzeichnen, dient der Verstärkung des Gebotes.[46]

Das Gebot zum Schutz des Glückes vor dem Gift des Neides spricht alle Bereiche des menschlichen Trachtens an: die chaotische Libido, den ungezügelten Macht- und Erwerbstrieb[47] sowie den Neid auf die Gaben und Begabungen, das heißt auf die personalen Werte des anderen.[48]

1. Eheliches Glück und chaotische Libido

An der Spitze der Aufzählung wird der Ehepartner genannt, der durch den Eheschluss mit einem andern untrennbar verbunden ist.

Die alleinige Nennung der Frau bedeutet nicht, dass eine Frau einen verheirateten Mann begehren kann, vielmehr schützt das Gebot das eheliche Glück. Die Erwähnung der Frau kann auch nicht so ausgelegt werden, als ob die Frau ein Teil des Besitzes des Mannes ist.[49] Die Frau ist »die Krone des Mannes« (Spr 12,4); »weit über Perlen geht ihr Wert« (Spr 31,10).

Der alles andere überragenden Stellung der Frau wird bei der Wiederholung des Gebotes Rechnung getragen. Hier wird die Frau noch vor dem umfassenden Begriff Haus genannt (vgl. 5. Mose 5,21). Außerdem werden in der zweiten Fassung des Gebotes zwei unterschiedliche Begriffe für »begehren« gebraucht: bei der Frau *hamad* und bei allen anderen Objekten *'awah*. Beide Verben berühren sich eng[50] und werden an verschiedenen Stellen abwechselnd (synonym) gebraucht.[51] Dennoch sind sie nicht ohne Bedeutungsnuancen. Das eine Zeitwort (hebräisch: *'āwāh)* umschreibt mehr den innerlichen Wunsch, das andere (hebräisch: *ḥāmaḏ*) kennzeichnet die Haltung, bei der die Hand bereits ausgestreckt ist, um die Aneignung ins Werk zu setzen.[52]

Von dem Baum der Erkenntnis, den Gott vor dem Zugriff des Menschen ausgespart wissen wollte, heißt es (1. Mose 3,6): »Er war eine Wollust den Augen (hebräisch: *'āwāh*) und anreizend (hebräisch: *ḥāmaḏ*) zu begreifen.«[53]

Das Begehren nimmt seinen Ausgangspunkt von dem visuellen Eindruck des begehrten Gegenstandes bzw. Gegenübers. Ein Mensch findet jemanden oder etwas um seiner Gestalt oder seines Glanzes willen begehrens- oder erlangenswert. Aus dem Ansehen erwächst das Empfinden der Freude und der Lust sowie des inneren Verlangens bis hin zum Besitzenwollen und Besitzergreifen.[54] Das klassische Beispiel für das Begehren einer Frau, die einem anderen gehörte, wird von David berichtet (2. Sam 11,2-12,24).[55]

David ist von Batseba, die er bei der Abendtoilette beobachtet, fasziniert. Er neidet seinem Untergebenen Uria dessen Frau Batseba, obgleich er über einen ganzen Harem verfügte.[56] Sein Begehren ist nicht mehr Gott untergeordnet. Es gerät in Unordnung. Er greift nach Batseba und macht sich vor Gott und vor Uria schuldig. Davids Vorgehen ist ein typisches Beispiel für »eine chaotische Libido«[57], das heißt für sexuelle Impulse, die sich über alle von Gott gesetzten Ordnungen hinwegsetzen und im Chaos enden. An Davids weiterem Verhalten wird sichtbar, wie kurz der Weg vom Neid zum »Neidverbrechen«[58] ist. David lässt Uria umbringen. Das Gebot »Du sollst (wirst) nicht begehren die Frau deines Nächsten« untersagt nicht nur das ungeordnete Begehren, das im Neidverbrechen endet, sondern jeden Eingriff in das eheliche Glück des Nächsten. Das Begehren der Frau oder eines Mannes, die, da sie in einer Ehe leben, nicht mehr frei für einen anderen bzw. eine andere sind, beginnt im Inneren des Herzens.[59] Das Gebot verbietet nicht nur die Tat[60], sondern untersagt auch die Gier des Herzens.[61]

Zerstörung des ehelichen Glücks und Ausdruck einer chaotischen Libido ist es auch, wenn jemand einen in einer Ehe Lebenden zur Scheidung überredet, um diesen danach zu heiraten.[62] Das Begehrensverbot untersagt alle Praktiken und Schliche, mit denen wir einander in der Ehe schädigen.[63]

2. Soziale Stellung und ungeordneter Machttrieb

In Ägypten gehörten Sklaven und Sklavinnen zum Besitz ihres Herrn. Sie werden oft zusammen mit Feldern und Vieh genannt.[64] Auch im Alten Testament kann der Sklave als Geld, das heißt als Besitz des Herrn, bezeichnet werden (2. Mose 21,21). In den Besitzformeln, die die soziale Stellung eines Menschen kennzeichnen, werden Sklaven neben Vieh, Gold und Silber erwähnt (1. Mose 12,16; 20,14; 24,35; 30,43; 32,6; 1. Sam 8,16; 2. Kön 5,26). Dennoch hat im Alten Testament die Bezeichnung Knecht, Sklave (hebräisch: *ʿæbæd*), nicht das negative Vorverständnis, das dem heutigen Begriff Sklave, Diener, anhaftet. »Man darf nie vergessen, dass das gleiche Wort den Offizier und den Minister des Königs bezeichnen kann.«[65] Dazu kommt, dass derjenige, zu dessen Haus Sklaven gehören, im Alten Testament nicht als »Besitzer« (hebräisch: *baʿal*) genannt wird, sondern als »Herr, Gebieter« (hebräisch: *ʾādôn*).[66] Der Knecht bzw. der Sklave ist »der einem Herrn gehörende Arbeiter«[67].

Der »Knecht« und seine weibliche Entsprechung »Magd« (hebräisch: *ʾāmāh*) sind dem sozialen Bereich der Familie zugeordnet. Knechte und Mägde sind Glieder der Familie. Im Alten Testament ist »das Primäre in der Existenz des Sklaven nicht die Unfreiheit, sondern das Dazugehören und das Geborgensein«[68]. Sklaven sind beteiligt an der Beschneidung (1. Mose 17,12f.; 23ff.), an der Sabbatfeier (2. Mose 20,9f.; 23,12; 5. Mose 5,14), am Passah (2. Mose 12,48f.) und an anderen Festen (3. Mose 25,6; 5. Mose 12,7.18; 16,11-14). Ihre Stellung vor Gott wird dadurch ausgezeichnet, dass Sklaven und Sklavinnen an Jahwes Geist teilhaben werden (Joel 3,2).

Innerhalb der Familie kann ein Herr seinem Sklaven so viel Vertrauen schenken, dass er als vollwertiger Vertreter seines Herrn handelt. Der Knecht Abrahams handelte bei der Brautwerbung für Isaak (1. Mose 24) »so vollmächtig, als ob Abraham selber da wäre«[69].

Eine Magd kann die soziale Stellung ihres Herrn dadurch erhöhen, dass sie ihm Kinder zur Welt bringt – wie Hagar dem Abraham (1. Mose 16,1-16) oder wie Bilha und Silpa dem Jakob (1. Mose 30,3-12).

»Du sollst (wirst) nicht begehren deines Nächsten Knecht oder Magd« heißt:

➤ Achte die Privatsphäre deines Nächsten.[70]
➤ Hüte dich auch vor verborgenen Eingriffen in menschliche Gemeinschaftsverhältnisse.[71]
➤ Neide deinem Nächsten nicht seine soziale Stellung.[72]

Hinter einem derartigen Begehren steht ein »ungeordneter Machttrieb«[73], das heißt die »beunruhigende Macht der Scheelsucht«, die zur »Entwicklung und anschließend zur Verwirklichung finsterer Pläne und Machenschaften«[74] führt.

Einen derartigen ungeordneten Machttrieb in Gestalt des Zerstörungsneides gibt es auch unter Familienangehörigen. »Neid entzweite die Brüder Jakob und Esau.«[75] Es begann mit dem Neid Jakobs. Jakob neidete seinem Bruder die Gunst des Vaters und die Nachfolge. Am Ende musste Esau seinem Bruder dienen (1. Mose 27,37).[76]

Der Hass der Brüder Josefs entspringt der Bevorzugung durch den Vater und den Träumen Josefs.[77] Die Unabänderlichkeit der Ungleichheit ruft Neid und Hass hervor.

Der zerstörerische Neid wendet sich nicht direkt gegen ihren Vater – den Urheber des Neides –, sondern gegen Josef, den Bevorzugten.[78]

In ihrem *ungeordneten Machttrieb* benutzen die Brüder ihre Möglichkeit, Josef auszuschalten!

Begehre nicht in ungeordnetem Machttrieb die soziale Stellung deines Nächsten heißt: »Missbrauche deine Macht über Verhältnisse nicht, sondern gestalte sie so, dass der Nächste Raum hat zum Leben.«[79]

3. Materielle Vorteile und ungezügelter Erwerbstrieb

Ochs und *Esel* stehen in dem Begehrensverbot für materielle Vorteile. *Ochs* bezeichnet im Hebräischen nicht den kastrierten Stier, sondern das einzelne Stück Rindvieh.[80]

Der *Esel* diente den Israeliten als Lastträger (1. Mose 42,26; 44,13; 45,23; 1. Sam 16,20; 2. Sam 16,1), als Arbeitstier bei der Feldbestellung (5. Mose 22,10; Jes 32,20), beim Dreschen und beim Betreiben der Mühle (vgl. Mt 18,6). Zusammen mit dem Ochsen, dem Stück Rindvieh, steht der Esel »für die Gesamtheit der Haustiere«[81]. Ochs (Rind) und Esel sind die Zusammenfassung all dessen, was ein Mensch besitzt.[82]

»Du sollst (wirst) nicht begehren deines Nächsten Ochsen und Esel« heißt: Lass auch in Gedanken den Wunsch nicht aufkommen, dir etwas anzueignen, was deinem Mitmenschen gehört.[83] Das Gebot zum Schutz des Glückes vor dem Gift des Neides spricht das Vorfeld des Sachverhaltes des Diebstahls an. Beim Begehren liegt noch kein Diebstahl im formalrechtlichen Sinn vor. Der, der begehrt, hat noch nicht gestohlen und nicht geraubt. Er macht sich aber, indem er habgierig und neidisch auf das Gut des anderen schielt, des Herzensbetrugs schuldig.[84]

»Du sollst (wirst) nicht begehren deines Nächsten Ochsen und Esel« heißt:

- Schiele nicht auf unerwerbbares Gut.[85]
- Versuche nicht, in hemmungslosem Konkurrenzkampf deinen Nächsten um Hab und Gut zu bringen.[86]
- Nimm Abstand von jeder Form des Wuchers.[87]
- Bring in keinem Fall deinen Nächsten um das Existenzminimum.

Die Wurzel des hemmungslosen Konkurrenzkampfes und des Wuchers ist ein »ungezügelter Erwerbstrieb«[88]. Es ist der Trieb, Güter auf Kosten anderer und ohne Rücksicht darauf, ob dem Nächsten noch das Existenzminimum bleibt, anzuhäufen.

Um den Neid, der selbst vor dem Existenzminimum nicht Halt macht, geht es im Gleichnis von den Arbeitern im Weinberg (Mt 20,1-16). Am Ende eines Arbeitstages erhalten alle den gleichen Lohn, und zwar »die Summe, die für das Fristen des Daseins notwendig ist, das Existenzminimum. Keiner erhält mehr«.[89] Diejenigen jedoch, die den ganzen Tag geschuftet hatten, fühlten sich im Vergleich mit denen, die nur wenige oder sogar nur eine Stunde gearbeitet hatten, benachteiligt. Sie empörten sich und protestierten. Ihren Protest demaskiert Jesus als blanken Neid.[90] Er stellt jedem die Frage: »Siehst du so neidisch dazu, dass ich so wohltuend bin?« (Mt 20,15), das heißt: Was neidest du deinem Nächsten das Existenzminimum? Du kannst mit deinem Teil deine Familie ernähren. Warum bist du mit deinem Lohn, der ja so verabredet war, nicht zufrieden? Warum gönnst du dem andern meine Güte nicht?

Das, was die Empörung der Sich-benachteiligt-Fühlenden auslöste, war nicht »gleicher Lohn für alle«, sondern »so großer Lohn für die Letzten«[91].

Das Gleichnis von Jesus ist keine »Mahnung zur sozialen Gerechtigkeit und gleicher Lohnverteilung«[92], sondern der Aufruf: Beneide deinen Nächsten nicht um das, was Gott ihm gibt. Taste nicht in ungezügeltem Erwerbstrieb das Existenzminimum deines Nächsten an![93]

4. Personale Werte und chronisches Minderwertigkeitsgefühl

Vergleichendes, ungeordnetes und zerstörerisches Begehren missgönnt dem Nächsten nicht nur das eheliche Glück, die soziale Stellung und seine materiellen Vorteile, sondern auch seine »personalen Werte«[94]. Im Begehrensverbot werden die personalen Werte geschützt durch die Formulierung: »Begehre nichts von all dem, was dein Nächster hat.«

Jeder Mensch ist von Geburt an einmalig und mit jeweils ihm eigenen Gaben und Begabungen ausgestattet. Keiner gleicht dem anderen! Jeder hat auf seine Weise geistige und seelische Eigenschaften und Vorzüge.[95] Das Gebot, nichts zu begehren, was den andern auszeichnet, untersagt den Zerstörungsneid auf geistige Begabungen und handwerkliche Fähigkeiten, auf Gesundheit, Erfolg und Schönheit des anderen.[96]

Ein derartiger Neid vergiftet und zerstört jedes Zusammenleben.[97] Das Aggressionsgefühl des Neiders jedoch zerstört nicht nur das Glück des Beneideten, sondern auch den Neider. Der Neidische tut sich selbst den größten Schaden an.[98] Von dieser Erfahrung handeln zahlreiche Sprichwörter:

- »Neid macht Leid.«
- »Neid frisst seinen eigenen Herrn.«[99]
- »Neid verbittert das Leben.«
- »Neid ist seine eigene Geißel.«

- »Neid schlägt sich selbst.«
- »Der Neid ist sein eigen Schindmesser!«
- »Der Neid mag nichts essen außer sein Herz!«
- »Den wird der Neid noch selber auffressen!«
- »Neid schadet niemand mehr als sich selbst!«[100]

Das Beneiden des anderen um seiner personalen Werte willen ist Ausdruck »von eigener Schwäche und Unzulänglichkeit«[101]. Neid entspringt einer grundlegenden Selbstwertbedrohung und einem chronischen Minderwertigkeitsgefühl.[102] »Der wichtigste psychologische Befund an neidischen Menschen ist ihr vertieftes Minderwertigkeitsgefühl.«[103] Das Gefühl der Minderwertigkeit resultiert aus dem Konflikt zwischen Anspruch und Anerkennung und Furcht vor Misserfolg auf Grund von vorher gemachten Erfahrungen.[104] »Scham, gepaart mit dem Gefühl von Ohnmacht und frühem Selbstzweifel, zeugt Neid.«[105] Neidische Menschen sind »im Grunde ihres Herzens mutlos«[106]. Der Neidische ist immer mehr an den Vorzügen und Vorteilen anderer interessiert als an sich selbst.[107] Der Neider frisst sich vor Neid auf, wenn der andere Erfolg hat.[108]

Neid zerstört jedoch nicht nur das Zusammenleben von Menschen und den Neider selbst; er zerstört auch das Verhältnis zu Gott.[109]

Von glühendem Neid wurde Kain erfasst, seine Körperreaktionen veränderten sich, sein Kopf senkte sich. Er mochte seinen Bruder nicht mehr sehen. Er erschlug seinen Bruder Abel (1. Mose 4,3-8). Er »neidete dem Bruder das freundliche Angesicht Gottes«[110]. Aus Neid geschah der erste Mord.[111] Bevor Kain zum tödlichen Schlag ausholte, wurde er von Gott vor dem Neid gewarnt. Gott forderte Kain auf, Ungleichheiten zu ertragen (1. Mose 4,6.7). Kain brachte es nicht fertig, über den Neid zu herrschen. Er wurde vom Neid *be*herrscht. An Kain wird deutlich, dass Neid der »eigentliche Gegenspieler der Liebe und der Anführer des Unheils«[112] ist.

Das zehnte Gebot schließt mit dem leidenschaftlichen Appell:

Beneide deinen Bruder nicht – weder um seiner personalen Werte noch um seiner Gottesbeziehung wegen.

Neidische Menschen haben es nicht gelernt, sich in einem sozialen Zusammenhang zu sehen und mit Ungleichheiten zu leben. Alfred Adler fasst dies in seinem Buch »Menschenkenntnis« in die Worte: »Ein zeitlebens von Neid erfüllter Mensch ist für ein Zusammenleben unfruchtbar. Er wird immer den Wunsch zeigen, dem andern etwas wegzunehmen, ihn irgendwie zu verkürzen, zu stören, und wird die Neigung haben, für das, was er nicht erreicht hat, Ausreden geltend zu machen und andere zu beschuldigen. Er wird das Bild eines egoistischen Kämpfers abgeben, eines Spielverderbers, eines Menschen, der für gute Beziehungen zu anderen nicht viel übrig hat, der keine Vorbereitungen trifft, sich für ein Zusammenleben mit ihnen tauglich zu machen.«[113]

Die Wurzel des Neides ist das »Übel der Gleichheitsideologie«[114]. Der Neider neidet dem anderen sein Glück in der Liebe und Ehe. Er verdächtigt alle, die eine höhere Position und materielle Vorteile haben. Er missgönnt dem Nächsten seine personalen Werte und seine Erfahrungen in der Gottesbeziehung.

Neid ist der Ausdruck eines chaotischen Minderwertigkeitsgefühls! Die Äußerung des zerstörerischen Neides und Begehrens sind eine chaotische Libido sowie ein ungeordneter Macht- und Erwerbstrieb.

Das Gebot »Du sollst (wirst) nicht begehren« legt die Axt an die Wurzel der Sünden gegen den Nächsten.[115] Aus dem zerstörerischen Begehren erwächst jede Sünde gegen den Nächsten in Wort und Tat.[116]

Mit jedem Gebot, das das Verhältnis des Menschen zu seinem Nächsten regelt, rückt Gott dem Menschen näher auf den Leib. Mit dem zehnten Gebot wendet sich Gott an den inneren Mittelpunkt, an den Kern der Persönlichkeit, an das Herz, an dem alle Entscheidungen über Denken, Wollen und Fühlen fallen.[117] Das zehnte Gebot mit seiner gewichtigen Stellung am Schluss der Gebotereihe ist zugleich eine Klammer, die das erste Gebot noch einmal aufgreift.[118] Alles, was ein Mensch mit Leidenschaft begehrt, wird ihm zum Allerhöchsten und Allerwertvollsten. Es ist nur ein kurzer Schritt, bis das Begehrte an Gottes Stelle tritt. Wer von der zerstörerischen Begierde erfasst ist, kann zwar noch fluchen, aber nicht mehr den Namen Gottes loben und preisen. Wer von der Begierde entflammt ist, ist gejagt, kommt nicht mehr zur Sammlung und Stille vor Gott. Er hat keine Ruhe mehr, Gottes Wort zu hören. Wenn das Begehren über einen Menschen die Macht gewinnt, kommt »der Gehorsam gegen Gottes Gebot auf der ganzen Linie zum Wanken«[119].

Schlussbetrachtung

Die Tür zur Freiheit, zum Leben und zum Frieden

»Als Jahwe seine Unterredung mit Mose auf dem Berg Sinai beendet hatte, übergab er ihm die beiden Gesetzestafeln, die vom Finger Gottes beschrieben waren.« *2. Mose 31,18*

»Ihr aber seid zur Freiheit berufen. Missbraucht die Freiheit nicht als einen willkommenen Anlass (Freiheitsbrief) für fleischliche Gelüste, sondern dienet einander in der Liebe.« *Galater 5,13*

Innerhalb des Wüstenheiligtums, des Zeltes der Begegnung, und später im Tempel waren die Gebote das Einzige, das nicht von Menschenhand angefertigt war. Sie bildeten »den Kern des Heiligtums«[1].

Aufgezeichnet waren die Gebote auf zwei Tafeln. Im hebräischen Text bestehen die Zehn Gebote aus 620 Buchstaben. Diese hätten ohne weiteres auf einer Steintafel Platz gehabt. Die zwei Tafeln gliedern das Zehnwort Gottes in zwei Hälften von je fünf Geboten. Da die Tafeln auf beiden Seiten beschrieben waren (vgl. 2. Mose 32,15), ist, wie Beispiele aus der Umwelt des Alten Testamentes bezeugen, genug Raum da, wenn jede der Tafeln ca. 30 cm lang und ca. 20 cm breit ist, ohne dass die Buchstaben allzu klein ausfielen.[2] Die Lade, der Aufbewahrungsort für die Tafeln des Zeugnisses, hatte ein Volumen von 125 x 75 x 75 cm.[3] Um darin Platz zu finden, könnten die Tafeln ohne weiteres einen größeren Umfang haben. Dies ist jedoch kaum anzunehmen, da Mose sie vom Berg herab tragen musste. Außerdem konnten bei einer Breite von 20 cm die Tafeln unschwer mit gebührendem Abstand in der Lade nebeneinander liegen.

Stein als Material ist nichts Außerordentliches, es ist vielmehr das Primitivste. Im Vergleich zum Stein ist Papyrus oder Pergament eine komplizierte Fabrikation. An keiner Stelle werden die Steine als Besonderheiten von göttlicher Herkunft gekennzeichnet, das heißt, sie sind nicht vom Himmel gefallen.[4] Beim zweiten Mal wird ausdrücklich gesagt, dass Mose sie selbst geliefert hat (vgl. 2. Mose 34,1.28).

Beschrieben mit dem Finger Gottes heißt: Der Inhalt der Gebote hat seinen Ursprung in Gott.[5] Deshalb konnten die Tafeln der Gebote ohne weiteres verloren gehen, wenn nur ihre Worte sich auf die »Tafeln des Herzens«[6] eingegraben hatten. Finger Gottes ist nichts anderes als Ausdruck der souveränen Macht Gottes (vgl. 2. Mose 8,15). Es handelt sich nicht um ein wirkliches Schreiben, sondern um die Kennzeichnung eines unmittelbaren Werkes Gottes.[7] Wie Gott den Himmel und die Erde mit seinem Finger gemacht hat (vgl. Ps 8,4), so schuf er auch die Zehn Gebote.

Die auf die Tafeln eingravierten Gebote sind von göttlichem Ursprung und damit von unaussprechlicher Heiligkeit.[8] Die Wendung, beschrieben mit Gottes Finger, bezieht sich auf »Inhalt und Geist des Zehnwortes ... sie sind ein Ausdruck der Bewunderung und Ehrfurcht vor der Erhabenheit, Weisheit, grundlegenden Vortrefflichkeit und Bedeutsamkeit sowie unzerstörbaren Dauerhaftigkeit dieses Werkes«[9]. In ihrem Wortlaut sind die Gebote »unveränderlich«[10]. Ihrem Inhalt nach sind die Zehn Gebote die Tür zur Freiheit, zum Leben und zum Frieden.

1. Die Tür zur Freiheit

Gott wollte die Freiheit des Menschen. »Die Freiheit des kleinen Menschen ist für den allmächtigen Gott unaufgebbar.«[11]

Von Anfang der Schöpfung an steht der Mensch im Visavis zu Gott. Von diesem Visavis zu Gott handeln die Zehn Gebote. Nach biblischer Zählung sind es die ersten fünf Gebote, in denen Gott den ersten Platz im Leben seines Geschöpfes Mensch beansprucht. Sie lauten:

- Gott allein ist Gott.
- Gott ist der Unsichtbare und Eifersüchtige.
- Gottes großen Namen gilt es zu heiligen.
- Gott gab den Menschen einen heiligen Tag in der Woche, um ihm zu begegnen.
- Gott schützt die Autorität der Eltern und den Lebensraum der Kinder.

Beim Hören der Gebote kann der Mensch zu Gott ja oder nein sagen. Dies gilt bereits für das allererste Gebot, das Gott dem Menschen im Paradies gegeben hat: ***»Vom Baum der Erkenntnis des Guten und Bösen darfst du nicht essen; denn sobald du davon isst, wirst du sterben« (1. Mose 2,17).***

Dieses Gebot ist wie alle Gebote Gottes ein Schutzgebot. Es ist ein Wort, das sich für die »Entfaltung eines vollen menschlichen Lebens einsetzt«[12].

Die Freiheit, die Gott den Menschen zugesteht, umschließt »eine furchtbare Möglichkeit, auf welcher aber der Ernst des menschlichen Daseins ruht«[13].

Indem der Mensch von der Frucht des Baumes der Erkenntnis nahm, eignete er sich die Fähigkeit an, selbst zu entscheiden und zu bestimmen, was gut und böse ist, und aus dieser Entscheidung heraus zu handeln. Es ist der erste Missbrauch der Freiheit. Der Mensch verstand die Freiheit als einen Freibrief, der ihn ermächtigt zu tun, was immer er will. Damit löste sich der Mensch von der Schöpferhand Gottes ab. Er machte sich autonom. Er lehnte sich gegen die lebensrettende Abhängigkeit von seinem Schöpfer auf. – Und Gott? – Er hielt den Menschen nicht fest. Er ließ ihn in seine vermeintliche Freiheit ziehen, wie der Vater den verlorenen Sohn ziehen lässt.

Dabei ist das Bild des von Gott getrennten Menschen ein durchaus selbstbewusstes und äußerst faszinierendes:

- Der Mensch kann leben ohne Gott.
- Er kann sterben ohne Gott.
- Er kann große Taten leisten ohne Gott.
- Er kann sich Ruhm verschaffen, der weit über sein irdisches Dasein hinausreicht.

In letzter Konsequenz jedoch führt die Freiheit ohne Gott in die Anarchie. Anarchie ist ein politischer Begriff aus der antiken griechischen Welt. Anarchie heißt übersetzt »Herrschaftslosigkeit«. Es ist ein politischer Zustand, in dem Verfassung, Recht und Gesetz ihre Geltung verloren haben.

Auf das Leben des Einzelnen übertragen, heißt dies:

- Jeder tut, was ihm gefällt.
- Jeder entscheidet sich dafür, wozu er Lust hat.
- Jeder wählt, was sein Lebensgefühl steigert.
- Jeder ist nur darauf aus, was ihn voranbringt und ihn befriedigt.

Und das alles ***ohne Rücksicht auf Verluste!*** Der andere bleibt dabei auf der Strecke. Er wird überrannt, er wird tyrannisiert, ausgebeutet, vergewaltigt und wenn er im Weg steht – zum Beispiel als ungeborenes Leben – auch getötet.

Die Zehn Gebote zeigen einen völlig anderen Weg in die Freiheit. Sie sind zuerst – und das scheint vielen im Widerspruch zu ihrem Freiheitsdenken zu stehen – eine Bindung an den heiligen Gott. Die Zehn Gebote sind eine Einladung, Gott den Herrn des Lebens sein zu lassen.

Der im Mittelalter lebende jüdische Dichter und Religionsphilosoph

Jehuda ben Halevi (1080–1145) besingt in einem seiner Lieder die Geschichte der Befreiung Israels mit den Worten:

»Knechte der Zeit sind Knechte von Knechten, nur Gottesknecht, als einziger ist frei er.«[14]

Nur wer sich an Gott bindet, ist kein Knecht. Gott will die Freiheit des Menschen, und diese Freiheit des kleinen Menschen ist für Gott unaufgebbar.

Zur Freiheit gelangt der Mensch durch das Bekenntnis seiner Schuld. Er beichtet all das, was ihn von Gott trennt, und kehrt damit zurück zu Gott, zu seinem Herrn. Er ist nicht mehr herrenlos. Er ist kein Sklave seiner eigenen Lust und Sünde mehr. Er ist ein von Gott Freigesprochener. Er hört den Zuspruch: »Dir sind deine Sünden vergeben im Namen des Vaters, des Sohnes und des Heiligen Geistes.« Er beugt sich vor Gott und kann danach als freier Mensch leben.

2. Die Tür zum Leben

Nachdem der Mensch das erste Schutzgebot überrannt hatte, vertrieb Gott den Menschen aus dem Paradies. Nach den Worten: »Siehe, der Mensch ist geworden wie unsereiner, da er weiß, was gut und böse ist. Nun aber, damit er nicht ausstrecke seine Hand und auch nehme vom Baum des Lebens und lebe ewig«, heißt es:

»Gott der Herr schickte ihn fort aus dem Garten Eden.« (vgl. 1. Mose 3,22f.)

Nicht nur die Gebote Gottes, sondern auch Gottes konsequentes Handeln dienen dem Schutz des Menschen. Im Paradies hatte der Mensch noch die Möglichkeit, sich ewiges Leben zu verschaffen. Er hätte nur nach dem Baum des Lebens greifen müssen. Die Folge wäre ein nie endendes Leben in Leid und Schuld gewesen. Davor hat Gott den Menschen durch die Vertreibung aus dem Paradies bewahrt. Gott begrenzte das irdische Dasein des Menschen und ordnete es. Dies geschieht im zweiten Teil der Gebote, in den Geboten sechs bis zehn. Mit diesen Geboten auf der zweiten Tafel weist Gott den Weg für das Zusammenleben der Menschen.

- Gott schützt das Leben.
- Gott schützt die Ehe.
- Gott schützt das Eigentum.

- Gott schützt die soziale Ehre.
- Gott schützt das Glück des Menschen vor dem Gift des Neides.

Die Gebote der zweiten Tafel sind Regeln zum Leben.
Sie sind zugleich die Möglichkeit, miteinander in Frieden zu leben.

3. Die Tür zum Frieden

Allein die Gebote sind eine zuverlässige Basis des Friedens: zum Frieden mit Gott (1. Tafel) und zum Frieden im Haus und in der Welt (2. Tafel). Wer Gottes Gebote zur Seite schiebt, dem bleibt nichts anderes als Recht. Wer nur sein Recht kennt, wird hart und kalt.
Seine Parolen lauten:

- Das ist ***mein*** Recht!
- Das steht ***mir*** zu!
- Darauf habe ***ich*** einen Anspruch!

Aus dieser Haltung folgt: Gott hat nur dafür zu sorgen, dass ich zu meinem Recht komme. Der Nächste hat hinter all dem zurückzustehen, was mein Recht schmälert. Die letzte Konsequenz sind Mord und Totschlag, Kriegsdrohungen und Kriege, die die Menschen und ihren Lebensraum zerstören. Eine zerstörte Welt aber zerbricht den Menschen.[15] Wer Gott den Rücken kehrt und lebt, »als ob es Gott nicht gäbe«, hat keine Geborgenheit und keinen Frieden. Er ist ganz auf sich gestellt. Er kann Hilfe von außen nicht mehr erwarten. Ein prominenter Jude, der sich bewusst von Gott losgesagt hat, beschreibt diesen Zustand mit den Worten: »Ich bin versucht, Gott dafür zu verfluchen, dass er nicht existiert.«[16]

Friede mit Gott und Friede mit all denen, mit denen ich zu zusammenlebe, heißt, die Gemeinschaft mit Gott und den Menschen ist unversehrt! Friede, hebräisch Schalom, heißt »Ganzheit«, »unversehrter Zustand«.

In Frieden leben oder friedlich und wohlgesinnt sein heißt so viel wie, »aufrichtig«, »ganz« und »ungeteilt« Gott zu dienen und alles zu tun, was dem Wohl meines Nächsten dient.[17]

Den Frieden mit Gott und in Folge davon auch den Frieden mit seinen Mitmenschen kann kein Mensch aus eigener Kraft und Fähigkeit schaffen.

Gott aber ist der von ihm emanzipierte Mensch nicht gleichgültig. Gott macht sich auf den Weg zu seinem Menschen. Wenn der Mensch vor einer

Wand ohne Tür steht, bricht Gott in diese Wand eine Tür.

Dies ereignete sich in besonderer Weise am Ende des so genannten »Alten Bundes«. In seiner Allmacht wurde Gott »schwach«. Gott wurde Mensch in Jesus, seinem Sohn. Durch seinen Tod am Kreuz ebnet Jesus dem Menschen den Weg zurück zu Gott.

Das Ja zu Jesus widerruft den Abfall des Menschen von Gott.
Das Nein zu Jesus besiegelt noch einmal die Gottferne.

Wenn die Entscheidung gegen Jesus bis zur Stunde des Todes bleibt, muss der Mensch endgültig dieses Nein austragen. Das Ja zu Jesus aber umschließt das Ja zu den Geboten Gottes. Von den Geboten Gottes sagt Jesus: »Ich bin nicht gekommen, diese aufzulösen, sondern sie zu erfüllen« (vgl. Mt 5,17).

In den Auslegungen der Zehn Gebote durch Jesus werden die am Sinai offenbarten Zehn Worte Gottes Hilfe zur Freiheit, zum Leben und zum Frieden.[18] Die Gottebenbildlichkeit und die ganze Würde des Menschen »kommt zu seiner Entfaltung, wenn der Mensch sich vor Gott neigt! In dem Augenblick ist er recht frei.«[19] Die Zehn Gebote Gottes sind, wie es der Jude Pinchas Lapide formuliert: »Die zehn Freiheiten vom Sinai.«[20]

Die Zehn Gebote sind eine große Einheit. Jesus fasst sie in die beiden an zwei verschiedenen Stellen im Alten Testament stehenden Sätze zusammen: »Du sollst Gott, deinen Herrn, lieben von ganzem Herzen« (vgl. 5. Mose 6,5) »und deinen Nächsten wie dein eigen Leben« (vgl. 3. Mose 19,18).

»Gott und der Nächste sind das A und das O biblischer Ethik, die im Zehnwort vom Sinai für immer gültig bleibt.«[21]

Anmerkungen

Einführung: Das Portal zu den Zehn Geboten

[1] Vgl. Galey, Katharinenkloster, S. 44+190f.
[2] Vgl. Heschel, Gott sucht den Menschen, S. 152f.
[3] Vgl. Brunner, Gebote, S. 8
[4] Wagner, 2. Mose 20, S. 274
[5] Vgl. Vischer, Christuszeugnis, Bd. I, S. 233
[6] Zenger, Exodus, S. 198
[7] Buber, Moses, S. 155
[8] Gradwohl, Bibelauslegungen, Bd. 3, S. 4
[9] Brunner, Gebote, S. 4
[10] Zenger, Exodus, S. 198
[11] Bornkamm, Matthäus 5,1-12, S. 283
[12] Vgl. Girgensohn, Katechismus, S. 26
[13] Bonhoeffer, Entwurf, S. 206f.
[14] Hirsch, Exodus, S. 224
[15] Grüninger/Brandes (Hrsg.), Atempausen, S. 100
[16] Gradwohl, Bibelauslegungen, Bd. 1, S. 103
[17] Zitiert nach Schmidt, Exodus, S. 179
[18] Bräumer, 1. Mose 1-11, S. 37
[19] Buber, Moses, S. 149
[20] Zitiert nachGrüninger/Brandes (Hrsg.), Atempausen, S. 312
[21] Westermann, Tausend Jahre, S. 77
[22] Gradwohl, Bibelauslegungen, Bd. 1, S. 103
[23] Flavius Josephus; zitiert nach Gradwohl, Bibelauslegungen, Bd. 1., S. 103
[24] Heschel, Gott sucht den Menschen, S. 153
[25] Hirsch, Exodus, S. 224
[26] Bonhoeffer, Entwurf, S. 207
[27] Rilke, Herbst, in: Gesammelte Gedichte, S. 156
[28] Grün, S. 8
[29] Augustinus; zitiert nach Grün, S. 8
[30] Buber, Moses, S. 155
[31] Hertz (Hrsg.), Pentateuch, S. 295
[32] Buber, Moses, S. 156
[33] Benno Jacob; zitiert nach Gradwohl, Bibelauslegungen, Bd. 3, S. 75
[34] Zur chassidischen Erzählung und ihrer Deutung vgl. Zenger, Exodus, S. 202

[35] Brunner, Gebote, S. 4
[36] Mischná p'sachim X,5; zitiert nach Gradwohl, Bibelauslegungen, Bd. 3, S. 68
[37] Buber, Moses, S. 156
[38] M. Luther in seiner Erklärung des 2. Artikels; zitiert nach Girgensohn, Katechismus, S. 27
[39] Bonhoeffer, Entwurf, S. 207
[40] Girgensohn, Katechismus, S. 26
[41] Zenger, Exodus, S. 198
[42] Schröer, 2. Mose 20, S. 95
[43] Zenger, Exodus, S. 204
[44] Bonhoeffer, Auslegungen, S. 599
[45] Staemmler, 2. Mose 20,2-3, S. 3
[46] Bonhoeffer, Auslegungen, S. 600
[47] Zitiert nach Grüninger/Brandes (Hrsg.), Atempausen, S. 60
[48] Bengel; zitiert nach Knop, An deiner Hand, S. 8

I. Gott allein

[1] Vicedom, Mission im ökumenischen Zeitalter, S. 169
[2] Schmidt, Alttestamentlicher Glaube, S. 69
[3] Iwand, Exodus 20,2-3, S. 95
[4] Buber, Moses, S. 156
[5] Vgl. Gesenius, Grammatik, § 1070+1096
[6] Vgl. Zenger, Exodus, S. 211
[7] Scharbert, Exodus, S. 83
[8] Buber, Moses, S. 154
[9] ebd., S. 155
[10] Vgl. Cassuto, Exodus, S. 241
[11] Vgl. Culi, Tora, S. 186
[12] Hirsch, Exodus, S. 225
[13] Ehrlich, Randglossen, Bd. I, S. 341
[14] Cassuto, Exodus, S. 241
[15] Vgl. Culi, Tora, S. 186
[16] Maimonides, Querschnitt, S. 98

[17] Vgl. Culi, Tora, S. 186
[18] Jacobson, Bina Bamikra, S. 134
[19] Vgl. Culi, Tora, S. 186
[20] Jacob, Exodus, S. 924
[21] Strack, Exodus, S. 265
[22] Vgl. Hertz (Hrsg.), Pentateuch, S. 357
[23] Vgl. Jacob, Exodus, S. 925
[24] Vgl. Strack, Exodus, S. 265
[25] Vgl. Cassuto, Exodus, S. 412
[26] Vgl. Bräumer, 2. Mose 19-40, zu 2. Mose 32,4
[27] Jacob, Exodus, S. 925
[28] Gradwohl, Bibelauslegungen, Bd. 4, S. 89
[29] Keil, Exodus, S. 509
[30] Strack, Exodus, S. 226
[31] L. Köhler; zitiert nach v. Rad, Theologie, Bd. 1, S. 203, Anm. 28
[32] Iwand, Exodus, 20,2-3, S. 96
[33] Gradwohl, Bibelauslegungen, Bd. 4, S. 90
[34] J. Calvin, zitiert nach Zenger, Exodus, S. 229
[35] Zenger, Exodus, S. 228
[36] Gradwohl, Bibelauslegungen, Bd. 4, S. 90
[37] Vgl. Jacob, Exodus, S. 924
[38] Vgl. Keil, Exodus, S. 595
[39] Vgl. Jacob, Exodus, S. 931
[40] Willi-Plein, Auszug, S. 217
[41] Jacob, Exodus, S. 930
[42] ebd., S. 931
[43] Vgl. Gradwohl, Bibelauslegungen, Bd. 4, S. 97
[44] Vgl. Willi-Plein, Auszug, S. 215
[45] Vgl. Gradwohl, Bibelauslegungen, Bd. 4, S.100
[46] Vgl. Scharbert, Exodus, S. 122
[47] Vgl. Cassuto, Exodus, S. 418
[48] Vgl. Scharbert, Exodus, S. 123
[49] Vgl. Jacob, Exodus, S. 610
[50] Vgl. Willi-Plein, Auszug, S. 215
[51] Vgl. Jacob, Exodus, S. 935
[52] ebd., S. 935
[53] Vgl. Zenger, Exodus, S. 232
[54] Vgl. Noth, Exodus, S. 205

[55] Vgl. Cassuto, Exodus, S. 205
[56] Vgl. Willi-Plein, Auszug, S. 215
[57] 4. Mose 31,10; Ri 18,27; 1. Sam 30,1.3.14; 1. Kön 9,16; Jes 1,7
[58] Hes 17,9; Hos 9,16; Am 2,9
[59] Vgl. Rüterswörden, sarap, Sp. 884+888
[60] Vgl. Jacob, Exodus, S. 936
[61] Vgl. Noth, Exodus, S. 205
[62] Vgl. Jacob, Exodus, S. 936
[63] Vgl. Willi-Plein, Auszug, S. 216
[64] Vgl. Zenger, Exodus, S. 233
[65] Vgl. Jacob, Exodus, S. 937
[66] Vgl. Keil, Exodus, S. 597
[67] Vgl. Willi-Plein, Auszug, S. 216
[68] Vgl. Keil, Exodus, S. 599 und Strack, Exodus, S. 267
[69] Vgl. Zenger, Exodus, S. 234
[70] Vgl. Willli-Plein, Auszug, S. 216
[71] Vgl. Küng, Christentum, S. 896f.
[72] Vgl. Rossi, Weltethos, S. 4
[73] Vgl. Küng, Weltethos, bes. S. 46 und 56ff. und Küng, Christentum, S. 896
[74] Zitiert nach Rossi, Weltethos, S. 5
[75] Buber, Moses, s. 147, vgl. S. 158
[76] Vgl. Jänicke, Matthäus 22,34-40, S. 2
[77] Vgl. Schröer, 2. Mose 20: »Es geht um den way of God, nicht um einen allgemeinen way of life.«, S. 94
[78] Bonhoeffer, Auslegungen, S. 599
[79] Staemmler, 2. Mose 20,2-3, S. 4
[80] Volz, Mose, S. 27
[81] Vgl. Gradwohl, Bibelauslegungen, Bd. 3, S. 75
[82] Vgl. Grundmann, Matthäus, S. 76f.
[83] Vgl. Schniewind, Matthäus, S. 17
[84] Vgl. Grundmann, Matthäus, S. 75
[85] Christian Morgenstern; zitiert nach Grüninger/Brandes (Hrsg.), Atempausen, S. 13
[86] Schlatter, Matthäus, S. 28f.
[87] Vgl. Schmid, Matthäus, S. 139
[88] Schniewind, Matthäus, S. 92
[89] Strack/Billerbeck, Kommentar zum Neuen Testament, Bd. 1, S. 434

[90] Vgl. Sand, Matthäus, S. 138-139
[91] Schniewind, Matthäus, S. 92
[92] Vgl. Sand, Matthäus, S. 139
[93] Vgl. Schniewind, Matthäus, S. 92; vgl. Schlatter, Matthäus, S. 225
[94] Vgl. Schmid, Matthäus, S. 140
[95] Sand, Matthäus, S. 139
[96] Luther, Kleiner Katechismus, S. 53
[97] Hirsch, Exodus, S. 226
[98] Zenger, Exodus, S. 204
[99] ebd, S. 204
[100] Schröer, 2. Mose 20, S. 95
[101] Iwand, Exodus 20,2-3, S. 99

II. Der unsichtbare und der eifersüchtige Gott

[1] Zum Leben und Wirken Jean Marie Baptiste Vianneys vgl. Frossard, Ausgewählte Gedanken des heiligen Pfarrers von Ars; Domke, Burgund, S. 93-100; Hemmerle, Dein Herz an Gottes Ohr, S. 53
[2] Barth, Wir haben ja das Wort, S. 161
[3] ebd., S. 161
[4] ebd., S. 165
[5] Vgl. Dohmen, psl, Sp. 692f.
[6] Waschke, t^emûnah, Sp. 677f.
[7] Hirsch, Exodus, S. 226
[8] Vgl. Waschke, t^emûnah, Sp. 679
[9] Schmidt, Alttestamentlicher Glaube, S. 80
[10] Preuß, hwh, Sp. 785
[11] Vgl. Keel, Altorientalische Bildsymbolik, S. 289
[12] Vgl. Erman, Literatur, S. 357
[13] Preuß, hwh, Sp. 787
[14] Hirsch, Exodus, S. 227
[15] Vgl. Keil, Exodus, S. 510f.
[16] Hirsch, Exodus, S. 227
[17] 2. Mose 3,12; 4,23; 7,16.26; 8,16; 9,1.13; 10,3.7.8.11.24.26; 12,31
[18] W. Zimmerli; zitiert nach Westermann, 2. Mose 20,4-5a, S. 5
[19] F. L. Hossfeld; zitiert nach Preuß, Theologie, Bd. I, S. 120

[20] W. Zimmerli; zitiert nach Westermann, 2. Mose 20,4-5a, S. 5
[21] Preuß, Theologie, Bd. I, S. 120
[22] Vischer, Christuszeugnis, Bd. I, S. 235
[23] Vgl. Preuß, Theologie, Bd. I, S. 120
[24] H. Schrade; zitiert nach Westermann, 2. Mose 20,4-5a, S. 5
[25] Schmidt, Alttestamentlicher Glaube, S. 79
[26] v. Rad, Theologie, Bd. 1, S. 213
[27] ebd., S. 216
[28] Schmidt, Alttestamentlicher Glaube, S. 79
[29] Buber, Moses, S.151
[30] J. Schreiner; zitiert nach Zenger, Exodus, S. 205
[31] Zitiert nach Schmidt, Alttestamentlicher Glaube, S. 79
[32] S. Morenz, Ägyptische Religion, S. 158ff.; zitiert nach Schmidt, Alttestamentlicher Glaube, S. 79
[33] v. Rad, Theologie, Bd. 1, S. 212
[34] J. Schreiner; zitiert nach Zenger, Exodus, S. 205
[35] Buber, Moses, S. 148
[36] L. A. Feuerbach; zitiert nach Brandenburg, Entscheidung, S. 44
[37] Vgl. Calvin, Institutio I, 11,8; zitiert nach Vischer, Christuszeugnis, Bd. I, S. 235
[38] Barth, Wir haben ja das Wort, S. 162
[39] Goethe, Werke, Bd. 1, S. 367
[40] Westermann, 2. Mose 20,4-5a, S. 6
[41] Barth, Wir haben ja das Wort, S. 167f.
[42] Westermann, 2. Mose 20,4-5a, S. 6
[43] Vgl. Müller-Schwefe, Gebote, S. 27
[44] Vgl. Bräumer, 1. Mose 1-11, S. 54-58
[45] Vgl. Schmidt, Alttestamentlicher Glaube, S. 75f.
[46] Ps 68,6; 89,27; Jes 9,5; 63,16; Mt 5,16.45; 6,8.9
[47] Vgl. die Auslegung zu 2. Mose 25,10-28,43 und den Exkurs: Bilder, Zeichen, Symbole und typologische Deutung des Alten Testaments zu Bräumer, 2. Mose 10-40
[48] Vgl. Buber, Moses, S. 151
[49] Schmidt, Alttestamentlicher Glaube, S. 75
[50] Zu Bet Alfa vgl. Gérald Gassiot-Talabot (Hrsg.), S. 270f.
Die aus dem 3. Jahrhundert stammenden Fresken aus der Synagoge von Dura Europos befinden sich heute im Nationalmuseum in Damaskus; vgl. Rotter, S. 113

[51] Barth, Wir habe ja das Wort, S. 165
[52] Vgl. Zenger, Exodus, S. 206
[53] Westermann, 2. Mose 20,4-5a, S. 7
[54] Bonhoeffer, Auslegungen, S. 605
[55] Weingärtner, Wer gesehen hat, muss schreien, S. 23f.
[56] v. Rad, Theologie, Bd. 1, S. 215
[57] Schmidt, Alttestamentlicher Glaube, S. 75
[58] Beyer (Hrsg.), Sprichwörterlexikon, S. 120
[59] Rattner, Der schwierige Mitmensch, S. 85
[60] Vgl. Wiedemann, Elementare Gefühle, S. 55f.
[61] Vgl. Rattner, Der schwierige Mitmensch, S. 81f.
[62] Vgl. Wiedemann, Elementare Gefühle, S. 56
[63] Rattner, Der schwierige Mitmensch, S. 85f.
[64] ebd., S. 85
[65] 2. Mose 15,3; 1. Kön 22,19; Jes 30,27; Hes 1,28
[66] Hos 2,4.7; 3,1ff.; 4,16ff.
[67] Zenger, Exodus, S. 205
[68] v. Rad, Theologie, Bd. 1, S. 207
[69] Eichrodt, Theologie, Bd. I, S. 104
[70] Buber, Propheten, S. 203
[71] Buber, Moses, S. 168
[72] Gutjahr, 2. Mose 20,5b-6, S. 24
[73] Vgl. Wiefel, Lukas, S. 277
[74] Koch, ʿawōn, Sp. 1160
[75] Vgl. Buber, Moses, S. 168f.
[76] André, pāqaḏ, Sp. 709
[77] Vgl. Buber, Moses, S. 169
[78] Vgl. André, pāqaḏ, Sp. 719
[79] Vgl. Schröer, 2. Mose 20, S. 93
[80] Buber, Moses, S. 169
[81] Vgl. Gradwohl, Bibelauslegungen, Bd. 3, S. 77
[82] Vgl. Feuer/Scherman, The ten commandments, S. 3
[83] Vgl. Gradwohl, Bibelauslegungen, Bd. 3, S. 77
[84] Vgl. Hertz (Hrsg.), Pentateuch, S. 296
[85] Vgl. Gradwohl, Bibelauslegungen, Bd. 3, S. 77
[86] Scharbert, Exodus, S. 84
[87] Vgl. Feuer/Scherman, The ten commandments, S. 34
[88] Buber, Moses, S. 168

[89] Thielicke, Ethik, Bd. II,2 § 3306
[90] 3. Mose 26,39; Jes 65,7; Jer 16,11ff.; Dan 9,16; Am 7,17
[91] Buber, Moses, S. 168
[92] Garcia López, šamar, Sp. 286
[93] ebd., Sp. 293
[94] Buber, Moses, S. 168
[95] 1. Chr 16,34; 2. Chr 5,13; 7,3; Ps 100,5; 106,1; 107,1; 118,1.29; 136,1; Jer 33,11
[96] Scharbert, Exodus, S. 84
[97] Brunner, Gebote, S. 6
[98] Vgl. Grundmann, Matthäus, S. 477
[99] Vgl. Wolff, Anthropologie, S. 46f+52
[100] Vgl. Jänicke, Matthäus 22, S. 1
[101] Vgl. Wolff, Anthropologie, S. 24
[102] Vgl. Jänicke, Matthäus 22, S. 1
[103] Vgl. Heschel, Gott sucht den Menschen, S. 117
[104] Grundmann, Matthäus, S. 477
[105] Jänicke, Matthäus 22, S. 3
[106] Buber, Propheten, S. 203

III. Der eine Name

[1] Vgl. Brunner, Gebote, S. 8
[2] Wagner, 2. Mose 20, S. 274
[3] Brunner, Gebote, S. 11
[4] Bonhoeffer, Auslegungen, S. 606
[5] Zenger, Exodus, S. 206
[6] Vgl. Westermann, 2. Mose 20,7, S. 7
[7] Bonhoeffer, Auslegungen, S. 606
[8] Zu dem Jahwenamen und der Selbstoffenbarung Gottes mit seinem »Ich bin« siehe oben Einführung: Das Portal zu den Zehn Geboten, 1. Gott spricht: *Ich bin*
[9] Zu den Messiasnamen vgl. Bräumer, Messianische Weissagungen, in: Gottes Treue über Israel
[10] Vgl. Wagner, 2. Mose 20, S. 274

[11] Warmuth, nāqāh, Sp. 595
[12] Vgl. Cassuto, Exodus, S. 244
[13] Müller-Schwefe, Gebote, S. 29
[14] Köhler; zitiert nach Westermann 2. Mose 20,7, S.7
[15] Vgl. Reiterer, šāwʾ, Sp. 1104
[16] Reiterer/Fabry, šem, Sp. 170
[17] Westermann, 2. Mose 20,7, S. 7
[18] Luther, Der Kleine Katechismus, S. 508
[19] Luther, Der Große Katechismus, S. 572
[20] In der Vulgata heißt es: »assumere in vanum«; vgl. Girgensohn, Katechismus, S. 43
[21] Vgl. Bonhoeffer, Auslegungen, S. 607
[22] Vgl. Gradwohl, Bibelauslegungen, Bd. 3, S. 77
[23] Vgl. Westermann, 2. Mose 20,7, S. 7
[24] Schmid, Matthäus, S. 105
[25] Bonhoeffer, Auslegungen, S. 609
[26] Thielicke, Ethik, Bd. II, 2, § 2631
[27] Bonhoeffer, Auslegungen, S. 609
[28] Thielicke, Ethik, Bd. II, 2, § 2646
[29] Brunner, Gebote, S. 9
[30] Girgensohn, Katechismus, S. 43
[31] Brunner, Gebote, S. 9
[32] Girgensohn, Katechismus, S. 43
[33] Bonhoeffer, Auslegungen, S. 607
[34] Vgl. Brunner, Gebote, S. 10
[35] Lapide, Von Kain bis Judas, S. 75
[36] Bonhoeffer, Auslegungen, S. 607
[37] Vgl. Schlatter, Matthäus, S. 258
[38] Brunner, Gebote, S. 10
[39] Vgl. Schmid, Matthäus, S. 152
[40] Brunner, Gebote, S. 10
[41] Vgl. Gradwohl, Bibelauslegungen, Bd. 3, S. 77
[42] Girgensohn, Katechismus, S. 45
[43] Müller-Schwefe, Gebote, S. 30
[44] Brunner, Gebote, S. 10
[45] Vgl. Westermann, 2. Mose 20,7, S. 7
[46] Vgl. Köberle (Hrsg.), Aberglaube, S. 9
[47] Brunner, Gebote, S. 10

[48] Bonhoeffer, Auslegungen, S. 607f.
[49] Vgl. Westermann, 2. Mose 20,7, S. 8
[50] Meister Eckhart; zitiert nach Grüninger/Brandes (Hrsg.), Atempausen, S. 278
[51] Vgl. Westermann, 2. Mose 20,7, S. 8
[52] Bonhoeffer, Auslegungen, S. 608
[53] Westermann, 2. Mose 20,7, S. 8
[54] Bonhoeffer, Auslegungen, S. 608
[55] Westermann, 2. Mose 20,7, S. 8
[56] Müller-Schwefe, Gebote, S. 31
[57] Bonhoeffer, Auslegungen, S. 608
[58] M. Buber; zitiert nach Grüninger/Brandes (Hrsg.), Atempausen, S. 46
[59] Vgl. Sand, Matthäus, S. 127
[60] Schmid, Matthäus, S. 127
[61] Vgl. Köberle (Hrsg.), Brot, S. 340
[62] Zitiert nach Müller-Schwefe, Schrittmacher, S. 32
[63] Westermann, Matthäus 6,9b, S. 80
[64] Vgl. ebd.
[65] Schniewind, Matthäus, S. 82
[66] Vgl. Westermann, 2. Mose 20,7, S. 7
[67] Vgl. Vischer, Christuszeugnis, Bd. I, S. 236
[68] Vgl. Buber, Moses, S. 156
[69] Keil, Exodus, S. 513
[70] Westermann, 2. Mose 20,7, S. 9
[71] Zenger, Exodus, S. 206
[72] v. Rad, Theologie, Bd. 1, S. 185
[73] Brunner,Gebote, S. 11
[74] Bonhoeffer, Auslegungen, S. 608
[75] Buber, Moses, S. 156
[76] Luther, EG 344,2: Geheiligt werd der Name dein

IV. Der heilige Tag

[1] Haag, šabbāt, Sp. 1049
[2] Vgl. Heschel, Sabbat, S. 19
[3] Barnabae epistula; zitiert nach Patrum Apostulorum opera, S. 64

[4] Vgl. Simpson, Exploring Celtic Spirituality, S. 58
[5] Vgl. Bräumer, 2. Mose 1-18, zu 2. Mose 16,21-36, S. 272-278 und Hirsch, Exodus, S. 232
[6] Vgl. Hertz (Hrsg.), Pentateuch, S. 297 und Cassuto, Exodus, S. 245
[7] Zenger, Exodus, S. 207
[8] Jacob, Exodus, S. 726
[9] v. Rad, Theologie, Bd. 1, S. 152
[10] Vgl. Bräumer, 2. Mose 19-40, zu 2. Mose 31,12-14. Neben dem Sabbatgebot behandelt diese Stelle im Alten Testament den Sabbat am ausführlichsten.
[11] Vgl. Cassuto, Exodus, S. 246
[12] Vgl. Dohmen/Stenmans, kāb̲ed̲, Sp. 17+19
[13] Zitiert nach Gradwohl, Bibelauslegungen, Bd. 3, S. 81
[14] Zitiert nach Heschel, Sabbat, S. 15
[15] Eising, zāk̲ar, Sp. 575+576f.+591
[16] Gradwohl, Bibelauslegungen, Bd. 3, S. 78
[17] Thielicke, Ethik, Bd. III, § 928
[18] Brunner, Gebote, S. 14
[19] Zitiert nach Grüninger/Brandes (Hrsg.), Atempausen, S. 45
[20] Vgl. Heschel, Sabbat, S. 8
[21] Kornfeld/Ringgren, qdš, Sp. 1184
[22] Baudissin; zitiert nach Kornfeld/Ringgren, qdš, Sp. 1181
[23] Zenger, Exodus, S. 207
[24] Holzinger, Exodus, S. 74
[25] Kornfeld/Ringgren, qdš, Sp. 1184
[26] Vgl. Brunner, Gebote, S. 14
[27] Zenger, Exodus, S. 207
[28] Vgl. Hirsch, Exodus, S. 234
[29] Heschel, Sabbat, S. 67
[30] Bonhoeffer, Auslegungen, S. 611
[31] Vgl. Zenger, Exodus, S. 207
[32] Bonhoeffer, Auslegungen, S. 611
[33] Vgl. Heschel, Sabbat, S. 24
[34] Vgl. Bonhoeffer, Auslegungen, S. 610
[35] Vgl. Bräumer, 1. Mose 1-11, S. 73
[36] Bonhoeffer, Auslegungen, S. 610
[37] 2. Mose 23,12; 31,12ff.; 34,21; 35,2f.; Neh 10,32; 13,15ff.; Jer 17,21ff.; Am 8,5

[38] Vgl. Bonhoeffer, Auslegungen, S. 610
[39] Vgl. Duden 1, S. 836
[40] Vgl. Hertz (Hrsg.), Pentateuch, S. 297
[41] Vgl. Thielicke, Ethik, Bd. III, § 960
[42] ebd., § 936
[43] P. Rosegger; zitiert nach Grüninger/Brandes (Hrsg.), Atempausen, S. 45
[44] Thielicke, Ethik, Bd. III, § 929
[45] Seitz, Feiertag, S. 110
[46] Zenger, Exodus, S. 207
[47] Vgl. Brunner, S. 13
[48] Frankl, Suche, S. 67
[49] Eine Schüleraussage; zitiert nach Seitz, Feiertag, S. 110
[50] Frankl, Suche, S. 69
[51] Staemmler, 2. Mose 20,8-11, S. 10
[52] ebd., S. 10
[53] Bonhoeffer, Auslegungen, S. 611
[54] Zenger, Exodus, S. 207
[55] Heschel, Sabbat, S. 69
[56] Vgl. Bräumer, 2. Mose 1-18, zu 2. Mose 16,21-36, S. 272-278
[57] Bonhoeffer, Auslegungen, S. 610
[58] Buber, Moses, S. 99
[59] Zur Unterscheidung zwischen Gastfreund und Fremdem vgl. Bräumer, 2. Mose 19-40, zu 2. Mose 22,20
[60] Seitz, Feiertag, S. 108; Zum Atemholen, vgl. 2. Mose 23,12
[61] Vgl. Cassuto, Exodus, S. 245
[62] Vgl. Schröer, 2. Mose 20, S. 94
[63] Vgl. Hertz (Hrsg.), Pentateuch, S. 298
[64] B. Jacob; zitiert nach Hertz (Hrsg.), Pentateuch, S. 298
[65] Gradwohl, Bibelauslegungen, Bd. 3, S. 80
[66] Vgl. Strack, Exodus, S. 277
[67] Vgl. Bräumer, 1. Mose 1-11, S. 62
[68] Delitzsch, Genesis, S. 72
[69] Vischer, Christuszeugnis, Bd. I, S. 237
[70] Heschel, Sabbat, S. 60
[71] v. Rad, Das erste Buch Mose, S. 49
[72] Seitz, Feiertag, S. 109
[73] Vgl. Heschel, Sabbat, S. 59

[74] Rabbi Solomon von Karlin; zitiert nach Heschel, Sabbat, S. 59 Solomon von Karlin war ein bedeutender Vertreter des Chassidismus im letzten Viertel des 18. Jh.; vgl. Meisl, Karliner, Sp. 601
[75] Staemmler, 2. Mose 20,8-11, S. 9
[76] Bonhoeffer, Auslegungen, S. 612
[77] Staemmler, 2. Mose 20,8-11, S. 9
[78] Juda ben Samuel, zitiert nach Heschel, Sabbat, S. 27
[79] Hirsch, Exodus, S. 234
[80] Vgl. Hertz (Hrsg.), Pentateuch, S. 298
[81] Heschel, Sabbat, S. 18
[82] Deuteronomium rabba 31,3; zitiert nach Heschel, Sabbat, S. 17
[83] Bonhoeffer, Auslegungen, S. 609f.
[84] Gradwohl, Bibelauslegungen, Bd. 3, S. 78
[85] 2. Mose 31,14f.; 4. Mose 15,32.35f.
[86] Mt 12,1-12; Mk 3,2ff.; Lk 6,7ff.; 13,14; 14,3ff.; Joh 5,9; 7,23; 9,14ff.
[87] Scharbert, Exodus, S. 85
[88] Bonhoeffer, Auslegungen, S. 611
[89] Zitiert nach Seitz, Feiertag, S. 112
[90] Buber, Moses, S. 157

V. Die Eltern und ihre Kinder

[1] Vgl. Weber, Eltern, S. 40
[2] Lukas, Ehre deinen Vater und deine Mutter, S. 39
[3] ebd., S. 39
[4] Zitiert nach Müller-Schwefe, Gebote, S. 51
[5] Girgensohn, Katechismus, S. 63
[6] Vgl. Brunner, Gebote, S. 17
[7] Sand, Matthäus, S. 231
[8] In 3. Mose 19,3 wird an erster Stelle die Mutter genannt.
[9] Cassuto, Exodus, S. 246
[10] Thielicke, Ethik, Bd. II, 2, § 1820
[11] Brunner, Gebote, S. 17
[12] Vgl. Westermann, 2. Mose 20,12, S. 12 und Ringgren, ʾab̲, Sp. 9
[13] Vgl. Hertz (Hrsg.), Pentateuch, S. 299 und Westermann, 2. Mose 20,12, S. 12

[14] Vgl. Ringgren, ʾab̲, Sp. 8
[15] Vgl. Girgensohn, Katechismus, S. 64
[16] Thielicke, Ethik, Bd. II, 2, § 1837
[17] Westermann, 2. Mose 20,12, S. 11
[18] Thielicke, Ethik, Bd. II, 2, § 1779
[19] Vgl. Westermann, 2. Mose 20,12, S. 11
[20] Vgl. Müller-Schwefe, Gebote, S. 59
[21] Thielicke, Ethik, Bd. II, 2, § 1276
[22] ebd., § 1799
[23] Westermann, 2. Mose 20,12, S. 12
[24] Vgl. Hirsch, Exodus, S. 239
[25] Westermann, 2. Mose 20,12, S. 12
[26] ebd., S. 11
[27] Zenger, Exodus, S. 207
[28] Dohmen/Stenmans, kāb̲ed̲, Sp. 17+19
[29] Vgl. Zenger, Exodus, S. 208
[30] Steinwand, Kindliches Vertrauen, S. 152
[31] Brunner, Gebote, S. 18f.
[32] Vgl. Bonhoeffer, Ethik, S. 335f.
[33] Vgl. Bergman/Haldar/Wallis, ʾāhāb̲, Sp. 109+118
[34] Westermann, 2. Mose 20,12, S. 12
[35] Thielicke, Ethik, Bd. II, 2, § 1595
[36] Westermann, 2. Mose 20,12, S. 12
[37] Vgl. Brunner, Gebote, S. 19
[38] Müller-Schwefe, Gebote, S. 66
[39] Bonhoeffer, Ethik, S. 130
[40] Vgl. Bräumer, In Freiheit leben, S. 54
[41] Bonhoeffer, Ethik, S. 386
[42] Vgl. Fuhs, jāreʾ, Sp. 892
[43] Vgl. Hirsch, Exodus, S. 239
[44] Thielicke, Ethik, Bd. II, 2, § 1837
[45] Vgl. Hertz (Hrsg.), Pentateuch, S. 299
[46] Vgl. Buber, Moses, S. 168
[47] Lamsa, Evangelien, S. 41
[48] Bonhoeffer, Ethik, S. 384f.
[49] Thielicke, Ethik, Bd. II,2, § 1823
[50] Vgl. Grundmann, Matthäus, S. 372
[51] Diakonie-Report, 4/95. Gekürzter Artikel von J. Temsch, in: DIE

ZEIT vom 25. 11. 1994, und Diakonie-Report, 5/95. Gekürzter Artikel von G. Rückert, in: DIE ZEIT vom 16. 12. 1994.

[52] Girgensohn, Katechismus, S. 65

[53] Westermann, 2. Mose 20,12, S. 11

[54] Vgl. Keil, Exodus, S. 516

[55] Vgl. Gradwohl, Bibelauslegungen, Bd. 3, S. 82

[56] Thielicke, Ethik, Bd. III, § 974

[57] Vgl. Zenger, Exodus, S. 208

[58] Vgl. Keil, Exodus, S. 516

[59] Westermann, Segen, S. 101

[60] Vgl. Bonhoeffer, Ethik, S. 385

[61] Kidduschin 18,3; Tossefta 1,11; zitiert nach Klausner, S. 294, Anm. 27

[62] Thielicke, Ethik, Bd. II, § 1276

[63] Lukas, Ehre deinen Vater und deine Mutter, S. 39

VI. Gott schützt das Leben

[1] Vgl. Lapide, Von Kain bis Judas, S. 61

[2] Vgl. Stamm, Sprachliche Erwägungen, S. 85

[3] Vgl. Cassuto, From Adam to Noah, S. 58

[4] Thielicke, Wer darf leben?, S. 26

[5] Westermann, Genesis 1-11, S. 620

[6] Vgl. Lange, Genesis, S. 161

[7] Delitzsch, Genesis, S. 187

[8] Vgl. Westermann, Genesis 1-11, S. 620-623

[9] Vgl. Stamm, Sprachliche Erwägungen, S. 85

[10] Vgl. Hossfeld rāṣaḥ, Sp. 657

[11] Vgl. Patai, Sippe und Sitte, S. 118

[12] Vgl. Drever/Fröhlich, Wörterbuch, S. 167

[13] Vgl. Hertz (Hrsg.), Pentateuch, S. 299

[14] Kluge, Etymologisches Wörterbuch, S. 286

[15] Vgl. Hossfeld, rāṣaḥ, Sp. 657f.

[16] Vgl. Würthwein, 1. Könige 17- 2. Könige 25, S. 251

[17] Lapide, Von Kain bis Judas, S. 14

[18] Vgl. Hossfeld, rāṣaḥ, Sp. 654

[19] ebd., Sp. 659

[20] Thielicke, Ethik, Bd. I, § 1235
[21] Zur Problematik der Todesstrafe siehe unten 3.(5): Todesstrafe
[22] Boff, Theologie der Befreiung, S. 222
[23] Zum Grenzfall des Tyrannenmordes siehe unten zu 3.(d) Attentat auf Tyrannen
[24] Vgl. Eibach, Medizin, S. 558
[25] Zitiert nach Hertz (Hrsg.), Pentateuch, S. 299
[26] Diepgen, Geschichte der Medizin, S. 231
[27] Zitiert nach Angermeyer (Hrsg.), Kirchengeschichte, S. 154
[28] Vgl. Deutsches Ärzteblatt 90, Heft 22, 4. Juni 1993, A1 1652 (29)
[29] Vgl. Geistige Behinderung 4/89, S. 239
[30] Zu den Forderungen von G. Leach und J. Fletcher, aber auch des deutschen Pädiaters W. Catel, vgl. Eibach, Medizin, S. 194-199
[31] Singer, Ethik, S. 174
[32] ebd., S. 175
[33] Vgl. ebd., S. 177
[34] ebd., S. 177f.
[35] Keil, Exodus, S. 517
[36] Hirsch, Deuteronomium, S. 373
[37] Vgl. Scharbert, Exodus, S. 85
[38] Vgl. Keil, Exodus, S. 517
[39] Westermann, Genesis I/1, S. 624
[40] Brunner, Gebote, S. 24
[41] Keil, Exodus, S. 517
[42] Vgl. Brunner, Gebote, S. 24
[43] Bonhoeffer, Ethik, S. 283
[44] König, Psalmen, S. 135
[45] Talmud; zitiert nach Hupfeld/Nowack, Psalmen, S. 630
[46] Buber, Die Schrift, Bd. 4, S. 198
[47] Hupfeld/Nowack, Psalmen, S. 630
[48] Eibach, Gentechnik, S. 82
[49] Thielicke, Ethik, Bd. II, 1, § 834
[50] Bonhoeffer, Ethik, S. 179
[51] Engisch, Notstand, Sp. 1535
[52] Carl v. Clausewith; zitiert nach Thielicke, Ethik, Bd. III, § 2906
[53] Vgl. Gradwohl, Bibelauslegungen, Bd. 3, S. 82
[54] Vgl. Bonhoeffer, Ethik, S. 411, Anm. 61
[55] Vgl. Thielicke, Ethik, Bd. II, 2, § 2998; 2900; 3700

[56] Vgl. Beckmann, Krieg, Sp. 974
[57] Thielicke, Ethik, Bd. II, 2, § 2289
[58] Bonhoffer, Ethik, S. 73
[59] Vgl. Huntermann, Der andere Bonhoeffer, S. 222
[60] Thielicke, Ethik, Bd. II, 2, § 2311
[61] Bonhoeffer, Ethik, S. 283
[62] Thielicke, Ethik, Bd. II, 2, § 2302
[63] Zitiert nach Kaltenborn, Bonhoffer, S. 28
[64] Thielicke, Ethik, Bd. II, 2, § 2305
[65] Geiger, Bonhoffer, S. 26
[66] Hossfeld, rāṣaḥ, Sp. 662
[67] Thielicke, Ethik, Bd. III, § 1494
[68] Vgl. Trillhaas, Ethik, S. 187
[69] Vgl. Sand, Matthäus, S. 537
[70] Vgl. Thielicke, Ethik, Bd. III, § 1464
[71] Trillhaas, Ethik, S. 189
[72] Bonhoeffer, Ethik, S. 183, Anm. 63
[73] Vgl. Trillhaas, Ethik, S. 188
[74] Vgl. Thielicke, Ethik, Bd. III, § 1511
[75] Vgl. Bonhoeffer, Ethik, S. 195
[76] Vgl. Eibach, Medizin, S. 214
[77] Bonhoeffer, Ethik, S. 192
[78] Vgl. Ringel, Selbstmordappell, S. 20
[79] Zitiert nach Bonhoeffer, Ethik, S. 192f., Anm. 88
[80] Heidegger, Sein und Zeit, S. 266, § 53
[81] Vgl. Bonhoeffer, Ethik, S. 192, Anm. 86
[82] Eibach, Medizin, S. 212
[83] Bonhoeffer, Ethik, S. 194
[84] Eibach, Medizin, S. 213
[85] Bonhoeffer, Ethik, S. 196
[86] Vgl. Eibach, Medizin, S. 213
[87] Zu Kleppers Entscheidung vgl. Bräumer/Stöckle, Mit dem Herzen hören, S. 113-122
[88] Zitiert nach Diepgen, Geschichte der Medizin, S. 142
[89] Vgl. ebd., S. 133
[90] Vgl. ebd., S. 133
[91] Zur Sterbebegleitung und zum Sterbebeistand vgl. Bräumer, Auf dem letzten Weg, S. 63-86

[92] Thielicke, Wer darf leben?, S. 42
[93] Vgl. Eibach, Medizin, S. 442-458
[94] Vgl. ebd., S. 442, Anm. 30
[95] Stackelberg, Hans Heinrich Freiherr von; zitiert bei Hüppe, S. 7f.
[96] Zu W. Bonhoeffers Artikel vgl. Eibach, Medizin, S. 443, Anm. 35
[97] Vgl. Thielicke, Wer darf leben?, S. 24
[98] Vgl. Wunder, Grafenecker Erklärung, S. 8
[99] Council of Europe (Strasbourg, November 1996): Convention on Human Rights and Biomedicine
[100] In der vorläufigen Arbeitsübersetzung der »Convention on Human Rights and Biomedicine« des Bundesministeriums der Justiz (Stand: 19. November 1996) heißt es in dem »Übereinkommen zum Schutz der Menschenrechte und der Menschenwürde im Hinblick auf die Anwendung von Biologie und Medizin: Menschenrechtsübereinkommen zur Biomedizin« in Artikel 20: In Ausnahmefällen und nach Maßgabe der gesetzlich vorgeschriebenen Schutzbestimmungen kann die Entnahme regenerierbaren Gewebes bei einer einwilligungsunfähigen Person zugelassen werden, wenn folgende Voraussetzungen erfüllt sind: »... der Empfänger ist ein Bruder oder eine Schwester des Spenders« (Artikel 20, 2ii).
[101] Vgl. Wodarg, Transplantationsgesetz, S. 371
[102] Zitiert nach Gubernatis/Pichelmayr, Transplantation, S. 301
[103] Vgl. Klinkhammer, Abtreibung, S. C 1527
[104] Vgl. Gubernatis/Pichelmayr, Transplantation, S. 301
[105] Vgl. ebd., 301
[106] Vgl. Gorynia, Organspende, S. C 1510
[107] Vgl. Klinkhammer, Abtreibung, S. C 1527
[108] M. Griffith; zitiert nach Eibach, Medizin, S. 311, Anm. 35
[109] Vgl. Thielicke, Wer darf leben?, S. 48f.+72-76
[110] Schmid, Matthäus, S. 98
[111] Vgl. Schniewind, Matthäus, S. 60
[112] Vgl. Schmid, Matthäus, S. 97
[113] Schlatter, Matthäus, S. 165
[114] Schmid, Matthäus, S. 97
[115] Schlatter, Matthäus, S. 168
[116] Schniewind, Matthäus, S. 57f.
[117] Iwand, Matthäus 5,20-26, S. 205
[118] ebd., S. 40

[119] Schlatter, Matthäus, S. 168
[120] Testament XII Sim 4,7.8; zitiert nach Sand, Matthäus, S. 113
[121] Vgl. Scherman/Zlotowitz, S. 54
[122] Vgl. Braun, Matthäus 5,21-26; S. 205
[123] Vgl. Iwand, Matthäus 5,20-26, S. 36
[124] Vgl. Braun, Matthäus 5,21-26, S. 204
[125] Doerne, Matthäus 5,20-26, S. 114
[126] Zur Unterscheidung von Aggressivität und Aggression vgl. Brezowsky, Aggressivität, S. 10f.
[127] Vgl. Zahn, Matthäus, S. 223
[128] Holtzmann; zitiert nach Doerne, Matthäus 5,20-26, S. 113
[129] Vgl. Doerne, Matthäus 5,20-26, S. 113
[130] Vgl. Iwand, Matthäus 5,20-26, S. 37
[131] Vgl. Brunner, Gebote, S. 25
[132] Karsten; zitiert nach Brezowsky, Aggressivität, S. 11
[133] Vgl. Strack/Billerbeck, Kommentar zum Neuen Testament, Bd. 1; S. 278
[134] Vgl. Lamsa, Evangelien, S. 78
[135] Vgl. Sand, Matthäus, S. 112
[136] Vgl. Schlatter, Matthäus, S. 169
[137] Iwand, Matthäus 5,20-26, S. 38
[138] Vgl. Sand, Matthäus, S. 112
[139] Vgl. Iwand, Matthäus 5,20-26, S. 37+38
[140] Vgl. Strack/Billerbeck, Kommentar zum Neuen Testament, Bd. 1, S. 279
[141] Braun, Matthäus 5,21-26, S. 203
[142] Vgl. Schniewind, Matthäus, S. 59
[143] Vgl. Schlatter, Matthäus, S. 169
[144] Vgl. Schniewind, Matthäus, S. 59
[145] Iwand, Matthäus 5,20-26, S. 39
[146] Vgl. Braun, Matthäus 5,21-26, S. 203
[147] Vgl. Zahn, Matthäus, S. 224
[148] Vgl. Doerne, Matthäus 5,20-26, S. 113
[149] Vgl. Iwand, Matthäus 5,20-26, S. 39
[150] Vgl. Schlatter, Matthäus, S. 171
[151] Vgl. Keil, Matthäus, S. 160
[152] Vgl. Sand, Matthäus, S. 112
[153] Vgl. Schniewind, Matthäus, S. 59

[154] Rahner, Hinüberwandern, S. 325
[155] Vgl. Ratzinger, Jenseits des Todes, S. 107
[156] Rahner, Ewigkeit, S. 313
[157] Rahner, Hinüberwandern, S. 325
[158] ebd., S. 325
[159] ebd., S. 326
[160] Iwand, Matthäus 5,20-26, S. 37
[161] ebd., S. 36
[162] ebd., S. 39
[163] Zitiert nach Gradwohl, Bibelauslegungen, Bd. 3, S. 73
[164] Vgl. Buber, Moses, S. 158
[165] Nietzsche, Moral, S. 296f.
[166] Vgl. Brunner, Gebote, S. 22
[167] Vgl. Buber, Moses, S. 158

VII. Gott schützt die Ehe

[1] Seitz, Wenn Pfarrer »fallen«, S. XII
[2] Hauck, moichéō, S. 742
[3] Zenger, Exodus, S. 210
[4] Baltensweiler, Ehe, S. 24
[5] Emeis, Kleiner Katechismus, S. 218
[6] Gradwohl, Bibelauslegungen, Bd. 3, S. 83
[7] Vgl. Buber, Moses, S. 157f.
[8] Thilo, Ehe, S. 989
[9] Vgl. Baltensweiler, Ehe, S. 24
[10] Vgl. Freedman/Willoughby, nāʾap̱, Sp. 124
[11] Pöhlmann, Ehe, S. 29
[12] Vgl. Emeis, Kleiner Katechismus, S. 196
[13] Seitz, Anpassung, S. 110
[14] Vgl. Brockhaus-Enzyklopädie, Ehebruch, Bd. 6, S. 125
[15] Thilo, Ehe, S. 99
[16] Baltensweiler, Ehe, S. 50
[17] Schrage, Ethik, S. 83
[18] Thurian, Ehe und Ehelosigkeit, S. 22
[19] Vgl. Guardini, Der Herr, S. 327

[20] Thielicke, Ethik, Bd. III, § 2217
[21] Guardini, Der Herr, S. 328
[22] Baltenseweiler, Ehe, S. 21
[23] Vgl. v. Rad, Das erste Buch Mose, S. 68
[24] Vgl. oben zu V.: Die Eltern und ihre Kinder
[25] Vgl. Bräumer, R. u. Hj., Scheidung, S. 25
[26] Vgl. Thilo, Ehe. S, 100
[27] Vgl. Wallis, dāḇaq, Sp. 84
[28] Vgl. Quell, agapáō, S. 21
[29] Meinhold, Daniel, S. 272
[30] Schmidt, kolláō, S. 822
[31] Bratsiotis, bāśar, Sp. 858
[32] Vgl. Schweizer/Baumgärtel/Meyer, sarx, S. 105+125
[33] Vgl. Bratsiotis, bāśar, Sp. 862
[34] Baltensweiler, Ehe, S. 21
[35] Thilo, Ehe, S. 98
[36] Baltensweiler, Ehe, S. 22
[37] Barth, Dogmatik III,4 S. 148
[38] Vgl. Thielicke, Ethik, Bd. III, § 1851 +1847
[39] Guardini, Schwermut, S. 46
[40] Thielicke, Ethik, Bd. III, § 1851
[41] Thilo, Ehe, S. 57
[42] Fromm, Die Kunst des Liebens, S. 64
[43] Rattner, Psychologie, S. 33
[44] Fromm, Die Kunst des Liebens, S. 64
[45] Vgl. Thielicke, Ethik, Bd. III, § 1851
[46] Vgl. Georges, Handwörterbuch, Bd. II, Sp. 1600+1538
[47] Thielicke, Ethik, Bd. III, § 1776
[48] Überall, wo dies in der Geschichte und Kirchengeschichte geschehen ist, steht es im Widerspruch zum Schöpfungsbericht. Ausgangspunkt der Dämonisierung der Sexualität ist in den meisten Fällen die nichtbiblische Spekulation, dass der Mensch ursprünglich ein Zwitterwesen war und die Geschlechtlichkeit eine Folge des Sündenfalls ist; vgl. Bräumer, R. u. Hj., Scheidung, S. 81-83
[49] W. G. Cole; zitiert nach Thilo, Ehe, S. 206
[50] Pöhlmann, Ehe, S. 38
[51] Thilo, Ehe, S. 99
[52] Vgl. Fritzsche, Freiheit und Verantwortung, S. 70-72

[53] Thielicke, Ethik, Bd. III, § 2527
[54] Pöhlmann, Ehe, S. 41
[55] Baltensweiler, Ehe, S. 41
[56] Emeis, Kleiner Katechismus, S. 218
[57] Deissler, Ich bin dein Gott, S. 116f
[58] Baltensweiler, Ehe, S. 21
[59] Deissler, Ich bin dein Gott, S. 112
[60] Baltensweiler, Ehe, S. 22
[61] Thielicke, Ethik, Bd. III, § 2113
[62] Barth, Dogmatik III, S. 188
[63] Kluge, Etymologisches Wörterbuch, S. 533
[64] Vgl. Wiebering, Partnerschaftlich leben, S. 9
[65] Bours, Morgenstern, S. 136
[66] Baltensweiler, Ehe, S. 20
[67] Thielicke, Ethik, Bd. III, § 2101
[68] Vgl. Wahlberg, Die feministische Bewegung, S. 231
[69] Vgl. Rattner, Aggression, S. 108
[70] Vgl. Wahlberg, Die feministische Bewegung, S. 229+230
[71] Vgl. ebd., S. 234+239
[72] Vgl. ebd., S. 237
[73] Vgl. Padberg, Feminismus, S. 108-152
[74] Delling, tásso, S. 44
[75] Goppelt, Theologie, S. 497, Anm. 7
[76] Baltensweiler, Ehe, S. 219
[77] Barth, Dogmatik III, S. 188ff.
[78] Moltmann-Wendel, Partnerschaft, S. 275
[79] Wendland, Botschaft, S. 239
[80] Moltmann-Wendel, Partnerschaft, S. 282
[81] Vgl. Bräumer, 1. Mose 1-11, S. 76f.
[82] Vgl. Bergmann, ʿāzar, Sp. 257
[83] Vgl. Lipinski/Fabry, ʿāzar, Sp. 15
[84] Vgl. Bergmann, ʿāzar, Sp. 258
[85] Westermann, ngd, Sp. 32
[86] Garcia López, ngd. Sp. 189
[87] Ehrlich, Randglossen, Bd. I, S. 10
[88] Delitzsch, Genesis, S. 92
[89] Horst; zitiert nach Baltensweiler, Ehe, S. 23
[90] Bayer (Hrsg.), Zeit zur Antwort, S. 25

[91] Vgl. oben 1. (c): Ehebruch ist die Zerstörung einer von Gott gestifteten totalen Gemeinschaft
[92] Thielicke, Ethik, Bd. III, § 2681
[93] Vgl. Schrage, Ethik, S. 188
[94] Thielicke, Ethik, Bd. III, § 1936, vgl. 1939
[95] Vgl. Baltensweiler, Ehe, S. 157
[96] Schrage, Ethik, S. 188
[97] Vgl. Baltensweiler, Ehe, S. 159
[98] Vgl. Schrage, Ethik, S. 188
[99] Baltensweiler, Ehe, S. 159
[100] Thielicke, Ethik, Bd. III, § 2681
[101] Baltensweiler, Ehe, S. 159
[102] Vgl. Gödan, Ehe, S. 70f.
[103] Oeser, Ehezuchtbüchlein, S. 11
[104] Gödan, Ehe, S. 72
[105] Bauer, Wörterbuch, S. 196
[106] M. Luther; zitiert nach Fritzsche, Freiheit und Verantwortung, S. 37
[107] Vgl. Baltensweiler, Ehe, S. 160
[108] Fascher, 1. Korinther, S. 142
[109] Vgl. Delling, kairós, S. 463,15ff.
[110] Vgl. Schrage, Ethik, S. 188f.
[111] Conzelmann, 1. Korinther, S. 142
[112] Thielicke, Ethik, Bd. III, § 1940
[113] M. Luther; zitiert nach Fritzsche, Freiheit und Verantwortung, S. 37
[114] Vgl. Thielicke, Ethik, Bd. III, § 2680
[115] Vgl. Baltensweiler, Ehe, S. 159
[116] Vgl. Gödan, Ehe, S. 70f.
[117] Vgl. Thilo, Ehe, S. 43
[118] Frankl, Frage, S. 94
[119] Seitz, Anpassung, S. 110
[120] Zur unterschiedlichen Bewertung der Verhütungsmittel in der römisch-katholischen und in der evangelischen Ethik vgl. Thielicke, Ethik, Bd. III, § 2681-2686
[121] Vgl. Wiebering, Partnerschaftlich leben, S. 42
[122] ebd., S. 13
[123] Vgl. Gödan, Ehe, S. 74
[124] Thielicke, Ethik, Bd. III, § 2842
[125] ebd., § 2842

[126] Vgl. Delitzsch, Hiob, S. 378
[127] Vgl. Tsevat, b^{e}tûlāh, Sp. 875
[128] Vgl. Fohrer, Hiob, S. 431
[129] Vgl. Delitzsch, Hiob, S. 378
[130] Vgl. Stendebach, 'ajin, Sp. 33+35f.
[131] Vgl. Jenni, 'ajin, Sp. 264
[132] Vgl. Budde, Hiob, S. 176
[133] Vgl. Delitzsch, Hiob, S. 378
[134] Vgl. Reichert, Job, S. 157
[135] Vgl. Baltensweiler, Ehe, S. 116
[136] Vgl. Schlatter, Matthäus, S. 176
[137] Vgl. Baltensweiler, Ehe, S. 116
[138] Vgl. Schlatter, Matthäus, S. 177
[139] Vgl. Baltensweiler, Ehe, S. 116
[140] Vgl. Zahn, Matthäus, S. 231
[141] Vgl. Thielicke, Ethik, Bd. III, § 2842
[142] Vgl. Baltensweiler, Ehe, S. 117
[143] Hauck, moichéō, S. 742
[144] Vgl. Thielicke, Ethik, Bd. II, 1, § 177
[145] Vgl. Baltensweiler, Ehe, S. 115+117
[146] Bonhoeffer, Gemeinsames Leben, S. 84
[147] Budde, Hiob, S. 178
[148] Vgl. Fabry, leb̲, Sp. 424
[149] Vgl. Wolff, Anthropologie, S. 56
[150] Vgl. Fabry, lek, Sp. 427
[151] Vgl. Thielicke, Ethik, Bd. I, § 1774
[152] Beyer (Hrsg.), Sprichwörterlexikon, S. 260
[153] Vgl. Thielicke, Ethik, Bd. I, § 1774
[154] Thielicke, Ethik, Bd. III, § 2123
[155] Wolff, Anthropologie, S. 57
[156] Vgl. Thielicke, Ethik, Bd. I, § 1635
[157] Vgl. Bonhoeffer, Nachfolge, S. 127
[158] Vgl. Thielicke, Ethik, Bd. I, § 1635
[159] Vgl. Thielicke, Ethik, Bd. III, § 2123
[160] Sand, Matthäus, S. 114
[161] Vgl. Thielicke, Ethik, Bd. III, § 2842
[162] Thielicke, Das Leben, S. 48
[163] Baltensweiler, Ehe, S. 116

[164] Zitiert nach Schmid, Matthäus, S. 101
[165] Zitiert nach Baltensweiler, Ehe, S. 115
[166] Baltensweiler, Ehe, S. 115
[167] Vgl. Thielicke, Ethik, Bd. III, § 2139
[168] Schlatter, Matthäus, S. 168
[169] Iwand, Matthäus 5,20-26, S. 35
[170] Vgl. Keil, Matthäus, S. 161
[171] Vgl. Thurneysen; zitiert nach Grundmann, Matthäus, S. 185
[172] Schlatter, Matthäus, S. 172
[173] Thielicke, Ethik, Bd. I, § 204
[174] Vgl. Hertz (Hrsg.), Pentateuch, S. 365
[175] Vgl. Voigt, 2. Mose 34, S. 318
[176] Vgl. Thielicke, Ethik, Bd. III, § 2123
[177] Baltensweiler, Ehe, S. 117
[178] Thielicke, Ethik, Bd. II,2, § 1573
[179] Siehe oben die Auslegung zu I.: Gott allein
[180] Vgl. Sand, Matthäus, S. 114
[181] Vgl. Zahn, Matthäus, S. 234
[182] Vgl. Sand, Matthäus, S. 114; zur Hölle siehe oben zu VI.: Gott schützt das Leben, 4. Taten auf dem Weg zum Mord
[183] Vgl. Zahn, Matthäus, S. 235
[184] Bonhoeffer, Nachfolge, S. 127
[185] Vgl. Baltensweiler, Ehe, S. 118
[186] Zu Luthers Aussage vgl. Schniewind, Matthäus, S. 63
[187] Schniewind, Matthäus, S. 63
[188] Bonhoeffer, Nachfolge, S. 128
[189] Thielicke, Ethik, Bd. III, § 2842
[190] Vgl. Guardini, Tugenden, S. 82
[191] Thielicke, Ethik, Bd. II, 2, § 2693
[192] Vgl. Fritzsche, Freiheit und Verantwortung, S. 156f.
[193] Vgl. Thilo, Ehe, S. 101
[194] Fritzsche, Freiheit und Verantwortung, S. 157
[195] Vgl. Eibach, Ehe, S. 66
[196] Zur philosophischen und tiefenpsychologischen Deutung des Begriffs »Entfremdung« vgl. Thilo, Ehe, S. 208-210
[197] Vgl. Bräumer, 1. Mose 1-11, S. 82-89
[198] Vgl. Guardini, Tugenden, S. 82
[199] Fritzsche, Freiheit und Verantwortung, S. 157

[200] Vgl. Thielicke, Ethik, Bd. II, 2, § 2694
[201] Vgl. Schottroff, šaḵah, Sp. 900
[202] Vgl. Hirsch, Genesis, S. 530f.
[203] Westermann, Die Josef-Erzählung, S. 63
[204] Vgl. Preuß, šaḵah, Sp. 1319
[205] Vgl. Eibach, Ehe, S. 66
[206] Fritzsche, Freiheit und Verantwortung, S. 157
[207] Eibach, Ehe, S. 66f.
[208] Thielicke, Ethik, Bd. II, 2, § 2696
[209] Guardini, Tugenden, S. 85
[210] Vgl. Eibach, Ehe, S. 66
[211] Vgl. Bonhoeffer, Ethik, S. 256
[212] Guardini, Tugenden, S. 85
[213] Vg. Thielicke, Ethik, Bd. II, 1, § 2732
[214] Vgl. Fritzsche, Freiheit und Verantwortung, S. 139f.
[215] Thielicke, Ethik, Bd. II, 2, § 2698
[216] Vgl. Kluge, Etymologisches Wörterbuch, S. 789
[217] Guardini, Tugenden, S. 80
[218] Vgl. Eibach, Ehe, S. 66
[219] Hesche, Gott, S. 165
[220] Fritzsche, Freiheit und Verantwortung, S. 284
[221] Vgl. Thielicke, Ethik, Bd. II, 2, § 2697
[222] Guardini, Tugenden, S. 85
[223] Vgl. Fritzsche, Freiheit und Verantwortung, S. 284
[224] Guardini, Tugenden, S. 87
[225] Vgl. Baltensweiler, Ehe, S. 31+32
[226] Müller-Schwefe, Gebote, S. 88
[227] Guardini, Tugenden, S. 87
[228] Vgl. Baltensweiler, Ehe, S. 32
[229] Vgl. Eibach, Ehe, S. 63f.
[230] Bayer (Hrsg.), Ehe. Zeit zur Antwort, S. 21
[231] Guardini, Tugenden, S. 87
[232] Tobias 7,11-15; 8,1 nach der Übersetzung von Paul Deselaers, Das Buch Tobit, 1982; zitiert nach Hennig, Die Kirchliche Trauung, S. 83
[233] Vgl. Hertzsch, Trauung, Sp. 1005
[234] Vgl. Dombois, Trauung, Sp. 1007

[235] Zur Geschichte der Trauung vgl. Hennig, Die Kirchliche Trauung, S. 83-86
[236] Vgl. Fritzsche, Freiheit und Verantwortung, S. 282
[237] BGB § 1353; zitiert nach Thielicke, Ethik, Bd. II, 2, § 2696, Anm. 1
[238] Hennig, Die Kirchliche Trauung, S. 88
[239] Vgl. Seitz, Anpassung, S. 115
[240] Vgl. Agende III, Trauung, S. 31
[241] Vgl. Bayer (Hrsg.), Zeit zur Antwort, S. 18 und Kluge, Etymologisches Wörterbuch, S. 152+177
[242] Seitz, Anpassung, S. 110
[243] Vgl. Bonhoeffer, Traupredigt, S. 75
[244] Vgl. Hennig, Die Kirchliche Trauung, S. 88
[245] Vgl. Bräumer, R. u. Hj., Scheidung und Wiederheirat, S. 57
[246] Emeis, Kleiner Katechismus, S. 196
[247] Vgl. Guardini, Der Herr, S. 328
[248] Emeis, Kleiner Katechismus, S. 196
[249] Hennig, Die Kirchliche Trauung, S. 100
[250] ebd., S. 100
[251] Deissler, Ich bin dein Gott, S. 111
[252] Vgl. Steinwand, Verkündigung, Seelsorge, S. 193
[253] Bours, Ehelosigkeit, S. 56
[254] Vgl. Thilo, Ehe, S. 19. Selbst den Nasiräern (vgl. Am 2,12; 4. Mose 6,3) und den Rechabitern (Jer 35) war die Ehe nicht untersagt.
[255] Baltensweiler, Ehe, S. 186
[256] Steinwand, Verkündigung, Seelsorge, S. 194
[257] So Becker, Intim, S. 39f.
[258] Vgl. Simpson, Exploring Celtic Spirituality, S. 42f.
[259] Thurian, Ehe und Ehelosigkeit, S. 117
[260] Vgl. ebd., S. 119
[261] Anders Thilo, Ehe, S. 99
[262] Anders Becker, Intim, S. 39f.
[263] Emeis, Kleiner Katechismus, S. 218
[264] Vgl. Pöhlmann, Ehe, S. 45
[265] Vgl. Becker, Intim, S. 85
[266] Keil, S., Fragen zur Sexualmoral; zitiert nach Pöhlmann, Ehe, S. 46f.
[267] Barczay, G., Revolution der Moral; zitiert nach Pöhlmann, Ehe, S. 47
[268] Robinson, Gott ist anders; zitiert nach Pöhlmann, Ehe, S. 47
[269] Thielicke, Ethik, Bd. III, § 1942

[270] Vgl. Patai, Sitte und Sippe, S. 65f.
[271] Siehe unten zu: 6.(c): Sexuelle Anarchie
[272] Vgl. Büchner, Sexualität und Ehe, S. 26
[273] Ruthe, Seelsorgepraxis, S. 132f.
[274] Büchner, Sexualität und Ehe, S. 26
[275] Vgl. den Brief der Bayerischen Landessynode von 1980; zitiert bei Pöhlmann, Ehe, S. 47f.
[276] Strabo, Erdbeschreibung; zitiert nach Baltensweiler, Ehe, S. 197, Anm. 5
[277] Vgl. Dobiás, 1. Korinther, S. 210. Zu den erwähnten geistigen Führern zählten Epiktet, Cicero, Seneca und Plutarch, vgl. ebd.
[278] Vgl. Iwand, 1. Korinther 6, S. 615
[279] Zu Freuds Beurteilung des Sexualtriebes und des Sexualverhaltens vgl. Fromm, Die Kunst des Liebens, S. 46f.
[280] Bertrand Russell, Ehe und Moral (1929), 1951, s. 193ff.; zitiert nach Pöhlmann, Ehe, S. 32
[281] Alex Comfort, Der aufgeklärte Eros, 1964, S. 123; zitiert nach Pöhlmann, Ehe, S. 32
[282] Pöhlmann, Ehe, S. 32
[283] Thielicke, Ethik, Bd. III, § 2842, Anm. 1
[284] Vgl. Baltensweiler, Ehe, S. 201
[285] Dobiás, 1. Korinther, S. 214
[286] Vgl. Thielicke, Ethik, Bd. III, § 2842, Anm. 1
[287] Vgl. Schlatter, Paulus, S. 203f.
[288] Vgl. Conzelmann, 1. Korinther, S. 134
[289] Schlatter, Paulus, S. 203
[290] Conzelmann, 1. Korinther, S. 134
[291] Vgl. Dobiás, 1. Korinther, S. 215
[292] Iwand, 1. Korinther 6, S. 615
[293] Vgl. ebd., S. 136
[294] Deissler, Ich bin dein Gott, S. 115
[295] Dobiás, 1. Korinther, S. 215
[296] Schlatter, Paulus, S. 206
[297] Vgl. Hauck, moichéō, S. 740
[298] Vgl. Hauck/Schulz, pórné, S. 587, hier umfangreiche Belegstellen
[299] Vgl. ebd., S. 587
[300] Iwand, 1. Korinther 6, S. 616
[301] Thielicke, Ethik, Bd. III, § 2842, Anm. 1

[302] Dobiás, 1. Korinther, S. 211
[303] Bayer (Hrsg.), Ehe. Zeit zur Antwort, S. 13
[304] Seitz, Anpassung, S. 104f. Belege und weiterführende Literatur ebd., S. 117, Anm. 3-5
[305] Vgl. Pöhlmann, Ehe, S. 49
[306] Vgl. Trillhaas, Ethik, S. 283
[307] Vgl. Pöhlmann, Ehe, S. 49
[308] Vgl. Seitz, Konkubinat, S. 120
[309] Vgl. Pöhlmann, Ehe, S. 50
[310] Seitz, Konkubinat, S. 120
[311] Pöhlmann, Ehe, S. 48
[312] Trutz Rendtorff, Ethik II, 1981, S. 20; zitiert nach Pöhlmann, Ehe, S. 49
[313] Vgl. Pöhlmann, Ehe, S. 49
[314] Zitiert nach Pöhlmann, Ehe, S. 32
[315] Vgl. Pöhlmann, Ehe, S. 33
[316] Vgl. Thielicke, Ethik, Bd. III, § 2286
[317] Thielicke, Ethik, Bd. III, § 2286
[318] Vgl. ebd., § 2286
[319] Bayer (Hrsg.), Ehe. Zeit zur Antwort, S. 16
[320] Vgl. Pöhlmann, Ehe, S. 51
[321] Bayer (Hrsg.), Ehe. Zeit zur Antwort, S. 23
[322] Seitz, Anpassung, S. 110
[323] Seitz, Konkubinat, S. 123
[324] Vgl. Spijker, Die gleichgeschlechtliche Zuneigung, S. 23
[325] Vgl. ebd., S. 25
[326] Looser, Gleichgeschlechtlichkeit, S. 16
[327] Vgl. Spijker, Die gleichgeschlechtliche Zuneigung, S. 27
[328] Looser, Gleichgeschlechtlichkeit, S. 16
[329] Luther, H., Homosexualität, S. 9, vgl. S. 8+10
[330] Spijker, Die gleichgeschlechtliche Zuneigung, S. 91
[331] ebd., S. 94
[332] Vgl. Lauha, Kohelet, S. 89f.
[333] Spijker, Die gleichgeschlechtliche Zuneigung, S. 93
[334] Vgl. Patai, Sitte und Sippe, S. 182-193
[335] Vgl. Dobiás, 1. Korinther, S. 211
[336] Vgl. Praktiken in dem Heiligtum von Korinth, s. oben 6. (3): Sexuelle Anarchie

[337] Spijker, Die gleichgeschlechtliche Zuneigung, S. 63
[338] ebd., S. 80
[339] Thielicke, Ethik, Bd. III, § 2905
[340] Vgl. Spijker, Die gleichgeschlechtliche Zuneigung, S. 94f.
[341] Fritzsche, Freiheit und Verantwortung, S. 66 und Thilo, Ehe, S. 225
[342] Vgl. den Bericht eines Insiders, Mosen, Homosexualität, S. 18+19. Mosen war Aktivist der politischen Schwulenbewegung. Seit über zehn Jahren kämpft er als Christ und heterosexueller exhomosexueller Mann gegen die Gesetze dieser Bewegung.
[343] Spijker, Die gleichgeschlechtliche Zuneigung, S. 91
[344] W. Pannenberg; zitiert nach Aust/Gensichen/Hoffmann (Hrsg.), Christlicher Glaube und Homosexualität, S. 35

VIII. Gott schützt das Eigentum

[1] Vgl. Hamp, gānab̲, Sp. 43
[2] Deissler, Ich bin dein Gott, S. 119
[3] Vgl. Hamp, gānab̲, Sp. 43f.
[4] Vgl. Thielicke, Ethik, Bd. III, §§ 800+801
[5] Deissler, Ich bin dein Gott, S. 120
[6] Zenger, Exodus, S. 211
[7] Vgl. Scharbert, Exodus, S. 85
[8] Hamp, gānab̲, Sp. 45. Zu den Bestimmungen im Codes Hammurabi vgl. ebd., Sp. 42. Achan (Jos 7,1.11.25) musste nicht wegen des Diebstahls an sich sterben, sondern weil durch sein Vergehen das ganze Volk dem Bann verfallen war; vgl. ebd. Sp. 46
[9] Vgl. Gese, Vom Sinai zum Zion, S. 77
[10] Vgl. Emeis, Kleiner Katechismus, S. 219
[11] Müller, Schwefe, Gebote, S. 93
[12] Vgl. Thielicke, Ethik, Bd. III, § 801, Anm. 1
[13] Emeis, Kleiner Katechismus, S. 219
[14] Thielicke, Ethik, Bd. III, § 800
[15] Vgl. Yaakov, Tora, S. 417
[16] Vgl. Zenger, Exodus, S. 212

[17] Zum Begriff Mobbing vgl. die Definition der »Gesellschaft gegen psychosozialen Stress und Mobbing e. V.«; zitiert bei Rentrop (Hrsg.), Handbuch, M 80, 007+008
[18] Vgl. Thielicke, Ethik, Bd. III, § 801, Anm. 1
[19] Vgl. Emeis, Kleiner Katechismus, S. 220
[20] Vgl. Katechismus der Katholischen Kirche, S. 614
[21] Vgl. Emeis, Kleiner Katechismus, S. 220
[22] Zitiert nach Katechismus der Katholischen Kirche, S. 616
[23] 1. Mose 14,20; 28,22; 3. Mose 27,30f.; 4. Mose 18,21.24.26; 5. Mose 12,6.11; 14,22.28; 1. Sam 8,15; 2. Chr 31,5f.; Neh 10,38f.; 12,44; 13,12; Am 4,4; Mal 3,8.10
[24] Vgl. Yaakov, Tora, S. 414
[25] Müller-Schwefe, Gebote, S. 92
[26] Vgl. Deissler, Ich bin dein Gott, S. 123
[27] Vgl. Thielicke, Ethik, Bd. III, § 767
[28] Vgl. Deissler, Ich bin dein Gott, S. 120+122
[29] Thielicke, Ethik, Bd. III, § 769
[30] Vgl. ebd., § 792
[31] Vgl. Hertz (Hrsg.), Pentateuch, S. 299
[32] Thielicke, Ethik, Bd. III, § 775
[33] Deissler, Ich bin dein Gott, S. 123
[34] Vgl. Thielicke, Ethik, Bd. III, §785-788
[35] Bonhoeffer, Ethik, S. 361
[36] Thielicke, Ethik, Bd. III, § 777
[37] Deissler, Ich bin dein Gott, S. 124
[38] Bonhoeffer, Ethik, S. 361
[39] Thielicke, Ethik, Bd. III, § 780
[40] Vgl. Müller-Schwefe, Gebote, S. 100
[41] Deissler, Ich bin dein Gott, S. 123
[42] Hamp, gānab̲, Sp. 43
[43] Vgl. Thielicke, Ethik, Bd. III, § 767
[44] Vgl. Yaakov, Tora, S. 417
[45] Vgl. Hertz (Hrsg.), Pentateuch, S. 299
[46] Vgl. Homer, Ilias 5, 268; 24,24; zitiert bei Preisker, klépto, S. 753
[47] Vgl. Preisker, kléptō, S. 753
[48] Vgl. Yaakov, Tora, S. 413
[49] Vgl. Hertz (Hrsg.), Pentateuch, S. 299

[50] Zu den im folgenden genannten Beispielen vgl. Yaakov, Tora, S. 416-419
[51] Beyer (Hrsg.), Sprichwörterlexikon, S. 255
[52] Plöger, Sprüche Salomos, S. 349
[53] Vgl. Yaakov, Tora, S. 413
[54] F. Nötscher; zitiert nach Schreiner, Jeremia, S. 142
[55] So Philo von Alexandrien (um 20 v. Chr. – um 50 n. Chr.) in Leg All III 32j; zitiert nach Preisker, kléptō, S. 754
[56] Vgl. Hillig (Hrsg.), Urheber- und Verlagsrecht, S. 7-19
[57] Vgl. ebd., S. 7
[58] Vgl. ebd., S. 19
[59] Vgl. Trillhaas, Ethik, S. 325
[60] Thielicke, Ethik, Bd. II, 2, § 2007
[61] Vgl. Thielicke, ebd., § 2114
[62] Thielicke, Ethik, Bd. II, 1, § 773
[63] Vgl. Sand, Matthäus, S. 441
[64] Vgl. Schniewind, Matthäus, S. 223
[65] Sand, Matthäus, S. 442
[66] Vgl. Thielicke, Ethik, Bd. II, 1, § 987, Anm. 5 + 800 und Müller-Schwefe, Gebote, S. 91
[67] Vgl. Michel, oikonomos, S. 152
[68] Vgl. Hertz (Hrsg.), Pentateuch, S. 299
[69] Keil, Exodus, S. 517
[70] Müller-Schwefe, Gebote, S. 91

IX. Gott schützt die Ehre

[1] Buber, Moses, S. 158
[2] Vgl. Klopfenstein, šqr, Sp. 1011
[3] Vgl. Klopfenstein, kzb, Sp. 818
[4] Klopfenstein, šqr, Sp. 1011
[5] Klopfenstein, kzb, Sp. 819
[6] Klopfenstein, šqr, Sp. 1013f.
[7] Plöger, Sprüche Salomos, S. 303
[8] Seebass/Beyerle/Grünwaldt, šqr, Sp. 466

[9] Vgl. Jepsen, ʿāman, Sp. 336
[10] Vgl. Hertz (Hrsg.), Pentateuch, S. 300
[11] Vgl. Strack, Exodus, S. 228
[12] Vgl. Emeis, Kleiner Katechismus, S. 221
[13] Vgl. Deissler, Ich bin dein Gott, S. 125f.
[14] Vgl. Hirsch, Exodus, S. 241
[15] Vgl. Klopfenstein, šqr, Sp. 1012
[16] Zenger, Exodus, S. 212
[17] Klopfenstein, šqr, Sp. 1014
[18] Vgl. Girgensohn, Katechismusauslegung, S. 91
[19] Vgl. Müller-Schwefe, Gebote, S. 118f.
[20] Vgl. Thielicke, Ethik, Bd. II, 2, § 1158-1161
[21] Vgl. Girgensohn, Katechismusauslegung, S. 91
[22] Thielicke, Ethik, Bd. II, 2, § 1158
[23] Vgl. Girgensohn, Katechismusauslegung, S. 94
[24] Vgl. Thielicke, Ethik, Bd. III, § 1352
[25] Vgl. Girgensohn, Katechismusauslegung, S. 91
[26] Vgl. ebd., S. 95
[27] Vgl. Deissler, Ich bin dein Gott, S. 126
[28] Vgl. Simian-Yofre/Ringgren, ʿwd, Sp. 1112
[29] Vgl. Koehler/Baumgartner, Lexicon, S. 681
[30] Vgl. Stendebach, ʿānāh, Sp. 236
[31] Vgl. Hirsch, Exodus, S. 242
[32] Vgl. Yaakov, Tora, S. 421
[33] Vgl. Strack, Exodus, S. 236
[34] Vgl. Seebass/Beyerle/Grünwaldt, šqr, Sp. 469
[35] Vgl. Strack/Billerbeck, Kommentar zum Neuen Testament, Bd. 1, S. 1003
[36] Vgl. ebd., S. 1002
[37] Vgl. Sand, Matthäus, S. 541
[38] Dibelius, Kirche, S. 90
[39] Emeis, Kleiner Katechismus, S. 221
[40] Deissler, Ich bin dein Gott, S. 126
[41] Vgl. Keil, Exodus, S. 517; Emeis, Kleiner Katechismus, S. 221
[42] Vgl. Girgensohn, Katechismusauslegung, S. 92
[43] Vgl. Zippel, 2. Mose 20,16, S. 18
[44] Noth, Exodus, S. 133
[45] Vgl. Cassuto, Exodus, S. 247

[46] Vgl. Hertz (Hrsg.), Pentateuch, S. 300
[47] Buber, Moses, S. 158
[48] Vgl. Zippel, 2. Mose 20,16, S. 18
[49] Girgensohn, Katechismusauslegung, S. 92
[50] Luther, Der Kleine Katechismus, S. 509
[51] Thielicke, Ethik, Bd. II, 1, § 378
[52] Vgl. ebd., § 380
[53] Deissler, Ich bin dein Gott, S. 127
[54] I. Kant; zitiert bei Bonhoeffer, Ethik, S. 280, Anm. 114
[55] Bonhoeffer, Ethik, S. 280
[56] Siehe oben, VI.: Gott schützt das Leben, 3.(2): Notwehr
[57] Deissler, Ich bin dein Gott, S. 128
[58] Trillhaas, Ethik, S. 271
[59] Deissler, Ich bin dein Gott, S. 128
[60] Thielicke, Ethik, Bd. II, 1, § 384
[61] Weiser, Jeremia, S. 344
[62] Bonhoeffer, Ethik, S. 281
[63] ebd., S. 280, Anm. 116
[64] Deissler, Ich bin dein Gott, S. 128
[65] Girgensohn, Katechismusauslegung, S. 92
[66] Vgl. Thielicke, Ethik, Bd. II, 1, § 395
[67] Vgl. Kluge, Etymologischen Wörterbuch, S. 816
[68] Becker, Verrat, S. 1637
[69] Vgl. Zobel, gālāh, Sp. 1022
[70] Vgl. Girgensohn, Katechismusauslegung, S. 93
[71] Vgl. Deissler, Ich bin dein Gott, S. 129
[72] Emeis, Kleiner Katechismus, S. 221
[73] Vgl. Deissler, Ich bin dein Gott, S. 129
[74] Vgl. Müller-Schwefe, Gebote, S. 111
[75] Girgensohn, Katechismusauslegung, S. 93
[76] Emeis, Kleiner Katechismus, S. 221
[77] Vgl. Müller-Schwefe, Gebote, S. 119
[78] Vgl. Emeis, Kleiner Katechismus, S. 221
[79] Girgensohn, Katechismusauslegung, S. 94
[80] Deissler, Ich bin dein Gott, S. 129
[81] Vgl. Girgensohn, Katechismusauslegung, S. 91
[82] Beyer (Hrsg.), Sprichwörterlexikon, S. 701
[83] Girgensohn, Katechismusauslegung, S. 94

[84] Deissler, Ich bin dein Gott, S. 130
[85] Zippel, 2. Mose 20,16, S. 18
[86] Girgensohn, Katechismusauslegung, S. 94
[87] Vgl. Zippel, 2. Mose 20,16, S. 18
[88] Vgl. Katechismus der Katholischen Kirche, S. 622
[89] Girgensohn, Katechismusauslegung, S. 94
[90] Vgl. Deissler, Ich bin dein Gott, S. 130
[91] Girgensohn, Katechismusauslegung, S. 94
[92] Beyer (Hrsg.), Sprichwörterlexikon, S. 406
[93] Vgl. Brunner, Gebote, S. 40f.
[94] M. Luther; zitiert nach Brunner, Gebote, S. 40f.
[95] Plöger, Sprüche Salomos, S. 201
[96] M. Luther; zitiert nach Müller-Schwefe, Gebote, S. 119
[97] Luther, Der kleine Katechismus, S. 509

X. Gott schützt das Glück vor dem Gift des Neides

[1] Vgl. Saller, Dürre, S. 28
[2] Buber, Moses, S. 158
[3] Meves, Hydra des Neides, S. 37
[4] ebd.
[5] Schoeck, Neid, S. 66
[6] Saller, Neid, S. 26
[7] Vgl. Dunde, Behandlung, S. 17. Zum Fehlen des Stichwortes Neid in Lexika und Ethiken vgl. Dunde, Behandlung, S. 81
[8] Vgl. Dunde, Andere, S. 22-30
[9] Vgl. Schoeck, Neid, S. 65
[10] Dunde, Andere, S. 29
[11] Vgl. ebd., S. 30
[12] Emeis, Kleiner Katechismus, S. 222
[13] Vgl. Girgensohn, Katechismusauslegung, S. 99
[14] Emeis, Kleiner Katechismus, S. 222
[15] Saller, Neid, S. 26
[16] Vgl. Dunde, Behandlung, S. 13
[17] Saller, Neid, S. 26
[18] Vgl. Gutjahr, 2. Mose 20,17, S. 20
[19] Vgl. Brunner, Gebote, S. 44 und Müller-Schwefe, Gebote, S. 126

[20] Vgl. Schoeck, Neid, S. 129f.
[21] Müller-Schwefe, Gebote, S. 126
[22] Vgl. Schoeck, Neid, S. 20 und Brunner, Gebote, S. 42
[23] Emeis, Kleiner Katechismus, S. 223
[24] Vgl. Katechmismus der Katholischen Kirche, S. 634
[25] Bonhoeffer, Ethik, S. 128
[26] Vgl. Hertz (Hrsg.), Pentateuch, S. 300
[27] Vgl. Wallis, hāmaḏ, Sp. 1029
[28] Vgl. eine Definition des Neides im Grimmschen Wörterbuch und ihre Interpretation bei Schoeck, Neid, S. 27
[29] Vgl. Brunner, Gebote, S. 42
[30] Vgl. Wallis, hāmaḏ, Sp. 1027
[31] Vgl. Dunde, Andere, S. 23
[32] Vgl. Brunner, Gebote, S. 43
[33] Vgl. Dunde, Behandlung, S. 61
[34] Vgl. Schoeck, Neid, S. 148+150
[35] Sprüche der Väter, IV,1; zitiert nach Gradwohl, Bibelauslegungen, Bd. 3, S. 85
[36] Gutjahr, 2. Mose 20,17, S. 20
[37] Vgl. Wallis, hāmaḏ, Sp. 1021
[38] Deissler, Ich bin dein Gott, S. 133
[39] Vgl. Jenni, bájit, Sp. 311
[40] Vgl. Deissler, Ich bin dein Gott, S. 132
[41] Menge zur Stelle: 2. Mose 1,21
[42] Vgl. Cassuto, Exodus, S. 15 und Keil, Exodus, S. 360
[43] Buber, Moses, S. 158
[44] Vgl. Hertz (Hrsg.), Pentateuch, S. 300
[45] Vgl. Strack, Exodus, S. 228
[46] Vgl. Keil, Exodus, S. 518
[47] Vgl. Deissler, Ich bin dein Gott, S. 134
[48] Vgl. Schoeck, Neid, S. 27
[49] So Noth, Exodus, S. 134
[50] Vgl. Gerstenberger, 'āwāh, Sp. 75
[51] Vgl. Mayer, 'āwāh, Sp. 146
[52] Vgl. Dunde, Behandlung, S. 60
[53] So die Übertragung von Martin Buber, Die Schrift, Bd. 1, S. 14
[54] Vgl. Wallis, hāmaḏ, Sp. 1023
[55] Vgl. oben VII.: Gott schützt die Ehe

[56] Vgl. Dunde, Behandlung, S. 45
[57] Deissler, Ich bin dein Gott, S. 134
[58] Schoeck, Neid, S. 66
[59] Vgl. Emeis, Kleiner Katechismus, S. 222
[60] Vgl. Hirsch, Exodus, S. 243
[61] Vgl. Gradwohl, Bibelauslegungen, Bd. 3, S. 84
[62] Vgl. Hirsch, Exodus, S. 242
[63] Vgl. Girgensohn, Katechismusauslegung, S. 97
[64] Vgl. Ringgren/Rüterswörden/Sinian-Yofre, ‘āḇaḏ, Sp. 996
[65] Westermann, ‘āḇaḏ, Sp. 185
[66] Vgl. Ringgren/Rüterswörden/Sinian-Yofre, ‘āḇaḏ, Sp. 995
[67] Zimmerli/Jeremias, paīs theoū, S. 655
[68] Westermann, ‘āḇaḏ, Sp. 185
[69] Zimmerli/Jeremias, paīs theoū, S. 656
[70] Vgl. Gradwohl, Bibelauslegungen, Bd. 3, S. 85
[71] Vgl. Girgensohn, Katechismusauslegung, S. 98
[72] Vgl. Wallis, hāmaḏ, Sp. 1031
[73] Deissler, Ich bin dein Gott, S. 134
[74] Wallis, hāmaḏ, Sp. 1031
[75] Dunde, Behandlung, S. 45
[76] Vgl. Westermann, ‘āḇaḏ, Sp. 184
[77] Vgl. v. Rad, Das erste Buch Mose, S. 307
[78] Vgl. Dunde, Behandlung, S. 58
[79] Müller-Schwefe, Gebote, S. 124
[80] Vgl. Zobel, šôr, Sp. 1200
[81] In der Smitten, h[a]môr, Sp. 1039
[82] Vgl. Zobel, šôr, Sp. 1201
[83] Vgl. Jacobson, Bina Bamikra, S. 135
[84] Vgl. Wallis, hāmaḏ, Sp. 1029
[85] Vgl. Hirsch, Exodus, S. 242
[86] Vgl. Girgensohn, Katechismusauslegung, S. 98
[87] Vgl. Holzinger, Exodus, S. 75
[88] Deissler, Ich bin dein Gott, S. 134
[89] Jeremias, Gleichnisse, S. 33
[90] Vgl. Dunde, Behandlung, S. 69
[91] Jeremias, Gleichnisse, S. 33
[92] Dunde, Behandlung, S. 68

[93] Den gleichen Zielpunkt hat der zweite Teil des Gleichnisses vom guten Vater und seinen beiden Söhnen (Lk 15,11-32). Der Vater ermöglicht dem Jüngeren eine neue Existenz. Der Ältere protestiert und neidet seinem Bruder die Gunst des Vaters. Vgl. Dunde, Behandlung, S. 69+70-72
[94] Schoeck, Neid, S. 27
[95] Vgl. Girgensohn, Katechismusauslegung, S. 100
[96] Vgl. Saller, Neid, S. 26
[97] Vgl. Cassuto, Exodus, S. 249
[98] Vgl. Schoeck, Neid, S. 32
[99] Zitiert nach Beyer (Hrsg.), Sprichwörterlexikon, S. 423
[100] Zitiert nach Schoeck, Neid, S. 32
[101] Rattner, Der schwierige Mitmensch, S. 81
[102] Vgl. Saller, Neid, S. 26
[103] Rattner, Der schwierige Mitmensch, S. 84
[104] Vgl. Drever/Fröhlich, Wörterbuch, S. 176
[105] Erik Erikson; zitiert nach Saller, Neid, S. 26
[106] Rattner, Der schwierige Mitmensch, S. 84
[107] Vgl. Dunde, Behandlung, S. 30
[108] Vgl. Rattner, Der schwierige Mitmensch, S. 83
[109] Vgl. Girgensohn, Katechismusauslegung, S. 100
[110] Dunde, Behandlung, S. 53
[111] Vgl. Saller, Dürre, S. 28
[112] Dunde, Behandlung, S. 57
[113] Zitiert nach Rattner, Der schwierige Mitmensch, S. 84
[114] Meves, Hydra des Neides, S. 37
[115] Vgl. Gutjahr, 2. Mose 20,17, S. 22
[116] Vgl. Keil, Exodus, S. 517
[117] Vgl. Brunner, Gebote, S. 42
[118] Vgl. Yaakov, Tora, S. 427
[119] Brunner, Gebote, S. 45

Schlussbetrachtung

Die Tür zur Freiheit, zum Leben und zum Frieden

[1] Jacob, Exodus, S. 855
[2] Vgl. ebd., S. 609
[3] Vgl. Bräumer, 2. Mose 19-40, zu 2. Mose 25,10-16
[4] Vgl. Jacob, Exodus, S. 610
[5] Vgl. Cassuto, Exodus, S. 405
[6] Jacob, Exodus, S. 612
[7] Vgl. Cassuto, Exodus, S. 106+405
[8] Vgl. Hertz (Hrsg.), Pentateuch, S. 356
[9] Jacob, Exodus, S. 610
[10] Hirsch, Exodus, S. 519
[11] Guardini, Der Herr, S. 295
[12] Emeis, Kleiner Katechismus, S. 207
[13] Guardini, Der Herr, S. 251
[14] Zitiert nach Jacobson, Bina Bamikra, S. 124. Jehuda ben Halevi ist der Dichter des Aufrufes zur Rückkehr nach Zion. Er wurde in Spanien geboren. 1140 macht er sich auf zur Reise ins Heilige Land.
Zu Jehuda ben Halevi vgl. Minkin, Jehuda ben Halevi, S. 81-101, und Halevi, Zionslieder.
[15] Vgl. Adam, Celtic Daily Prayer, S. IX
[16] Bendelow, Der Mann, der die Mitte sucht (Oliver Sacks), S. 35
[17] Zur Grundbedeutung des Wortes Friede vgl. Illman, šalem, Sp. 93f.+99f.
[18] Vgl. Bours, Morgenstern, S. 95
[19] Guardini, Der Herr, S. 605
[20] Lapide, Von Kain bis Judas, S. 51
[21] Gradwohl, Bibelauslegungen, Bd. 3, S. 85

Literaturverzeichnis

Literatur-Abkürzungen

ATD	=	Das Alte Testament Deutsch
AThANT	=	Abhandlungen zur Theologie des Alten und Neuen Testaments
BC	=	Biblischer Commentar über das Alte Testament. Hrsg. V. Karl Friedrich Keil und Franz Delitzsch
BK.AT	=	Biblischer Kommentar. Altes Testament
CPH	=	Calwer Predigthilfen
DBW-	=	Dietrich Bonhoeffer, Werke
EKL-	=	Evangelisches Kirchenlexikon
EPM-	=	Evangelische Predigtmeditationen, Evangelische Verlagsanstalt Berlin
GPM-	=	Göttinger Predigtmeditationen, Lizenzausgabe, Evangelische Verlagsanstalt Berlin
HK	=	Handkommentar zum Alten Testament
JL	=	Jüdisches Lexikon
KAT	=	Kommentar zum Alten Testament
KEK	=	Kritisch-exegetischer Kommentar über das Neue Testament
KHC	=	Kurzer Hand-Commentar zum Alten Testament
KK	=	Kurz gefasster Kommentar zu den heiligen Schriften Alten und Neuen Testamentes
NEB	=	Die Neue Echternacher Bibel, Würzburg
NTD	=	Das neue Testament Deutsch
RGG	=	Religion in Geschichte und Gegenwart
RNT	=	Regensburger Neues Testament
THAT	=	Theologisches Handwörterbuch zum Alten Testament
THBW	=	Theologisch-homiletisches Bibelwerk
ThHK	=	Theologischer Handkommentar zum Neuen Testament
ThJb (L)	=	Theologisches Jahrbuch, Leipzig
ThWAT	=	Theologisches Wörterbuch zum Alten Testament
ThWNT	=	Theologisches Wörterbuch zum Neuen Testament
ThZ	=	Theologische Zeitschrift, Basel
ZdZ	=	Zeichen der Zeit

Adam, D., A Celtic Daily Prayer Companion, London, 1997

Agende für evangelisch-lutherische Kirchen und Gemeinden, Bd. III, Die Amtshandlungen, Teil 2, Die Trauung, Neu bearbeitete Ausgabe, Hannover, 1988

André, G., pāqad, in: ThWAT, Bd. VI, Sp. 708-723

Angermeyer, H. (Hrsg.), Dokumente der Kirchengeschichte, Bd. 1, Rothenburg ob der Tauber, o. J.

Aust, M.; Gensichen, H.-Chr.; Hoffmann, Th. S. (Hrsg.), Christlicher Glaube und Homosexualität. Argumente aus Bibel, Theologie und Seelsorge, Neuhausen-Stuttgart, 1994

Baltensweiler, H., Die Ehe im Neuen Testament. AThANT 52, Zürich/Stuttgart, 1967 Barnabae epistula, in: Patrum Apostulorurn opera, hrsg. von O. von Gebhardt, A. von Harnack und Th. Zahn, Leipzig, 1920, S.46-68

Barth, K., Kirchliche Dogmatik III,4, Zürich, 1951

Barth, K., Wir haben ja das Wort. Predigten und Texte zur Homiletik, Berlin, o. J.

Bauer, W., Wörterbuch zum Neuen Testament, 5. Aufl., Berlin, 1958

Bayer, O. (Hrsg.), Ehe. Zeit zur Antwort, Neukirchen, 1988

Bayer, O., Zeit zur Antwort. Ehe als freie Lebensform. Elternschaft und Beruf, in: Bayer, O. (Hrsg.), Ehe. Zeit zur Antwort, Neukirchen, 1988, S. 12-28

Becker, W., Intim. Ein freies Wort zur Sexualität, Stuttgart, 1989

Becker, W., Verrat, in: Das große Bibellexikon, Bd. III, S. 1637, Wuppertal/Zürich, 1989

Beckmann, J., Krieg, in: EKL, 1. Aufl., Bd. II, Sp. 970-974

Bendelow, P., Der Mann, der die Mitte sucht (Oliver Sacks), in: Lufthansa Bordbuch 2/96, S. 32-36

Bergmann, U., ʿāzar, in: THAT, Bd. II, Sp. 256-259

Bergman, J. / Haldar, A. / Wallis, G., ʾāhāb, in: ThWAT, Bd. 1, Sp. 105-128

Beyer, H. u. A. (Hrsg.), Sprichwörterlexikon, 3. Aufl., Leipzig, 1987

Boff, C. u. L., Grundschema und Methode der Theologie der Befreiung, in: Greinacher, N. (Hrsg.), Leidenschaft für die Armen. Die Theologie der Befreiung. Serie Piper, Bd. 1065, München/Zürich, 1990, S. 206-223

Bonhoeffer, D., Auslegungen aus der Tegeler Zelle 1944. Die erste Tafel der zehn Worte, in: Gesammelte Schriften, Bd. 4, München, 1965, S. 597-612

Bonhoeffer, D., Entwurf einer Trinitatispredigt, in: Bonhoeffer, D., Gesammelte Schriften, hrsg. von Bethge, E., Bd. 4, München, 1963, S.206-208
Bonhoeffer, D., Ethik, DBW 6, München, 1992
Bonhoeffer, D., Gemeinsames Leben. DBW 5, Berlin, 1989
Bonhoeffer, D., Nachfolge, DBW 4, München, 1989
Bonhoeffer, D., Traupredigt aus der Zelle, Mai 1943, in: Widerstand und Ergebung, 11. Aufl., München, 1962, S. 39-48
Bornkamm, G., Matthäus 5,1-12, in: GPM 1949/50, Die altkirchlichen Evangelien, 2. Aufl., Göttingen, 1966, S. 279-283
Bours, J., Die Ehelosigkeit um des Reiches Gottes willen, in: Bours, J.,/ Kamphaus, F., Leidenschaft für Gott, 7. Aufl., Freiburg, 1989
Bours, J., Ich werde ihm den Morgenstern geben. Freiburg, 1988
Brandenburg, H., In die Entscheidung gestellt, Neuhausen-Stuttgart, 1978
Bratsiotis, N. P., bäsar, in: ThWAT, Bd. 1, Sp. 850-867
Bräumer, Hj., Auf dem letzten Weg, Wuppertal, 1988
Bräumer, Hj., Das erste Buch Mose, 1. Teil, Kapitel 1-11, Wuppertal, 1983
Bräumer, Hj., Das zweite Buch Mose, 1. Teil, Kapitel 1-18, Wuppertal, 1996
Bräumer, Hj., Das zweite Buch Mose, 2. Teil, Kapitel 19-40, Wuppertal, 1999
Bräumer, Hj., Das Buch Hob, 1. Teil, Kapitel 1 bis 19, Wuppertal, 1992
Bräumer, Hj., In Freiheit leben. Zehn Gebote – Maßstäbe für menschliches Handeln. Wuppertal, 1981
Bräumer, Hj., Messianische Weissagungen, in: Gottes Treue über Israel, Lahr, Herbst 2000
Bräumer, R. u. Hj., Scheidung und Wiederheirat, 2. Aufl., Neuhausen-Stuttgart, 1996
Bräumer, Hj. / Stöckle, Th., Mit dem Herzen hören, Neuhausen-Stuttgart, 1994
Braun, H., Matthäus 5,21-26, GPM 1949/50, in: Die altkirchlichen Evangelien, 2.Aufl., Göttingen 1966, S. 203-206
Brezowsky, P., Aggressivität, Aggression, Destruktion. Begriffsbestimmung, Verlauf, Erscheinungsbild, in: Huber, N. / Striebel, M. (Hrsg.): Aggression und Hyperaktivität bei geistig Behinderten, Freiburg, 1978, S. 9-27

Brockhaus Enzyklopädie in 24 Bänden. 19., völlig neu bearbeitete Auflage. Bd. 6, Mannheim, 1988
Brunner, P., Die Zehn Gebote, Wuppertal-Barmen, o. J.
Buber, M., Der Glaube der Propheten, 2. Aufl., Heidelberg, 1984
Buber, M., Die Schrift, Bd. 1, Die fünf Bücher der Weisung, 9. Aufl., Heidelberg, 1976; Bd. 2, Bücher der Geschichte, 7. Aufl., Heidelberg, 1979; Bd. 3, Bücher der Kündung, 8. Auflage, Heidelberg, 1958; Bd. 4, Die Schriftwerke, 5. Aufl., Heidelberg, 1980
Buber, M., Moses, 3. Aufl., Heidelberg, 1966
Büchner, F., Sexualität und Ehe, in: Medizin & Ideologie, April 1993, S.25-27
Budde, K., Das Buch Hiob, HK, Göttingen, 1896
Cassuto, U., A Commentary on the Book of Exodus, 2. Aufl., Jerusalem, 1974
Cassuto, U., A Commentary on the Book of Genesis, Part 1, From Adam to Noah, 2. Aufl., Jerusalem, 1972
Conzelmann, H., Der erste Brief an die Korinther. KEK, 5. Abt., 11. Aufl., Göttingen, 1969
Council of Europe. Directorate of Legal Affairs. Strasbourg, November 1996: Convention for the protection of human rights and dignity of the human being with regard to the application of biology and medicine: Convention on human rights and biomedicine (Adopted by the Committee of Ministers on 19 November 1996)
Culi, Y., The Tora Anthology, Jerusalem, 1990
Deissler, A., Ich bin dein Gott, der dich befreit hat. Wege zur Meditation über das Zehngebot. Freiburg/Basel/Wien, 1975
Delitzsch, F., Das Buch Hiob, BC, Teil IV, Bd. 2, Leipzig, 1864
Delitzsch, F., Neuer Kommentar über die Genesis, Leipzig, 1887
Delling, G., kairós, in: ThWNT, Bd. III, S. 456-465
Delling, G., tásso, in: ThWNT, Bd. VIII, S. 27-49
Deutsches Ärzteblatt 90, Heft 22, 4. Juni 1993, A, 1652 (28)
Diakonie-Report 4,95. Gekürzter Artikel von J. Temsch, in: DIE ZEIT vom 25.11.1994, und Diakonie-Report, 5/95. Gekürzter Artikel von G. Rückert, in: DIE ZEIT vom 16.12.1994.
Dibelius, O., Die werdende Kirche, 4. Aufl., Berlin, 1941
Diepgen, P., Geschichte der Medizin, Bd. 1, Berlin, 1949
Dobiás, F. M., 1. Korinther 6,9-14.18-20, in: GPM 1963/64, S. 209-215

Doerne, M., Matthäus 5,20-26, in: Er kommt auch noch heute, 5. Aufl., Göttingen, 1961, S. 112-114
Dohmen, Ch., psl, in: ThWAT, Bd. VI, Sp. 688-697
Dohmen, Ch. / Stenmans, P., kāḇeḏ, in: ThWAT, Bd. IV, Sp. 13-23
Dombois, H., Trauung (II). Rechtlich, in: RGG, 3. Aufl., Bd. VI, Sp. 1007-1009
Domke, H., Burgund, 8. Aufl., München, 1990
Drever, J. / Fröhlich, W. D., Wörterbuch zur Psychologie, 4. Aufl., München, 1970, dtv 3031
Duden. Die deutsche Rechtschreibung. Bd. 1, 21. völlig neu bearbeite und erweiterte Aufl., Mannheim/Leipzig/Wien/Zürich, 1996
Dunde, S. R., Andere haben es gut. Der notwendige Neid, München, 1989
Dunde, S. R., Die Behandlung des Neides in katholischen und evangelischen Religionsbüchern, Mainz, 1981
Ehrlich, A. B., Randglossen zur hebräischen Bibel, Bd. 1, Genesis und Exodus, Leipzig, 1908; Bd. II, Leviticus, Numeri, Deuteronomium, Leipzig, 1909
Eibach, U., Ehe und Selbstverwirklichung, in: Bayer, O. (Hrsg.), Ehe. Zeit zur Antwort, Neukirchen, 1988, S. 60-79
Eibach, U., Gentechnik – der Griff nach dem Leben, 2. Aufl., Wuppertal, 1988
Eibach, U., Medizin und Menschenwürde. Ethische Probleme in der Medizin aus christlicher Sicht, Wuppertal, 1976
Eichrodt, W., Theologie des Alten Testaments, Bd. I, Leipzig, 1933, Bd. II, Leipzig, 1935, Bd. III. Berlin, 1948
Eising, H., zāḵar, in: ThWAT, Bd. II, Sp. 571-593
Emeis, D., Kleiner Katechismus. Glaube und Sakramente, 3. Aufl., Freiburg/Basel/Wien, 1995
Engisch, K., Notstand, in: RGG, 3. Aufl., Bd. IV, Sp. 1535
Engisch, K., Notwehr, in: RGG, 3. Aufl., Bd. IV, Sp. 1536
Erman, A., Die Literatur der Ägypter, Leipzig, 1923
Fabry, H.-J., leḇ, in: ThWAT, Bd. IV, Sp. 413-451
Fascher, E., Der 1. Brief des Paulus an die Korinther, Teil 1, ThHK, VII, 1, Berlin, 4. Aufl., 1988
Feuer, Ch. A. / Scherman, N., The ten commandments, 4. Aufl., Brooklyn, 1986
Fohrer, G., Das Buch Hiob, KAT, Berlin, 1967

Frankl, V. E., Der Mensch auf der Suche nach Sinn. Freiburg/Basel/Wien, 1972, Herderbücherei, Bd. 430
Frankl, V. E., Der Mensch vor der Frage nach dem Sinn, 7. Aufl., München/Zürich, 1989
Freedman, D. N. / Willoughby, B. E., nā'ap, in: ThWAT, Bd. V, Sp. 123-129
Fritzsche, H., Freiheit und Verantwortung in Liebe und Ehe. Zur Theologie der Partnerbeziehungen, Berlin, 1983
Fromm, E., Die Kunst des Liebens, 7. Aufl., Stuttgart, 1990
Frossard, J., Ausgewählte Gedanken des heiligen Pfarrers von Ars, 4. Aufl., Leutesdorf, 1987
Fuhs, H. F., jāre' in: ThWAT, Bd. III, Sp. 869-893
Galey, J., Das Katharinenkloster auf dem Sinai, Stuttgart/Zürich, 1979, Sonderausgabe 1988
Garcia López, F., ngd, in: ThWAT, Bd. V, Sp. 188-201
Garcia López, F., šamar, in: ThWAT, Bd. VIII, Sp. 280-306
Gassiot-Talabot, G. (Hrsg.), Israel und angrenzende Gebiete. Wien/München/Zürich/New York, 1982
Geiger, M., Bonhoeffer. Zeugnis in Kirche und Welt. Basel, 1968/69
Geistige Behinderung, 4/89, Fachzeitschrift der Bundesvereinigung Lebenshilfe für geistig Behinderte, 28. Jg., Oktober 1989
Georges, K. E., Ausführliches lateinisch-deutsches Handwörterbuch, 2 Bde.,
6. Aufl., Leipzig, 1869
Gerstenberger, E., 'āwāh, in: ThWAT, Bd. I, Sp. 74-76
Gese, H., Vom Sinai zum Zion. Alttestamentliche Beiträge zur biblischen Theologie. 2. Aufl., München, 1984
Gesenius, W., Hebräische Grammatik, völlig umgearbeitet von E. Kautzsch, (28. Aufl.), Darmstadt, Lizenzausgabe, 1991
Girgensohn, H., Katechismusauslegung, Witten, 1956
Gödan, H., Die Ehe in der Zerreißprobe, Furche Tb 7, Hamburg 1962
Goethe, J. W. v., Werke, Hamburger Ausgabe, Bd. 1, 12. neu bearbeitete Auflage, dtvTb, 1982
Goppelt, L., Theologie des Neuen Testamentes, Berlin, 2. Aufl., 1976
Gorynia, I., Organspende; Hirntote sind Sterbende, in: Deutsches Ärzteblatt 93, Heft 35/36, Ausgabe C, 26.08.1996, S.C 1510
Gradwohl, R., Bibelauslegungen aus jüdischen Quellen, Bd. 1, Stuttgart, 1986; Bd. 2, Stuttgart, 1987; Bd. 3, Stuttgart 1988; Bd. 4, Stuttgart, 1989

Grün, A., Gebet als Begegnung. Münsterschwarzacher Kleinschriften, Bd. 60, Münsterschwarzach, 1990
Grundmann, W., Das Evangelium nach Matthäus, ThHK, Bd. I, Berlin, 1972
Grüninger, W./Brandes, E. (Hrsg.), Atempausen. Gedanken für jeden Tag des Jahres. Stuttgart/Berlin, 1977
Guardini, R., Der Herr, Leipzig, 1964
Guardini, R., Vom Sinn der Schwermut, Neue Aufl., Zürich, 1968
Guardini, R., Tugenden/Meditationen, Würzburg, 1963
Gubernatis, G./Pichelmayr, R., Transplantation – eine Standortbestimmung, in: Der Chirurg, 67. Jg., Heft 4, 1996, S. 300-309
Gutjahr, W., 2. Mose 20,5b+6, in: ZdZ 52/53, S. 23-26
Gutjahr, W., 2. Mose 20,17, in: ZdZ 1952/53, S. 19-23
Haag, E., šabbāṯ, in: ThWAT, Bd VII, Sp. 1047-1057
Halevi, J., Zionslieder mit Verdeutschung und Anmerkungen von Franz Rosenzweig, Bücherei des Schockenverlages, Bd. 2, Berlin, 1933
Hamp, K., gānaḇ, in: ThWAT, Bd. II, Sp. 41-47
Hauck, F., moichéō, in: ThWNT, Bd. IV, S.737-743
Hauck, F./Schulz, S., pórnē, in: ThWNT, Bd. V, 8.579-595
Heidegger, M., Sein und Zeit, Gesamtausgabe, Bd. 2, Tübingen, 1976
Hemmerle, K., Dein Herz an Gottes Ohr. Einübung in das Gebet, 2. Aufl., Freiburg, 1987
Hennig, G., Die Kirchliche Trauung, in: Bayer, O. (Hrsg.), Ehe. Zeit zur Antwort, Neukirchen, 1988, S. 80-102
Hertz, J. H. (Hrsg.), The Pentateuch and Haftorahs, 2. Aufl., London, 1969
Hertzsch, E., Trauung (I). Liturgisch, in: RGG, 3. Aufl., Bd. VI, Sp. 1005-1007
Heschel, A. J., Gott sucht den Menschen. Eine Philosophie des Judentums, Neukirchen, 1988
Heschel, A. J., Sabbat. Seine Bedeutung für den heutigen Menschen, Neukirchen, 1990
Hillig, H.-P. (Hrsg.), Urheber- und Verlagsrecht, 6. Aufl., München, 1995 (Tb dtv Beck-Texte)
Hirsch, S. R., Der Pentateuch, übersetzt und erläutert, 1. Teil, Die Genesis, Frankfurt, 1867
Hirsch, S. R., Der Pentateuch, übersetzt und erläutert, 2. Teil, Exodus, Frankfurt, 1869 Hirsch, S. R., Der Pentateuch, übersetzt und erklärt, 5. Teil, Deuteronomium, Frankfurt, 1878

Holzinger, H., Exodus, KHC, 1900
Hossfeld, F. L., rāṣaḥ, in: ThWAT, Bd. VII, Sp. 652-663
Huntemann, G., Der andere Bonhoeffer. Die Herausforderung des Modernismus, Wuppertal/Zürich, 1989
Hupfeld, H. / Nowack, W., Die Psalmen, Bd. II, 3. Aufl., Gotha, 1888
Hüppe, H., MdB, Sprecher der Initiativgruppe »Schutz des menschlichen Lebens« innerhalb der CDU-CSU-Bundestagsfraktion, Stellungnahme zur Antwort der Bundesregierung auf die Kleine Anfrage »Tötung ungeborener Kinder, staatliches Schutzkonzept, Beobachtungs- und Nachbesserungspflicht« vom 27. Juni 1996, Bonn, 13. August 1996
Illman, K.-J., šalem, in: ThWAT, Bd. VIII, Sp. 93-101
In der Smitten, W. Th., hamôr, in: ThWAT, Bd. II, Sp. 1036-1042
Iwand, H.-J., Exodus 20,2-3, in: Nachgelassene Werke, Bd. 3, München, 1967, S. 95-100
Iwand, H. J., Matthäus 5,20-26, in: GPM 1954/55, Trinitatis bis 13. Sonntag nach Trinitatis, S. 32-40
Iwand, H.-J., 1. Korinther 6,9-20, in: Predigtmeditationen, 2. Aufl., Göttingen, 1964, S. 610-617
Jacob, B., Das Buch Exodus, hrsg. von Shlomo Mayer, Stuttgart, 1997
Jacobson, B. S., Bina Bamikra. Gedanken zur Tora, Jerusalem, 1987
Jänicke, H., Matthäus 22,34-40, in: ZdZ 52/53, S. 1-3
Jenni, E. ʿajin, in: THAT, Bd. II, Sp. 259-268
Jenni, E., bájit, in: THAT, Bd. I, Sp. 308-313
Jepsen, A., ʾāman, in: ThWAT, Bd. I, Sp. 313-348
Jeremias, J., Die Gleichnisse Jesu, 6. Aufl., Göttingen, 1962
Kaltenborn, C. J., Dietrich Bonhoeffer, 4. Aufl., Berlin, 1984
Katechismus der Katholischen Kirche. Taschenbuchausgabe, Oldenbourg, Benno Paulus Verlag Veritas, 1993
Keel, O., Die Welt der altorientalischen Bildsymbolik und das Alte Testament, 2. Aufl., Zürich/Neukirchen, 1977
Keil, C. F., Die Bücher Mose's, BC, Teil I, Bd. I, Genesis und Exodus, Leipzig, 1878
Keil, C. F., Kommentar über das Evangelium des Matthäus, Leipzig, 1877
Klausner, J., Von Jesus zu Paulus, Athenäum Verlag, Königstein, 1980
Klinkhammer, G.; Abtreibung. Wann beginnt das Lebensrecht? in: Deutsches Ärzteblatt 93, Heft 34/35, Ausgabe C, 26.08.1996, S. G 1526-1527

Klopfenstein, M. A., kzb, in: THAT, Bd. I, Sp. 817-823
Klopfenstein, M. A., šqr, in: THAT, Bd. II, Sp. 1010-1019
Kluge, F., Etymologisches Wörterbuch der deutschen Sprache, 21. Aufl., Berlin/New York, 1975
Knop, P., An deiner Hand, Leutesdorf, 1993
Köberle, A. (Hrsg.), Das Brot des Lebens, Berlin, 1933
Köberle, A. (Hrsg.), Die Welt des Aberglaubens. Materialsammlung für die Männerarbeit der EKD, Lieferung 21, 1964
Koch, K., ʿawōn, in: ThWAT, Bd. V, Sp. 1160-1177
Koehler, K., / Baumgartner, W., Lexicon in Veteris Testamenti Libros, Leiden, 1958
König, E., Die Psalmen, Gütersloh, 1927
Kornfeld, W. / Ringgren, H., qdš in: ThWAT, Bd. VI, Sp. 1179-1204
Küng, H., Das Christentum. Wesen und Geschichte. Die religiöse Situation der Zeit, München/Zürich, 1994
Küng, H., Projekt Weltethos, 3. Aufl., München/Zürich, 1991
Lamsa, G. M., Die Evangelien in aramäischer Sicht, St. Gallen, 1963
Lange, J. P., Die Genesis oder das Erste Buch Mose, THBW, Teil 1, Bielefeld, 1864
Lapide, P., Von Kain bis Judas. Ungewohnte Einsichten zu Sünde und Schuld, GTB 1439, Gütersloh, 1994
Lauha, A., Kohelet, BK.AT, Bd. XIX, Neukirchen, 1978
Lipinski, E. / Fabry, H. J., ʾāzar, in: ThWAT, Bd. VI, Sp. 14-21
Looser, G., Gleichgeschlechtlichkeit ohne Vorurteil. Zeitbuchreihe Polis. Neue Folge, Bd. 5, Basel, 1980
Lukas, E., Ehre deinen Vater und deine Mutter, in: Medizin und Ideologie, Informationsblatt der europäischen Ärzteaktion. 19. Jg., 1/1997, S. 38-40
Luther, H., Was sagt die Bibel zur Homosexualität?, in: Homosexuelle und Kirche (Hrsg.), Evangelikal und homosexuell, Nürnberg, 1987, S. 7-10
Luther, M., Der Kleine Katechismus, in: Die Bekenntnisschriften der evangelisch-lutherischen Kirche, 4. Aufl., 1959
Luther, M., Der Große Katechismus, in: Die Bekenntnisschriften der evangelisch-lutherischen Kirche, 4. Aufl., 1959
Luther, M., EG 344,2: Evangelisches Gesangbuch, Ausgabe für die Evangelisch-Lutherischen Kirchen in Niedersachsen und für die Bremische Evangelische Kirche, Hannover/Göttingen, 1994

Maimonides, M., Ein Querschnitt durch das Werk des Rabbi Mosche ben Maimon. Auswahl und Übertragung von Glatzer, N. N., Köln, 1966
Mayer, G., ʿāwāh, in ThWAT, Bd. 1, Sp. 145-148
Meinhold, J., Das Buch Daniel, in: KK, A, Altes Testament, 8. Abt., Nördlingen, 1889, S. 255-339
Meisl, J., Karliner, in: JL, Bd. III, Sp. 600+601
Menge, H., Die Heilige Schrift des Alten und Neuen Testaments, 11. Aufl., Stuttgart, 1949
Meves, Ch., Die Hydra des Neides, in: Medizin und Ideologie, 19. Jg., 1/1997, S. 37
Michel, O., oikonomos, in: ThWNT, Bd. V, S. 151-153
Minkin, J. S., Jehuda ben Halevi, in: Große Gestalten des Judentums, hrsg. von Simon Noveck, Bd. 1, Zürich, 1972, S. 81-101
Moltmann-Wendel, E., Partnerschaft, in: Claudia Pinl (u. a. Hrsg.). Frauen auf neuen Wegen. Studien und Problemberichte zur Situation der Frauen in Gesellschaft und Kirche, Gelnhausen/Berlin, 1978, S. 273-301
Mosen, N., Homosexualität, Gesellschaft und Politik: Bericht eines Insiders in: Medizin und Ideologie. Informationsblatt der europäischen Ärzteaktion. 19. Jg., März 1997, S. 18-30
Müller-Schwefe, H.-R., Die Zehn Gebote, ausgelegt für unsere Zeit, Hamburg, 1973
Müller-Schwefe, H.-R., Schrittmacher des Lebens. Das Vaterunser. Hamburg, 1969
Nietzsche, F., Zur Genealogie der Moral. Werke in 4 Bänden. Bd. 4, S. 281-396, hrsg. von G. Stenzel, Salzburg, 1983
Noth, M., Das zweite Buch Mose (Exodus), ATD, Teilbd. 5, 2. Aufl., Göttingen, 1961
Oeser, H., Ein Ehezuchtbüchlein, Heilbronn, 1913
Padberg, L. v., Feminismus – eine ideologische und theologische Herausforderung, Wuppertal, 1985
Patai, R., Sitte und Sippe, in: Bibel und Orient, Frankfurt, 1962
Plöger, O., Sprüche Salomos, BK.AT, Bd. XVIII, Neukirchen, 1984
Pöhlmann, H. G:, Ehe und Sexualität im Strukturwandel unserer Zeit, in: Bayer, O. (Hrsg.), Ehe. Zeit zur Antwort, Neukirchen, 1988, S. 29-59
Preisker, H., kléptō, in: ThWNT, Bd. III, S. 753-757
Preuß, H. D., hwh, in: ThWAT, Bd. II, Sp. 784-794

Preuß, H. D., šakah, in: ThWAT, Bd. VII, Sp. 1318-1323
Preuß, H. D., Theologie des Alten Testaments, Bde. I+II, Stuttgart, 1991
Quell, G., agapáō, in: ThWNT, Bd. I, S. 20-34
Rad, G. v., Das erste Buch Mose, ATD 2-4, Göttingen, 1961
Rad, G. v., Theologie des Alten Testaments, Bd. 1, 3. Aufl., München, 1957, Bd. 2, 2. Aufl., München, 1960
Rahner, K., Ewigkeit aus Zeit, in: ThJb(L), 1985, S. 311-317
Rahner, K., Hinüberwandern zur Hoffnung. Grundsätzliches über die Hölle, in: ThJb(L), 1985, S. 325-329
Rattner, J., Aggression und menschliche Natur, Fischer Tb 6173, 3. Aufl., Hamburg, 1974
Rattner, J., Der schwierige Mitmensch. Psychotherapeutische Erfahrungen zur Selbsterkenntnis, Menschenkenntnis und Charakterkunde. Freiburg, 1971
Rattner, J., Psychologie und Psychopathologie des Liebeslebens. Kindler Tb 2067/68, München, 1970
Ratzinger, J., Jenseits des Todes, in: Schamoni, W.: Die Seele und ihr Weiterleben nach dem Tod, Abensberg, 1981, S. 103-117
Reichert, V. E., Job, 7. Aufl., London, 1970
Reiterer, F. V., šāwʾ, in: ThWAT, Bd. VII, Sp. 1104-1117
Reiterer, F. V. / Fabry, H.-J., šem, in: ThWAT, Bd. VIII, Sp. 122-176
Rentrop, N. (Hrsg.), Handbuch für den Vorgesetzten, Bonn, o. J.
Rilke, R. M., Herbst, in: Das Buch der Lieder; zitiert nach Rilke, R. M., Gesammelte Gedichte, Frankfurt, 1962
Ringel, E., Selbstmordappell an andere, 2. Aufl., München, 1976
Ringgren, H., ʾāḇ, in: ThWAT, Bd. I, Sp. 1-19
Ringgren, H. / Rüterswörden, U. / Simian-Yofre, H., ʿāḇaḏ, in: ThWAT, Bd. V, Sp. 982-1012
Rossi, G., Plädoyer für ein Weltethos in Gewissen und Freiheit, Dossier des Europarates und der Religionsfreiheit, 22. Jg., 2. Halbjahr 1994, Nr. 43, S. 3-6
Rotter, G., Syrien, 2. Aufl., Nürnberg, 1996.
Rüterswörden, U., sārap̱, in: ThWAT, Bd. VII, Sp. 882-891
Ruthe, R., Die Seelsorgepraxis. Handbuch für Beratung und Therapie – Lebensstilanalyse – Gesprächsführung – Familienberatung, Moers, 1998
Saller, W., Dürre, Fäulnis, Krankheit, Not und Tod, in: Wochenpost Nr. 41. Wochenzeitung für Politik und Wirtschaft, 4. Oktober 1995, 42. Jg., S. 28

Saller, W., Neid ist lebensnotwendig, in: Wochenpost Nr. 41. Wochenzeitung für Politik und Wirtschaft, 4. Oktober 1995, 42. Jg., S. 26+27
Sand, A., Das Evangelium nach Matthäus, RNT, hrsg. von J. Eckert und O. Koch, 1. Aufl., Leipzig, 1989
Seebass, H. / Beyerle, S. / Grünwaldt, K., šqr, in: ThWAT, Bd. VIII, Sp. 466-472 Seitz, M., Anpassung? Die Ehe im Spiegel der Liturgie der Trauung, in: Bayer, O. (Hrsg.), Ehe. Zeit zur Antwort, Neukirchen, 1988, S. 103-118
Seitz, M., Du sollst den Feiertag heiligen! Oder: Geht der Sonntag im Wochenende unter? in: Erneuerung der Gemeinde. Gemeindeaufbau und Spiritualität, Göttingen, 1985, S. 108-114
Seitz, M., Konkubinat und Kirchenrat, in: Bayer, O. (Hrsg.), Ehe. Zeit zur Antwort, Neukirchen, 1988, S. 119-123
Seitz, M., Wenn Pfarrer »fallen«, in: idea 9/10 1999, S. IX-XII
Simian-Yofre, H. / Ringgren, H., ʿwd, in: ThWAT, Bd. V, Sp. 1107-1130
Simpson, R., Exploring Celtic Spirituality. Historic Roots for our Future. London/Sydney/Auckland, 1995
Singer, P., Praktische Ethik, Stuttgart, 1984, Reclam 8033 [4]
Spijker, H. van de, Die gleichgeschlechtliche Zuneigung, Freiburg, 1968
Scharbert, J., Exodus, NEB, Würzburg, 1989
Scherman, N. / Zlotowitz, M. (Hrsg.), The ten Commandments. A new translation with a commentary anthologized from talmudic, midrashic and rabbinic sources, 7. Aufl., New York, 1993
Schlatter, A., Der Evangelist Matthäus, 5. Aufl., Stuttgart, 1959
Schlatter, A., Paulus, der Bote Jesu. Eine Deutung seiner Briefe an die Korinther, 3. Aufl., Stuttgart, 1962
Schmid, J., Das Evangelium nach Matthäus, RNT, hrsg. von A. Wikenhauser und O. Kuss, Bd. 1, 4. Aufl., Leipzig, o. J.
Schmidt, K. L, kolláō, proskolláō, in: ThWNT, Bd. III, 5.822-823
Schmidt, W. H., Alttestamentlicher Glaube in seiner Geschichte, 3. Aufl., Neukirchen-Vluyn, 1979
Schmidt, W. H., Exodus 1-6, BK.AT II/1, Neukirchen, 1988
Schniewind, J., Das Evangelium nach Matthäus, NTD, Bd. 2, 9. Aufl., Göttingen, 1960
Schoeck, H., Der Neid und die Gesellschaft. Frankfurt/Berlin, 1987, Ullstein Nr. 34403
Schottroff, W., šaḵah, in: THAT, Bd. II, Sp. 898-904

Schrage, W., Ethik des Neuen Testamentes, Berlin, 1985
Schreiner, J., Jeremia, Leipzig, 1987
Schröer, H., 2. Mose 20,1-21, in: GPM 1966/67, S. 89-96
Schweizer, E./ Baumgärtel, F. / Meyer, R., sarx, in: ThWNT, Bd. VII, S. 98-151
Staemmler, W., 2. Mose 20,2-3, in: ZdZ 52/53, S. 3-5
Staemmler, W., 2. Mose 20,8-11, in: ZdZ 52/53, S. 9-10
Stamm, J. J., Sprachliche Erwägungen zum Gebot Du sollst nicht töten, in: ThZ, 1. Jg. Heft 2, 1945, S. 81-90
Steinwand, E., Kindliches Vertrauen, in: Wohin gehst du? Bielefeld, 1955
Steinwand, E., Verkündigung, Seelsorge und gelebter Glaube, Göttingen, 1964
Stendebach, F. J., ʿajin, in: ThWAT, Bd. VI, Sp. 31-48
Stendebach, F. J., ʿānāh, in: ThWAT, Bd. VI, Sp. 233-247
Strack, H. L., Die Bücher Genesis, Exodus, Leviticus und Numen, KK, A, Altes Testament, Abt. 1, München, 1894
Strack, H. L. / Billerbeck, P., Kommentar zum Neuen Testament aus Talmud und Midrasch, Bde. 1+2, 6. Aufl., München, 1974, Bde. III+IV/1+IV/2, 6. Aufl., München, 1975
Thielicke, H., Das Leben kann noch einmal beginnen, Stuttgart, 1956
Thielicke, H., Theologische Ethik, Bd. 1, 3. Aufl., Tübingen, 1965; Bd. II, 1+2, 2. Aufl., Tübingen, 1966; Bd. III, 2. Aufl., Tübingen, 1968
Thielicke, H., Wer darf leben? Der Arzt als Richter. Mit Berücksichtigung der Organtransplantation und der Lebensverlängerung. Tübingen, 1968
Thilo, H. J., Ehe ohne Norm. Eine Evangelische Ehe-Ethik in Theorie und Praxis, Göttingen, 1978
Thurian, M., Ehe und Ehelosigkeit, Gelnhausen/Berlin-Dahlem, o. J.
Trillhaas, W., Ethik, 2. Aufl., Göttingen, 1965
Tsevat, M., b^{e}tūlāh, in: ThWAT, Bd. 1, Sp. 872-877
Vicedom, G. F., Mission im ökumenischen Zeitalter. Gütersloh, 1967
Vischer, W., Das Christuszeugnis des Alten Testaments, Bd. I, 7. Aufl., Zürich, 1946
Voigt, G., 2. Mose 34,4b-10, in: Die Neue Kreatur, 2. Aufl., Berlin, 1971, S. 314-319
Volz, P., Mose und sein Werk, 2. Aufl., Tübingen, 1932
Vorläufiger Entwurf einer Konvention zum Schutz der Menschenrechte und der Menschenwürde im Hinblick auf die Anwendung von

Biologie und Medizin (Bioethik-Konvention) 12/0322/94 DE, Orig. EN
Wagner, S., 2. Mose 20,1-17, in: EPM 1988/89, Bd. II, S. 272-276
Wahlberg, R. C., Die feministische Bewegung und die Kirchen in den USA, in: Claudia Pinl (u. a. Hrsg.). Frauen auf neuen Wegen. Studien und Problemberichte zur Situation der Frauen in Gesellschaft und Kirche, Gelnhausen/Berlin, 1978, S. 227-270
Wallis, G., dāḇaq, in: ThWAT, Bd. II, Sp. 84-89
Wallis, G., hāmaḏ, in: ThWAI, Bd. II, Sp. 1020-1032
Warmuth, G., nāqāh, in: ThWAT, Bd. V, Sp. 591-602
Waschke, E.-J., tᵉmûnah, in: ThWAT, Bd. VIII, Sp. 675-680
Weber, D., Du sollst deine Eltern hassen, in: Medizin und Ideologie, Informationsblatt der europäischen Ärzteaktion, 19. Jg., 1/1997, S. 40-41
Weingärtner, L., Wer gesehen hat, muss schreien. Neue Betrachtungen und Gedichte aus Brasilien. Erlangen/Neukirchen-Vluyn, 1990
Weiser, A., Das Buch des Propheten Jeremia, ATD 20/21, 4. Aufl., Göttingen, 1960 Wendland, H. D., Botschaft an die soziale Welt. Hamburg, 1959
Westermann, C., ʿāḇaḏ, in THAT, Bd. II, Sp. 182 200
Westermann, C., Die Josef-Erzählung, in: CPH, Bd. V, S. 11-118
Westermann, C., Genesis 1-11. BK.AT, Bd. I/1, Neukirchen, 1974
Westermann, C., Matthäus 6,9b, in: ZdZ 52/53, S. 79+80
Westermann, C., ngd, in: THAT, Bd. II, Sp. 31-37
Westermann, C., 2. Mose 20,4-5a, in: ZdZ 52/53, S. 5-7
Westermann, C., 2. Mose 20,7, in: ZdZ 52/53, S. 7-9
Westermann, C., 2. Mose 20,12, in ZdZ 52/53, S. 11-13
Westermann, C., Der Segen in der Bibel und im Handeln der Kirche. München, 1968
Westermann, C., Tausend Jahre und ein Tag, 3. Aufl., Stuttgart, 1963
Wiebering, J., Partnerschaftlich leben. Christliches Ethos im Alltag. Berlin, 1985
Wiedemann, F., Die elementaren Gefühle und Bedürfnisse des Menschen. Elementar-Psychologie: Grundriss einer neuen Wissenschaft. Stuttgart, 1974
Wiefel, W., Das Evangelium nach Lukas. Theologischer Kommentar zum Neuen Testament, Bd. III, Berlin, 1988
Willi-Plein, I., Das Buch vom Auszug (2. Buch Mose), Neukirchen, 1988

Wodarg, W., Transplantationsgesetz, in: Schleswig-Holsteinisches Ärzteblatt 8, 49. Jg., August 1996, S. 370f
Wolff, H. W., Anthropologie des Alten Testamentes, 3. Aufl., Berlin, 1977
Wunder, M., Grafenecker Erklärung zur Bioethik, Arbeitskreis zur Erforschung der »Euthanasie«-Geschichte, Juni, 1996
Würthwein, E., Die Bücher der Könige, 1. Könige 17 – 2. Könige 25, ATD 11, 2, Göttingen, 1984
Yaakov, C., The Tora Anthology, Exodus III, Bd. 6, The Ten Commandments, New York/Jerusalem, 1990; Exodus IV, Bd. 7, The Law, New York/Jerusalem, 1979
Zahn, Th., Das Evangelium nach Matthäus, Kommentar zum Neuen Testament, (Hrsg. Zahn, Th.), Bd. I, Leipzig, 1903
Zenger, E., Das Buch Exodus. Geistliche Schriftlesung, Düsseldorf, 1978
Zimmerli, W. / Jeremias, J., paīs theoū, in: ThWNT, Bd. V, S. 653-713
Zippel, I., 2. Mose 20,16, in: ZdZ, 52/53, S. 17-19
Zobel, H.-J., gālāh, in: ThWAT, Bd. I, Sp. 1018-1031
Zobel, H.-J., šôr, in: ThWAT, Bd. VII, Sp. 1199-1205